그리고... 축구감독이 찾아왔다

IN A SINGLE BOUND by Sarah Reinertsen with Alan Goldsher
Copyright ⓒ 2009 by Sarah Reinertsen

Korean translation copyright ⓒ 2013 by Dione Publishing Co.

This translation published by arrangement with The Globe Pequot Press, Guilford, CT 06437, U.S.A., through Duran Kim Agency, Seoul, South Korea

이 책의 한국어판 저작권은 듀란킴 저작권 에이전시를 통해 저작권자와 독점 계약한 디오네에 있습니다. 저작권법에 의해 한국 내에서 보호를 받는 저작물이므로 무단 전재와 무단 복제를 금합니다.

여성 장애인 최초로 철인 3종 경기를 완주한
사라 라이너첸의 기쁨과 승리 이야기

그리고...
축구감독이
찾아왔다

사라 라이너첸 지음 · 알런 골드셔 엮음 | 박진수 옮김

디오네

이 책을 부모님이신 솔베익 푸엔테스Solveig Fuentes와 도널드 라이너첸Donald Reinersten에게 드립니다. 두 분께서는 제게 용기와 자립심을 기르는 법과 온갖 어려움을 이겨 내는 법을 가르쳐 주셨습니다. 이 책은 감상적일 수밖에 없습니다. 힘든 시간을 보내고 용서의 과정을 거쳐 이제는 화목하게 지내고 있는 우리 가족의 이야기를 담고 있기 때문입니다.

*들어가며

　세계 7대 불가사의 중 하나인 만리장성은 길이가 6,400여 킬로미터, 높이는 평균 7.6미터 이상이다. 게다가 각 돌의 무게는 수십 톤이나 된다. 그에 반해 내 키는 1.5미터 정도이고, 4.5킬로그램짜리 보철 다리를 포함해도 몸무게는 43킬로그램에 불과하다. 이런 상황에서 어떤 기회가 주어진다면 나는 과연 만리장성과 일대일로 대결할 수 있을까? 만리장성의 크기를 확 줄여 줘야 그곳에 가지 않을까?
　물론 100만 달러를 준다고 하면 어떤 상황에서도 당연히 최선을 다할 것이다.

※

　내가 2006년 「어메이징 레이스The Amazing Race」(미국 CBS에서 방영한 리얼리티 쇼로, 한국에서 방영할 때의 제목은 「놀라운 경주」-옮긴이)에 나간 이유는 크게 보면 두 가지였다. 첫째로는 세계 곳곳을 누비는 모험을 통해 잊을 수 없는 인생의 전환점을 마련해 볼 수 있는 기회라고 생각했기 때문이고, 둘째로는 100만 달러나 되는 상금이 걸려 있어서였다. 당시 시즌 9회까지 방영된, 「어메이징 레이스」의 참가자들은 전 세계를 누비며 일곱 대륙을 밟았고, 보통 관광객이라면 경험해 보지도 못할 관광 기회를 누렸다. 나는 그것도 좋아 보였다.

사실 돈에 관한 한은 그다지 욕심낼 만한 게 아니었다. 경주 동료인 피터 하쉬Peter Harsch와 나는 100만 달러를 상금으로 받으면, 지뢰 피해자들이 사는 지역에서 인공 수족을 생산하자는 것에 합의하였다. 이 말은 베트남이든 몽골이든 레이스를 펼친 나라들에 상금을 돌려주어 무언가 도움을 주자는 의미였다. 진부하거나 위선적인 소리를 하려는 게 아니고 남들과 다르게 살고자 했다는 것이다.

솔직히 말하자면 나라고 이타적이기만 한 건 아니다. 누군들 100만 달러를 쓸 곳이 없겠는가. 100만 달러가 있다면야 집도 사고, 차 값도 내고, 대출받은 학자금을 갚는 데도 쓸 것이다. 또 사랑하는 사람들에게 무언가 멋진 일을 해 줄 수도 있을 것이다―그 사람들은 내가 다리 절단 수술을 받은 후에 해 넣은 보철 비용과 온갖 국제 대회에 참가하는 데 드는 비용을 충당할 수 있도록 자신들의 주머니를 기꺼이 털어 준 고마운 사람들이다―그렇지 않다 하더라도 최소한 엄마와 새아빠, 아빠와 새엄마, 동생 및 관련된 사람들을 포함한 가족 모두에게 멋진 휴가를 보내 줄 수 있다면 멋질 것이라고 생각했다. 하지만 레이스 기간 내내 내가 그들 모두를 도울 수 있었던 일이라고는 어렵고 불쾌한 일에 대해(예를 들면 2킬로그램 가까이나 되는 내장을 먹는 거라든가 멧돼지에 올라타는 일에 대해) 수다를 떠는 것뿐이었다.

레이스가 시작되기 전 5일 동안 피터와 나를 포함한 참가자들 전원은 시애틀에 자리 잡은 호텔 모나코Monaco에 감금되다시피 투숙하게 되었다. 레이스와 관련해 조사를 한다거나, 인터넷이 되는 카페에 가서 프로그램과 관련된 정보를 친구에게 이메일로 보낼 수도 있다고 생각한 주최 측은 참가자들을 호텔에서 떠나지 못하게 했다. 그뿐만 아니라 소지하고 있던 휴대전화를 빼앗고, 객실전화마저 끊어 버렸다. 참가자들이 어떤 전화든지 걸거나 받을 수 없도록 취한 조치였다. 유료 영화조차도 볼 수 없게 하였다. 참가자들에게 남겨 둔 것은 너무나 구식인 정규 방송만 나오는 텔레비전과, 「유에스에이 투데이USA Today」라는 신문뿐이었다.

참가자들은 방에 머무르지 않을 때면 호텔 지하에 있는 교실 같은 회의실로 모여야 했고, 거기서 레이스에 관한 소모임을 진행했다. 일부 참가자들은 지루해했지만—사실 나는 수업을 받는 이들에게 그다지 신경 쓰지 않았다—나는 오히려 이런 안내와 지시를 받은 것을 고마워했다. 왜냐하면 그동안 「어메이징 레이스」에 관한 핵심 사항이 대부분 제대로 알려지지 않아 불안해하고 있었기 때문이다. 특히 주최 측은 이 시간을 통해 비상사태를 포함한 다양한 위험 상황에 처했을 때 대처하는 방법과 말라리아, 간염, 일본 뇌염 등에 걸렸을 때 먹는 약이나 주사법 등에 대해 구체적으로 알려 주었다. 그제야 안심이 되었다.

레이스가 시작되기 전까지는 참가자들끼리 서로 말을 거는 것조차 허락되지 않았다. 대화가 자유롭게 오가다 보면 참가자들이 더 무자비한(어떻게 보는가에 따라서는 영리한) 참가자와 동맹을 맺을 수도 있기 때문이었을 것이다. 그래서 주최 측은 회의를 끝낸 후에 방으로 가다가 다른 참가자들의 팔을 끌어당기지 못하게 하려고 감시자를 붙여 따라다니게 했다.

나는 모임이 진행되는 동안에 경쟁자들을 제대로 분석해 내기 위해 애썼다. 그러면서 다른 팀을 염탐하였다.

'이 사람들은 어떻게 맺어진 사이일까? 부부일까? 아니면 형제자매 사이일까? 제일 친한 친구 사이인가? 의기투합한 전과자들은 아닐까?'

또한 참가자들 모두가 얼마나 레이스에 적합한 신체를 지녔는지, 아니면 비랄 압둘 마니Bilal Abdul-Mani와 사이드 루돌프Sa'eed Rudolph라는 이름을 지닌 두 무슬림 신사처럼 얼마나 부적절한지를 알아내고자 했다. 비알과 사이드는 키가 작고 통통하기는 했지만, 중동 국가로 간다면 참가자들 모두를 능가할 확실한 장점을 갖고 있었다. 두 사람 중 한 명은 아랍어를 할 게 분명하였기 때문이다. 그런 점에서 단순히 좋은 신체 조건만이「어메이징 레이스」를 좌우하는 것 같지는 않다는 생각을 하게 되었다―교육 배경과 타고난 지적 능력도 필수적이었다―그래서 경쟁 상대를 평가하는 방법에 대해서도 다시 생각해 보게 되었다.

반대로 나는 다른 사람이 나를 염탐하지 못하게 하려고, 지하에서 열린 첫 모임 때 긴 바지를 입고 나가 아무도 내 의족을 볼 수 없도록 했다. 하지만 두 번째 모임 때 내가 다리를 꼬자 바지 밑단이 말려 올라가면서 티타늄 일부가 보였다. 그 바람에 내 신체 비밀이 드러나 버렸다. 오 마이 갓!

피터와 나는 방으로 돌아와 레이스용 배낭 두 개를 쌌다가 풀었다가를 반복하며 시간을 보냈다. 짐을 들고 온 세계를 돌아다녀야 했기 때문에 우리는 짐을 가볍게 하기 위해 요령 있게 싸는 방법을 궁리했다. 어디로 가게 될지를 몰랐기에 모든 기후를 고려해 긴팔 셔츠와 긴 바지뿐만 아니라 반팔 셔츠와 반바지도 준비했다. 또한 우비와 털양말, 수영복과 세면도구도 쌌다. 그리고 내 절단된 다리를 인조 다리에 끼워 넣기 위해 여분의 실리콘 라이너Silicone liner도 구비해야 했다. 게다가 의족은 온도나 습도에 따라 줄거나 늘어났기 때문에 크기별로 준비해 다양한 기후나 환경에 대비해야 했다. 그 덕분에 배낭은 금방 무거워졌다.

분명히 가져가서는 안 되는 것도 있었다. 아이팟iPod, 휴대전화, 신용카드, 지도와 외국어 회화 책 등 조금이라도 우리에게 이점을 안겨 줄 것들이라면 그 어떤 것도 가져갈 수가 없었다. 허용된 유일한 오락 거리는 단 한 권의 소설책뿐이었다. 하지만 피터와 나는 그것을 챙기지 않았다. 스티븐 킹Stephen King의 책을 읽으며 울다 지쳐 쓰러질 만한 장소, 말하자면 브라질의 열대 우림이나 히말라야 같은 곳에는 가지 않을 것이라고 생각했기 때문이다(책보다 가볍고 언제든 기분을 좋게 해 주는 내 뜨개질 거리만은 확실히 꾸려 넣었다. 게다가 내가 스카프를 제대로 짜내기만 한다면 그걸 팔아 얼마간의 여윳돈을 쥘 수도 있을 것 같았다).

나는 뜨개질 거리와 라이너와 화장품 등을 넣고도 배낭의 무게가 8킬로그램이 넘지 않게 하려고 애썼다. 피터의 배낭은 조금 더 무거워서 대략 11킬로그램쯤 나갔는데, 그가 내 보철 허벅지와 다리를 챙겨야 했기 때문이다(다른 사람들은 굳이 수족을 몇 개씩 챙겨 다니지 않아도 되었기에 처음부터 우리는 불리한 상황에서 시작한 꼴이 되었다). 사실 피터의 짐이 많이 무거워진 이유는, 화장품을 많이 넣었기 때문이 아니라, 2킬로그램 정도 나가는 여분의 인조 무릎과 '알렌Allen 렌치Wrench' 한 쌍과 스크루 드라이버screwdriver 한 쌍 때문이었다.

가능하면 '분리용 배낭sequester bag'은 사용하지 않게 되기를 바랐다. 레이스의 담당 프로듀서는 우리가 탈락한다고 해도 모든 촬영을 끝내기 전까지는 누구도 집으로 가지 못하도록 할 것 같았다. 왜냐하면 시애틀을 떠난 지 1~3주일 내에 참가자들이 각자의 집으로 돌아가 버리면, 100만 달러를 타 내지 못한 걸 친구와 가족뿐만 아니라 호시탐탐 정보를 노리는 블로거blogger도 알게 될 것이기 때문이다. 이처럼 미국 밖에 있는 미지의 호텔에 따로 떨어져 묵을 수도 있기 때문에, 레이스에서 우승하지 못할 때를 대비해 옷가지와 세면도구 등으로 채워진 '분리형 배낭'이 필요했던 것이다.

레이스를 시작하기 위해 떠나기 전날 밤이었다. 양치를 마친 후에 화장실 밖으로 걸어 나왔을 때 내 인조 무릎이 갑자기 작동을 멈췄다.

"피터, 뭔가 잘못된 거 같은데 확인 좀 해 볼래?"

다리를 벗어 피터에게 건네주었다. 그러자 그가 경첩 부분과 관절 부분을 살피더니 금속이 젖어 있는 걸 발견했다. 그는 무릎에서 흘러 나오는 액체를 가리키며 말했다.

"이런, 유액이 흘러나오고 있잖아."

"젠장."

나는 기절할 듯이 침대에 쓰러졌다. 아직 레이스를 시작조차 하지 못했는데 내 인조 무릎이 파열되다니…….

옷이나 신발 같이 자연스럽게 해지고 누출되는 기계적 현상 때문에 이전에도 인조 무릎은 몇 번이나 고장 난 적이 있었다. 인조 무릎의 밸브 부분은 고무로 만들어졌는데, 과도하게 사용하거나 극한 날씨에서 사용하면 고무 부분들이 돌출되었다. 물론 오랫동안 사용된 무릎 부분이 돌출하는 건 정상이었다. 하지만 이번 것은 불량품인 게 틀림없었기 때문에 피터는 2주밖에 되지 않은 내 무릎을 고쳐야 했다.

인조 무릎은 수압이 좋을 때면 멋진 새 스크린 도어 같았다. 누군가가 문을 열려고 할 때면 수압이 작동해 스르륵하고 부드럽게 열리는 것처럼 말이다. 그렇지만 수압이 제대로 작동하지 않으면 구루병에 걸린 것처럼 움직이기 때문에 쾅 소리를 내며 문을 닫아야만 한다. 마찬가지로 유액이 누출되면 무릎을 제어할 수가 없었다. 무릎이 오히려 나를 조종했다.

레이스를 앞둔 내게는 불편했지만 어쩔 수 없는 일이었기에 상황을 받아들이고 처리해 나가기로 했다. 지금까지 치러 온 수많은 경기에서 유일한 장애 여성이었던 나는 불리한 입장에 서는 데는 익숙했다. 어쨌든 미국을 떠나기 전에 여분의 무릎을 준비해 두어야 했다.

'음…… 젠장!'

어떤 선수도 인생 최대의 레이스를 그딴 식으로 시작하고 싶어 하지 않는다. 그리고 「어메이징 레이스」가 최고의 텔레비전 쇼일 뿐이라는 사실에도 불구하고, 이것이 정말 내 인생 최대의 레이스라는 느낌이 들었다. 일단 마음을 진정하고 스스로를 위로했다.

'사라, 넌 이런 식으로 평생을 훈련해 왔잖아. 바보 같은 기계적 결함 따위가 네 인생에 끼어들지 못하게 할 수 있잖니. 밀레니엄 마라톤 대회 Millennium Marathon도 잘 치러 냈으니 이번 경주 정도는 문제없이 해낼 수 있을 거야.'

2000년 뉴질랜드에서 열린 밀레니엄 마라톤 대회는 힘든 경주였다. 경주를 시작한 지 30분쯤 지났을 무렵 무릎에서 유액이 누출되기 시작하였다. 그렇지만 관리만 잘 하면 남은 37킬로미터를 견딜 수 있을 것이라고 생각했다. 결국 해냈다. 물론, 그때는 고작 5시간에 이르는 마라톤 구간에 불과했고 이번 경주는 끝까지 해낸다면 6주나 걸릴 것이다. 하지만 이전에 기계적 결함에도 불구하고 마라톤에서 살아남은 것처럼 다시 그렇게 할 수 있을 것이라고 생각했다.

긍정적으로 생각하고 앞으로 나아가기로 했다.

언제나 그랬던 것처럼 말이다.

내게는 「어메이징 레이스」가 낯설었다. 그때까지 철인 3종 경기와 마라톤을 8회나 완주한 경험 덕분에 각각의 경주에서 요구하는 바를 어느 정도는 알았다. 결승선에서 누굴 만나게 될지, 음식과 음료가 제공될지, 의료 담당 전문가가 있을지 없을지도 예상할 수 있었다. 반면에 지금은 피터말고는 도와줄 사람도 없고, 어딘지도 모르는 곳에서, 세상 어딘가를 향한 모험에 착수하는 것이었다. 지금까지 경험하지 못한 것에 대한 걱정과 근심이 생긴 데다가, 온 세상이 볼 수 있도록 나의 모든 행동이 촬영될 예정이어서 정말 부담스러웠다.

그래서 피터와 나는 '시 택Sea-Tac'이라는 도시에서 프로그램 보조 요원들과 함께 비행기에 좀 일찍 탑승하였다. 사실, 다리 하나밖에 없는 나 같은 사람에게 시비를 걸 사람이 없는 게 당연해서, 그렇게 하지 말라고 말할 사람도 없었다. 동료 경주자들을 흘끗 보니 그들 대다수가 빌어먹게도 잘나 보였다. 그런 사람들과 경쟁하려면 내 모든 장점을 경기장 밖에서라도 십분 발휘해야 할 것 같았다.

우리의 첫 비행은 시애틀에서 베이징으로 이어졌다. 서양이 아닌 동양에서 「어메이징 레이스」를 개최하기는 처음이라고 했다. 유럽에서 촬영을 시작했다면 나 같은 서양 여자가 적응하기 더 쉬웠을 것이다. 그렇지만 우리는 완전히 다른 언어와 문화를 가진 아시아의 한 나라로 떠나야 했다.

비행기에 일찍 오른 덕분에 여유가 생겼다. 하지만 그것이 우리에게 어떤 이득을 가져다주지는 않았다. 비행기는 빈자리를 다 채울 때까지 출발하지 않아 우리나 다른 참가자나 결국 같은 비행기에서 동시에 내릴 수밖에 없는 셈이었다. 다만 일찍 탑승한 덕분에 배낭을 머리 바로 위쪽 짐칸에 넣을 수가 있었다. 이렇게 한 덕분에 비행기에서 내리면 맨처음으로 출발해 첫 번째 과제인 베이징 오페라 하우스Peking Opera House로, 그다음에는 '붕어눈깔 여관Fish Eye Inn'이라는 레스토랑으로, 그다음에는 '잊혀진 도시Forbidden City'라고 불리는 베이징의 중심지로 가는 데 이득을 얻을 수 있을 걸로 보였다(리얼리티 쇼에는 나오지 않은 내부 정보를 조금 밝혀 둔다. 각 경주 커플에게 개인 카메라맨과 오디오맨이 따라다니기는 했지만 서로 약 3미터 이상 떨어져 있어야 했다. 말로만 경주일 뿐이지 일종의 텔레비전 쇼여서 촬영이나 녹음도 하지 않고 순수하게 경주만 할 순 없었던 것이다. 납득할 만한 이 규칙을 '열 발자국 규칙The Ten Foot Rule'이라고 불렀는데, 방송 담당자들이 알아서 서로간의 간격을 유지해야 했지만, 그들이 뒤처지면 우리도 기다려 줘야 했다. 파이팅 넘치는 녀석인 피터가 때로는 담당자들보다 앞서 달려 버리곤 해서, 무거운 카메라와 더 무거운 음향 장비를 짊어진 남자들이 그를 뒤쫓으며 "피터, 열 발자국 규칙, 열 발자국 규칙."이라고 외치는 게 일상이 되었다. 이 내부 정보를 간추리자면 우리가 비행기에 일찍 탑승한다면 따라다니는 방송국 담당자들도 일찍 탑승할 수밖에 없을 테고, 그러면 그들도 카메라와 짐을 좌석 근처에 놓아둘 수 있게 돼 훨씬 쉽고 빠르게 비행기에서 내릴 수 있을 것이어서 우리에게 도움이 될 수도 있다는 이야기다).

하지만 '거대한 평준화 장치Great Equalizer' 같은 게 작동한 덕분에 비행기에서 먼저 내린 이점을 발휘할 수가 없었다. 탑승객이라는 평준화 장치 말이다. 우리가 탑승객 줄로 뛰어드는 첫 번째 팀이 될 수는 있지만, 그렇다고 해서 목적지에 일착한다는 걸 의미하진 않았다. 일단 나는 탑승객을 뚫고 지나가는 게 얼마나 중요한지를 알아차렸다. 그래서 줄의 앞 쪽으로 끼어들려고 부드러운 목소리로 장애를 들먹였다.

"죄송하지만, 선생님. 서 있는 게 불편해서 그런데요. 제가 앞쪽에 좀 서도 될까요?"

사실 이전에는 이런 행동을 생각하지도 못했다. 항상 다른 사람들과 같은 대우를 받는다는 점을 자랑스러워 해 왔기 때문에 이렇게 하는 내가 초라해 보일 정도였다. 그렇지만 다른 경쟁자가 내 입장이라면 그들도 그렇게 할 것이라고 생각했다.

내가 이런 식으로 행동하자 다른 참가자들은 나와 피터를 미워했다. 그렇지만 문제 될 건 없었다. 나는 달리기 위해 경주를 했다.

아니, 이기려고 경주를 했다.

※

비행기에서 만난 친절한 중국인 사업가가 환전하는 곳을 알려 주고 '붕어눈깔 여관' 레스토랑이 나와 있는 지도를 준 덕분에 피터와 나는 순조롭게 출발했다(참고로 프로그램 담당자들은 참가자들에게 66달러를 주었다).

베이징 오페라 하우스로 가는 택시에 올라타기 전에, 피터는 참가자인 더스틴 콘즐만Dustin Konzelman과 캔디스 펠레티에Kandice Pelletier에게 다가가 달러를 위안화로 바꾸었느냐고 물어봤다—그들은 전형적인 '미인 대회의 여왕beauty queen'처럼 보였기에 나는 그들에게 '바비 인형들The Barbies'이라는 별명을 지어 주었다—나는 피터의 팔을 툭툭 치면서 말했다.

"뭐하자는 거야? 쟤들이 레스토랑에서 돈을 다 써서 어쩔 줄 모르게끔 해야 하잖아."

피터는 그런 음모 같은 걸 꾸밀 생각조차 하지 않았다. 때로는 「어메이징 레이스」가 게임이라는 단순한 사실조차 잊었다. 그는 그저 바비 팀이 섹시하다고만 생각했다.

말하자면, 베이징에서 피터는 좀 이상한 동료였던 것이다(피터를 경주의 남은 기간 동안에 베이징에만 있게끔 했어야 했다). 그 덕분에 우리는 같은 곳에서 함께 과제를 수행하면서 아웅다웅하는 강력계 형사 같은 관계가 되었다.

「어메이징 레이스」 측이 벌레, 암소의 혀, 낙타 고기 등과 같은 너무나 맛없는 음식을 경주 참가자들에게 먹인다는 걸 안 나는, 시애틀에서 레이스 전략을 짜면서 피터에게 말했다.

"내 위장이 약하니까 무슨 음식이든지 네가 먹어야 해."

피터는 그렇게 하겠다고 했다. '붕어눈깔 여관' 레스토랑에서 제공하는 접시 가득한 특별요리, 즉 물고기 눈알 요리를 먹어야 한다는 걸 알게 되기 전까지만 말이다.

웨이터가 물고기 대가리 4개가 둥둥 떠다니는 진한 국물을 한 그릇 가져왔을 때, 피터는 그 안에 있는 물고기 눈알 8개를 식도 아래로 넘겨야만 했다. 생선 스프의 냄새가 역겨워 유통 기한이 지난 것만 같았다. 대가리도 무서워 보였다. 그렇지만 피터는 레이스 진행자들이 지켜보는 가운데 젓가락을 들었다. 그러고는 천천히, 아주 천천히, 한 번에 하나씩 그렇게 온통 하얗고 찐득거리고 미끄러운 눈알을 억지로 입으로 밀어 넣었다. 약이라도 먹는 것처럼 눈알을 삼키는 피터에게 나는 그다지 도움이 되지 못했다(사실 내 비위가 약해서 피터가 삼키는 걸 망쳐 버렸다. 그가 다섯 번째 눈알을 씹으며 말했다. "그만 좀 웩웩거려. 너 때문에 나까지 웩웩거릴 것 같으니까."). 피터가 마지막 물고기 눈알을 먹자마자 우리는 택시로 뛰어들어 자금성으로 향했다.

택시가 우리를 떨구어 주었는데—다른 두 팀도 내리고 있었다—목적지에서 대략 800미터나 떨어진 곳에 내려 주는 바람에 달릴 수밖에 없었다. 배낭을 지고 달리는 것을 연습해 온 덕분에 나는 곧 리듬을 찾아 좋은 페이스를 유지하며 피터를 따라가려고 애썼다. 100미터 정도를 달렸을까. 뒤따라오는 다른 두 팀의 압박을 느끼자마자 돌에 발부리가 걸려 비틀거렸다. 하지만 멀리 떨어진 레이스 개시 지점에서 나오는 불빛이 보였기 때문에 멈출 수가 없었다.

드디어 목적지에 도착했다. 우리가 첫 번째 팀으로 도착해서 정말 좋았다. 상을 받게 되는 차례는 아니었지만 순조로운 출발을 하게 돼 (그리고 오명을 조금이라도 벗게 돼) 자랑스러웠다. 다른 팀을 기다리며 잠시 숨을 돌리는 사이에 그제야 내 보조 무릎이 오랫동안 망가져 있었던 걸 알아차렸다. 유액이 많이 누출되어 있었다. 믿을 수가 없었다. 인조 무릎이 두 개나 갑자기 부서지다니 말이다. 그렇지만 여기서 포기하면 내가 미쳐 버릴 것만 같았다. 그래서 개의치 않기로 결심했다.

밤새 자다 깨다를 반복하다가 아침을 맞았다. 그러고는 대단한 다음 과제를 받았다. 오토바이를 타고 베이징 거리를 누빈 다음에 재래시장 근처에서 보도블록을 깔고, 그다음에는 만리장성에 '기어오르는' 길을 찾는 일을 말이다.

시청자는 쇼에 나오는 장면을 액면 그대로 받아들여서는 안 된다. 왜냐하면 방송국 측에서는 출연자들을 방심하거나 흐리멍덩한 채로 놔두지 않기 때문이다. 정신을 못 차릴 정도로 그들은 참가자들을 괴롭힌다. 어쨌든 이때는 '기어오른다'는 말의 의미가 뭔지 알아듣지 못했다. 다만 현실 세계에서 오른다는 말은 말 그대로 등산하는 걸 의미하지만, 「어메이징 레이스」에서라면 그것이 만리장성 꼭대기에 이르는 계단을 모두 밟고 올라가야 한다는 의미일 것이라고 추측했다.

착각이었다.

기어오르기는 말 그대로 기어오르기였다. 그 일을 끝까지 해낼 방법에 대해 궁리하느라 신경이 좀 예민해지기는 했지만, 그래도 세계 7대 불가사의 중 하나인 만리장성을 보자 흥분은 되었다. 베이징의 택시 기사들은 만리장성으로 가자고 해도 좋아하지 않았는데, 그래봐야 도시로 다시 돌아올 요금을 받지 못할 것이라고 생각했기 때문이다. 그래서 우리는 운전수에게 지갑을 통째로 건넸다. 66달러 중에 30달러가 남아 있었는데 그 정도 거리를 가는 데는 충분한 요금일 것이라고 생각했다. 만리장성에 도착하지 못한다면, 경주를 시작하지도 못하고 끝내야 할 것이라는 걸 아주 잘 알고 있었기 때문에 지갑을 통째로 건넨 것이다.

배탈이 날 것 같았다. 냄새나는 아침 식사 때문이 아니라 두려움 때문이었다. 뉴욕의 첼시 피어스Chelsea Piers에 있는 벽을 몇 번 기어오른 걸 빼고는 등반을 해 본 적이 없었던 나는 신체적으로 전혀 준비가 돼 있지 않아 혼란스러웠다. 그 밖에도 문제는 또 있었다. 두 발이 멀쩡한 경쟁자들은 확실히 쉽게 제시간에 오를 걸로 보였다. 피터가 내게 용기를 불어넣어 주며 말했다.

"너는 세계적인 수준의 선수잖아, 사라. 잘할 수 있을 거야. 세계에서 가장 거친 철인 3종 경기인 하와이 세계 대회에도 참가해 봤잖아. 그것에 비하면 이따위 건 문제도 아니라고 생각해. 문제없을 거야."

그렇게 생각해 주니 기뻤다.

우리가 만나기로 한 곳에는 만리장성 구역으로 들어가는 입구 두 개가 있었다. 하나는 땅 높이에 있었고, 다른 하나는 그것보다 낮았다. 우리는 낮은 편 입구에 있었는데 거기에서는 높은 곳에 이르는 게 아주 쉬워 보였다. 게다가 그곳에 모든 카메라가 설치돼 있었다. 우리가 계단 한 구간을 달리자 곧 막다른 곳에 이르렀다. 그래서 계단을 다시 달려 내려와 다른 계단의 한 구역으로 돌아갔는데 또다시 막다른 곳에 부딪혔다. 쏟아질 듯한 꼭대기만 보였다. 카메라맨들이 거기에 있었고 만리장성의 측면으로 밧줄이 잔뜩 걸려 있었다. 도착 지점이 그곳이라는 건 알았지만 계단과 계단 사이의 마루로 이루어진 미로가 있어서 그곳에 도착할 길을 찾기가 힘들었다. 단서도 없이 방황하며 거의 30분을 헤맨 후에 마침내 제대로 된 계단을 찾아냈다.

드디어 복잡한 길이 끝났다고 생각했다. 하지만 그것은 불행히도 착각일 뿐이었다.

보통의 경기에서는, 작은 체구에 금발 머리를 하고 무릎 위를 절단한 사람은 그다지 많지 않아, 내가 도드라져 보이곤 했다. 철인 3종 경기를 할 때면 마치 내가 현미경으로 관찰받는 처지에 놓인 것 같기도 했지만, 다른 사람에게 어떻게 보일지, 무엇을 하는지를 스스로 잘 알았다. 때문에 물속이나 자전거뿐만 아니라 도로에서도 마음이 안정될 수가 있었고, 다른 철인 3종 경기 선수나 관중이 나를 샅샅이 훑어보아도 문제 될 것이 없었다. 하지만 텔레비전 카메라 떼 앞에서 만리장성을 오르는 것은 전혀 다른 이야기였다. 전 세계의 텔레비전 시청자들 전부가 나를 보려고 하는 상태에서, 음, 그들에게 내가 어떻게 보일지를 어찌 알겠는가?

"서투른 거 아냐?"

"바보 아냐?"

"끔찍하지 않아?"

시간이 지나 봐야 알게 될 것이었다.

하네스harness(몸에 묶는 암벽 등반용 안전 장비-옮긴이)를 차고는 밝은 아침 하늘을 바라봤다. 만리장성을 올려다보니 예전에 살았던 브루클린 아파트 정도의 높이처럼 보였다. 높이도 문제였지만 사실은 붙잡을 만한 틈새나 돌출부가 없는 유리잔 같은 암벽이라는 게 더 문제였다. 첼시 피어스를 등정할 때와는 아주 달랐다.

밧줄은 여러 고리를 묶은 형태로 딱 만리장성의 높이만큼 걸려 있었는데, 각 고리가 일종의 계단 같은 역할을 했다. 다리 하나밖에 없는 사람이 고리를 밟고 오르기는 정말 어려웠다. 내 의족에 맞는 계획을 세우기가 현실적으로 힘들었다. 지렛대도 없었다. 팔 힘으로만 올라야 했다. 나는 공중에 내 몸을 매단 채로 다음 고리를 찾아 몸을 한껏 끄집어 올렸다. 다시 그렇게 했다. 다시 또 그렇게 했다. 그러고는 또다시 그렇게 했다. 10년 넘게 웨이트 트레이닝을 해 온 덕분에 내 상체가 근육질이기는 했지만, 이 일까지는 대비하지 못했다. 만리장성의 높이를 가늠할 수 없었다.

고리를 3개밖에 오르지 않았는데 팔에서 불이 났다. 여전히 25개의 고리를 더 타고 올라야만 했다. 만리장성 꼭대기를 노려보며 생각했다.

'이런 젠장, 이따위 짓이나 하려고 등록을 한 거군. 미쳐 버리겠어. 이걸 할 수 있을지 모르겠어. 그렇지만 사라, 네가 원한 거잖아…… 네가 「어메이징 레이스」를 원했고, 그래서 넌 여기 있는 거야.'

늘 나 자신을 자랑스럽게 여겨 왔지만 이번에는 실망스러웠다. 겁에 질린 꼬마처럼 그저 눈물을 흘리고 큰소리로 징징대기만 했다(에피소드 방송이 나간 후에 내 친구들은 '징징이 사라Sarah Whine-ertsen'라고 놀렸다. 좋은 친구들이네요, 그렇죠?). 잠시 팔을 쉬게 하려고 하네스에 매달렸다. 그러고는 몸을 부드럽게 흔들며 자기암시를 했다.

'이런 일을 해낼 만한 힘이 네게는 있어. 그러니 쉬기보다는 네가 강하다는 걸 그들에게 보여 줘.'

효과가 있었다. 고리를 지나 다음 고리로 그리고 그다음 고리로 몸을 옮기는 식으로 조금씩 올라갔다. 남은 레이스 기간에도 이 방법을 썼다. 잠시 환각에 빠져 스스로에게 격려하는 말을 함으로써 무슨 도전이든지 감당할 수 있도록 힘을 모으는 방법 말이다(그건 그렇고, 그때 우리 시즌이 다른 시즌보다 더 많이 고약하고 힘들었다는 점을 언급해야겠다. 담당자들이 방송 진행 방식을 고치기는 했지만 어쩔 수 없었을 것이다. 10회 시즌을 이끈 방송국 담당자들은 쇼를 오래 끌어가지 못했다. 초반에는 많은 일이 생각 없이 처리되었다. 예를 들면, 참가자들은 들판 한가운데서 플라스틱으로 된 난쟁이 인형들을 찾아야 했다. 만리장성을 오르면서, 우리가 수직 벽을 기어오르는 동안에 왜 굳이 다른 세 얼간이들이 천으로 된 장식품을 찾아야 하는지 궁금해졌다).

30분이 지나 땀과 눈물로 범벅이 되고 모든 근육이 비명을 지를 때쯤 만리장성 꼭대기에 올라섰다. 한 카메라맨이 내 옆으로 다가서면서 다시 말했다.

"이 쇼의 매 시즌마다 찍었지만 지금까지 경험한 것 중에 이 순간이 가장 멋졌어요. 절대로 잊지 못할 겁니다."

우리 둘도 그랬다.

곧이어 피터까지 꼭대기에 이르자 프로그램 진행자인 필 코건Phil Keooghan이 우리가 선두를 이룬 세 팀 중의 하나라고 말했다. 하지만 이 말에 만족할 수가 없었다. 오히려 '내 두 다리가 멀쩡했다면 우리가 선두였을 거야.'라고 생각했다. 하지만 다시 생각해 보니 내가 두 다리를 지녔다면 아마도 처음부터 쇼에 출연하지 않았을 것이다.

그래도 이 일은 식은 죽 먹기가 아니었기에 경주의 첫 구간 동메달을 수상한 것이 무척 만족스러웠다. 우리 두 사람은 다리가 세 개밖에 없었지만 쉬운 경쟁자가 아니라는 것을 보여 준 셈이었다.

그날 밤, 호텔에서 만리장성을 바라보면서 생각했다.

'나는 지금 중국의 만리장성에 있어. 사람들은 이걸 보기 위해 전 세계에서 몰려들지. 그렇지만 그들 중에 몇 사람이나 만리장성을 올라 봤을까? 아무도 없어. 사람들은 계단을 통해 올라가지만, 난 벽으로 올랐어. 만리장성이 우주에서 볼 때 유일하게 눈에 띄는 건축물이라는데 내가 거기를 올랐단 말이야.'

나는 이 기념물을 올랐다는 사실에 기뻐 어쩔 줄 몰랐다. 또한 이런 장벽을 다루었듯이 이보다 더 높은 것도 정복할 수 있을 것이라고 믿었다. 중국의 만리장성조차 나를 막아서기에는 충분히 크지 않으니 그 무엇도 나를 막아설 수 없을 걸로 보였다. 한 왜소한 인간이 지구에서 가장 대단한 건축물의 벽을 오를 수 있다면, 그 왜소한 인간이 세계를 향해서도 그렇게 할 수 있을 것으로 보였다.

목차

들어가며 … • 006

*1장 일부는 소녀, 일부는 기계 • 025

*2장 챔피언 되기 • 065

*3장 제일 잘 달린다고 해도 도망칠 수는 없어 • 099

*4장 기회를 향한 도약 • 135

*5장 언제까지나 트라이애슬론 • 163

*6장 이무아 • 189

*7장 어메이징 레이스 • 213

*8장 끝나지 않은 사업 • 237

나가며 … • 263

사라 라이너챈이 출전한 대회 목록

감사의 말

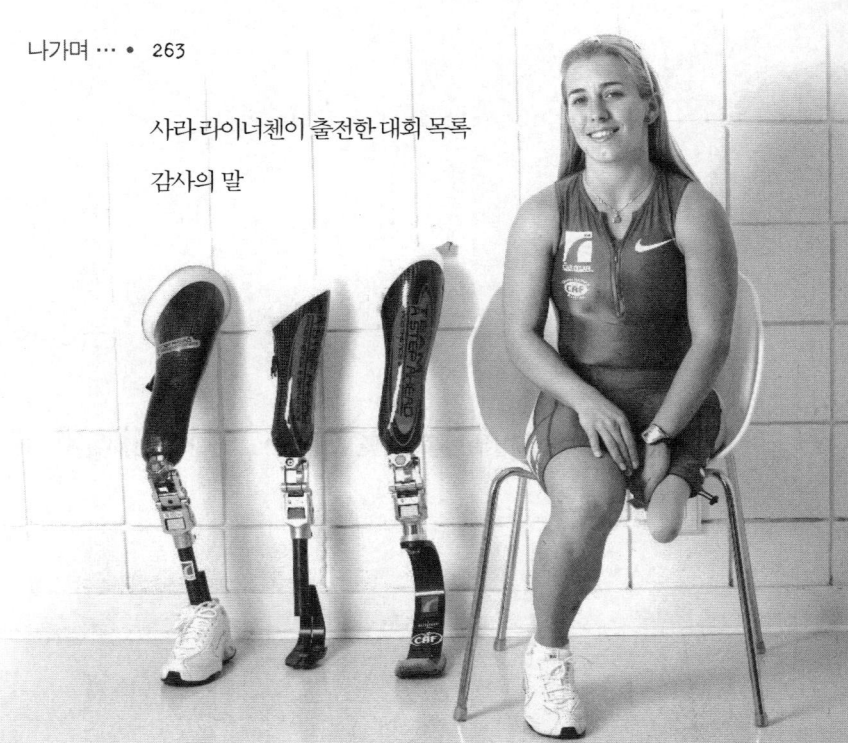

* 사생활 보호를 위해 일부 인물의 이름을 익명으로 처리하고 내용을 각색하였습니다.

1장

일부는 소녀, 일부는 기계

분만실에 긴장감이 돌았다. 아기가 다리부터 나왔기 때문이다. 그런 상황에서는 그 자리에 있는 모두가 지옥 같은 공포심을 느끼게 된다.

"의사 선생님, 오셔서 이것 좀 보시겠어요?"

간호사가 이렇게 말하자 긴장감이 급격히 더 커졌다.

"뭐가 잘못됐어요?"

간호사가 내 다리를 가리켜 보였다. 내 왼쪽 다리가 오른쪽 다리보다 짧았다.

의사는 놀라지 않았다. 그러고는 엄마에게 말했다.

"걱정 마세요. 다시 제 위치로 돌아갈 겁니다."

엄마 아빠도 긴장이 됐지만 갓 태어난 자신들의 딸아이를 빨리 안고 싶은 마음에 무서워하지는 않았다. 부모님은 정형외과 의사가 그다음 날 진단을 내리기까지는 안심하였다. 근위 대퇴골 부분적 결손proximal femoral focal deficiency이라는 진단 말이다.

근위 대퇴골 부분적 결손. 출생할 때의 질환이 과장돼 무서운 병명을 얻게 되면, 그건 때때로 실제보다 더 과장되게 들리게 마련이다. 그렇지만 나의 경우에는 이 말이 해당되지 않았다. 근위 대퇴골 부분적 결손은 쉽게 설명하자면, 더 이상 자라지 않는 짧은 다리뼈가 있다는 것이고 낱말 뜻 그대로 있어야 할 게 없는 나쁜 상황인 것이었다.

※

엄마 솔뵈익과 아빠 돈Don(도널드Donald의 애칭-옮긴이)은 다른 초보 부모와 똑같았다. 그분들도 첫 아기가 온전한 열 손가락, 온전한 열 발가락, 온전한 두 팔, 온전한 두 다리를 지니기를 기대하였다. 하지만 꿈이 바람대로 이루어지지 않고 오히려 악몽이 현실이 되었을 때 초보 부모는 가장 긴장하게 마련이다. 부모님이 병원에서 나를 데려온 직후에 거실에 앉아서는 서로를 바라보며, 건강한 딸을 무사히 낳았다고 의기양양하게 기뻐하는 모습을 나는 늘 상상해 왔다. 하지만 그 당시에 내 부모님은 '도대체 이제 뭘 어떻게 해야 하지?'라는 듯한 모습을 한 채 아기에게 닥칠 미래, 즉 중요한 의료 문제에 대해 작은 소리로 대화를 나누었을 뿐이다.

1970년대 중반에는 근위 대퇴골 부분적 결손 장애를 지닌 아이의 부모를 지원하는 단체 같은 게 뉴욕의 롱아일랜드에 있는 우리 집 근처에는 한 군데도 없었다. 부모님이 당혹감을 느낀 것은 당연했다. 그리고 엄마 아빠가 아는 사람 중에는 장애가 있는 자녀를 둔 사람이 한 명도 없었다. 또한 새로 태어난 아기의 결함에 대한 정보를 찾아볼 인터넷도 없고 유용한 책도 구비해 두지 못하였다. 어디로 가야 할지, 누구와 말해야 할지도 몰랐다. 되는 대로 꾸려 나가야만 하였다.

나는 몸무게가 2킬로그램밖에 되지 않는 몸집이 작은 아기였다. 내 생애 첫 1년 동안에는 두 다리의 길이가 달라도 크게 방해를 받지 않아서, 부목 같은 걸 사용하지 않고도 집에서 기어 다닐 수가 있었다. 그리고 스스로 설 수도 있게 되었다. 하지만 태어난 지 11개월째에 접어들어 걷기 시작하면서는 균형도 못 잡고 흔들거렸다. 결국 나는 에셴Eschen에 있는 '보철 및 정형 연구소Prosthetic and Orthotic Lab'로 보내졌다.

에셴은 내가 써 본 다양한 다리 부목 중에서 첫 번째 것을 받은 곳이었다. 그곳은 스페인계 빈민가의 그럭저럭한 구역에 위치하고 있었다. 하지만 1980년식 담황색 폭스바겐 래빗Volkswagen Rabbit을 타고 롱아일랜드의 교외에서 온 우리 가족이 그곳 사람들에게는 아주 멋지게 보일 정도로 가난한 동네였다. 그래서 우리는 차를 주차하고는 늘 차문을 잠갔는지를 확인했다.

그곳은 우리 집에서 그리 멀리 떨어지지 않았지만 외국과 같았다.

병원 건너편에 잡화점이 하나 있었는데, 어느 날 그곳에서 아빠가 감자칩을 사 왔다. 하지만 사실은 돼지고기 껍데기 같은 게 담겨 있었다. 아빠가 그것을 한 입 베어 물고는 얼굴을 찡그린 채 봉지를 바라보며 엄마에게 말했다.

"그 사람들이 칩chip을 팔 거라고는 생각하지 않았어. 무슨 말인지 알지?"

나는 무슨 말인지를 이해하지 못해서 물어봤다.

"칩을 팔지 않는다는 게, 그 사람들이 초콜릿만 판다는 소린가요? 아니면 캔디만요? 아니면 탄산수만요?"

그러자 아빠가 고개를 저으며 킬킬거렸다.

에셴의 보철 및 정형 연구소 정문은 낙서로 뒤덮인 두꺼운 철제문이었다. 그래서 모든 환자들은 끽 소리를 내며 건물로 들어서야만 했다.

그 동네에서 조심스럽게 행동해서 나쁠 건 없었다. 긴 손톱과 크게 부풀린 머리 스타일을 한 비서와 조수는 푸에르토리코 억양으로 스페인어를 빠르게 말했는데 듣기에 좋았다(2학년 때 방과 후 수업으로 스페인어를 들었는데, 첫 수업이 끝난 후에 선생님이 엄마에게 물었다. "스페인어로 말하는 유모가 있나요? 사라의 억양이 나무랄 데가 없네요."). 나는 흰색 가운을 입은 뒤쪽의 의사보다는 머리카락을 부풀린, 의사 앞쪽에 선 그 여자에게 더 정감을 느꼈다.

연구소의 보철 기술자는 남자들뿐이었다. 담배 연기를 내뿜던 한 사람의 모습이 기억난다. 그들 중 몇 사람은 마르고 키가 큰 편이었고, 몇 명은 볼록한 배를 지녔고 통통하였다. 그들은 하나같이 무엇인지도 모를 물건을 파고, 깎아 내고, 기록하면서, 의식적으로 조용히 고개를 끄덕였다. 그 모습들이 무서워 보였다.

딱딱한 플라스틱 중합체로 반짝이게 만든 프레임이 내가 처음으로 쓴 보철이었다. 내 짧은 쪽 다리를 그 안으로 매끄럽게 집어넣자 진짜 발가락이 비집고 나왔는데 부목의 높이가 온전한 다리 높이와 같았다. 부목의 아래쪽에는 살색의 부드러운 가죽으로 둘러싼, 나무로 만든 유아용 발이 달려 있었다. 내게 맞는 부목을 만들려고 의사들이 내 발끝에서 허벅지까지 쟀다. 그러니까 내 소중한 곳 바로 밑에까지를 줄자로 쟀다는 말이다.

엄마는 항상 나를 예쁘게 입히는 데 관심을 두었기에 그 동안에는 다리 문제가 그다지 드러나지 않았다. 그런데 내가 이 남자들 모두의 면전에서 속옷을 입은 채로 앉아 계속 울기만 해서, 작고 앙증맞은 내 옷은 관심 대상에서 멀어져 버렸다. 의사들과 부모님은 나를 위해 진료 과정을 줄이려고 했지만, 결국 내 다리는 쑤셔지고 찔리는 상처를 받았다. 그 후로 흰

가운을 입은 사람만 보면 즉각 경기를 했다. 그리고 의사가 방에 들어오기만 하면 치마를 내린 채로 비명을 질러대곤 했다.

"안 돼, 안 돼, 안 돼, 안 돼! 꺼져 버려!"

엄마가 나를 진정시키려고 내 손을 붙잡고 괜찮을 것이라고 말했지만, 3살짜리를 안심시키기에는 역부족이었다. 모든 게 실패로 돌아가자 그분들은 내게 아이스크림이라는 뇌물을 주기로 했다. 하지만 불행히도 엄청나게 피곤해진 나는 집으로 돌아가는 차 안에서 잠들어 버리는 바람에 제대로 대접을 받을 수가 없었다.

그래서 모든 일이 형편없게 되어 버렸다.

※

엄마의 가족은 1955년에 노르웨이에서 미국으로 이민을 왔고, 브루클린에서도 노르웨이인이 많이 사는 베이 릿지Bay Ridge에 정착하였다(지금은 한국인이 더 많이 살고 있다. 그곳에는 흘러가 버린 노르웨이인 시대의 유산이 두 개나 남아 있다. 한 시대의 상징이었던 전설적인 '레스키스 베이커리Leske's Bakery'와 '애틀랜틱 스칸디나비안 디너Atlantic Scandinavian Diner'가 그것이다. 지금은 한국인 가족이 다양한 아시아식 식사거리를 제공하는 식당으로 바뀌었다). 마찬가지로 노르웨이에서 온 아빠와 그의 가족은, 베이 릿지에 먼저 정착해 살고 있었다. 솔뷔익 샌드빅과 도널드 라이너첸이 사귀는 건 숙명일 수밖에 없었다.

엄마 아빠는 '트리니티 루터란Trinity Lutheran' 교회의 청년 성가대에서 만났다. 트리니티 교회는 노르웨이인을 대상으로 봉사 활동을 실시했는데, 노르웨이어로 말하는 사람들과 어울릴 수 있었기 때문에 부모님의 가족들이 좋아하였다. 보수적인 엄마네 가족들은 엄마가 사회생활하는 것을 불안해했기 때문에 엄마의 교회 활동을 중요하게 여겼다. 엄마의 친구들에게 신경을 쓴 건 엄마의 부모님뿐만이 아니었다. 헬게Helge 외삼촌은—참고로 'E'자가 포함된 헬게는 노르웨이에서 남자 이름으로 많이 쓴다—솔뵈익 가문에서 허락하지 않을 것 같은 구혼자들을 쫓아내는 일을 맡았다. 외삼촌이 쫓아내는 기준이란 보통 이랬다.

"내 누이와 말 섞지 마. 넌 이탈리아 사람이잖아."

반면에 노르웨이인인 데다가 독실한 신자였던 아빠는 추천을 받았다. 아빠는 성가대 지휘자였고, 엄마는 성가대원이었다. 그리고 진실을 말하자면, 엄마가 고운 목소리와 아름다운 외모를 지닌 성가대원이었기에 아빠가 사랑에 빠진 면이 있다고 확신한다.

아빠는 열심히 일하였다. 고등학교에서 음악 교사로 근무하면서 집에서는 개인 피아노 교습을 했으며 교회에서는 오르간을 연주하였다. 음악 교사로서 돈을 많이 벌지는 못하였지만, 돈이 많이 필요한 장애아를 낳은 죄로 여러 가지 일을 해야만 했던 것이다. 엄마 역시 '콤맥Commack'과 '노스포트Northport' 지역에서 파트타임 안무가로 근무하면서 일부 지역의 공립 극장에서는 쇼의 안무를 맡았다. 사설 무용 학원에서도 가르쳤는데, 그렇게 된 것을 너무 좋아했다. 게다가 나와 내 남동생인 피터와 낮에 함께 있으려고 그 일을 모두 밤에 했다.

부모님의 직업윤리가 훌륭하셔서 다행이었던 건, 내 다리를 치료하고 돌보려면 무엇보다 재정적으로 안정이 되었어야 했기 때문이다. 반면에 보험 계획은 형편없었다. 900달러쯤 되는 내 첫 부목 값은 보험사에서 전액 지불해 주었지만…… 그걸로 끝이었다. 주머니 사정을 고려치 않는 비용이 미칠 만큼 늘 청구되었다. 그래서 내가 새 보철을 할 때마다 엄마 아빠는 보험회사에 항의하였고, 그러면 보험회사는 80퍼센트의 비용을 지불했다. 나머지 20퍼센트조차도 너무 부담스러워 하였는데, 부모님은 수지를 맞출 수 없게 되자 대출을 받아야만 했다. 그리고 부모님은 계속해서 큰 보험회사들과 싸웠다. 교회의 교구민들 중 몇 사람도 우리 편이 돼 함께 싸워 주기도 했다. 우리는 도움을 받을 수 있는 대로 모두 받아야만 했다.

✳

우리는 '베이 힐스Bay Hills' 해변에서 800미터 정도 떨어진 곳에 살았는데, 여름 동안에는 거의 매일 그곳 해변에서 지냈다. 가족들과 엄마 아빠의 친구들이 보호막 같은 걸 내 주위로 쳐 주었기 때문에 그 안에서나마 나는 부목을 벗고 모래사장을 뛰어다닐 수가 있었다.

그렇지만 4살 때 나와 다르게 모두가 수영복을 입는다는 것을 알아차리고 나서부터는 문제가 심각해졌다. 보호막이 그런 일까지는 보호해 주지 못해서 가끔씩 내가 괴물처럼 느껴지곤 했다. 특히 해변에 온 새로운 사람이 마치 나를 롱아일랜드 동물원에서 탈출한 희귀 동물처럼 바라볼 때면 더욱 그랬다. 다행히 어른들이 있는 곳에서 바다 쪽으로 뛰어가는 나를 본 대부분의 해변 산책자들은 '오, 저기 사라네.' 정도로만 생각했기에 큰 문제는 되지 않았다.

나는 대체로 행복한 일상을 보내는 아이이기는 했지만 가끔은 엄마에게 투정을 부렸다.

"왜 내가 이따위 다리를 지녀야 해? 이게 싫어."

그러면 엄마는 이렇게 말했다.

"누구나 무엇이든 다 할 수는 없는 거야. 그건 달콤한 기침약으로 해결할 수 있는 일이 아니란다. 나가서 재밌게 놀기나 하고 그런 일은 걱정하지 마라."

엄마는 또 내 다리를 아빠의 안경에 비유하기도 했다.

"네 아빠가 잘 보려고 안경을 쓰는 것처럼, 네가 걷는 데 다리가 필요한 것뿐이야. 별거 아냐."

부모가 긴 옷을 입혀 결점을 감추게 하려는 여성 절단 환자들 몇 명을 아는데, 그것 때문에 그들은 언제나 상실한 다리에 대한 수치심만 느꼈다. 그러나 솔베익 가문에서는 그렇게 하지 않았다. 엄마는 언제나 나를 보통 아이처럼 대하였다. "사라야, 수채화나 좀 그릴까?"라고 말하며 집 안에 틀어박혀 온종일 그림이나 그리게 하는 일은 전혀 없었다. 엄마는 내가 밖에서 다른 아이들과 어울려 놀도록 하였다. 나는 장난감 방망이를 휘둘렀고, 정글짐jungle gym(둥근 나무나 철봉을 가로세로로 얽어서 아이들이 오르내리며 놀도록 만든 운동 기구-옮긴이)을 올랐으며, 술래잡기 놀이를 했다. 또한 나는 동네에서 돌차기 놀이를 가장 잘하는 아이였다. 엄마는 내가 넘어져도 스스로 일어나도록 내버려 두었다. 때론 그것 때문에 다른 부모들이 나를 더러운 옷을 입는 아이로 보기도 했다. 하지만 엄마는 내가 언젠가는 스스로를 돌봐야 한다는 걸 알았기에 일찍부터 그렇게 하는 걸 당연하게 여겼다. 나도 그 점을 단 한 번도 의심하지 않았다.

내가 7살이 되자 정형외과 진단을 받기 위해 뉴욕 대학 병원을 6개월에 한 번씩 방문해야만 했다. '다리 고정fixing my leg' 방식을 정해야 했기 때문이다. 다리를 문자 그대로 고정하려는 건 아니었지만, 부모님과 의사는 될 수 있으면 내가 편히 살 수 있는 방안을 찾아보려고 했다. 근위 대퇴골 부분적 결손을 치료할 방법이 없었기 때문이다.

정말로 듣고 싶지 않았던 절단이라는 단어가 이때 처음으로 등장했다. 다리를 잃는다는 건 그 모습 자체로 이상하고, 또한 너무 끔찍하다는 생각이 들기도 했지만 희망의 조짐도 있었다. 내가 다리를 잃게 되면 부목을 대지 않아도 되는데, 그 망할 물건이 편하게 느껴진 적이 없었기에 오히려 잘된 일일 수도 있었다.

내게는 부목이 통풍도 되지 않으면서 딱딱하고 길기만 한 장화나 마찬가지였기에 아무런 도움도 되지 못했다. 게다가 부목을 착용하면 아팠다. 먼저 모직이나 면직으로 만든 긴 양말을 착용하고, 발가락을 밑으로 향하게 한 뒤 내 발을 보철로 밀어 넣은 다음에, 다리를 가로질러 허리에 두르게끔 된 찍찍이 끈을 묶어야 했다. 부목은 더럽고 불편하고 냄새가 났고, 내가 하루 종일 밖에서 놀고 나면 때때로 흥건히 젖고 닳기까지 했다. 그러면 기분까지 나빠졌다.

나는 아픈 다리가 사람들에게 어떻게 보일지, 특히 발의 길이가 다른 것에 대해서는 신경 쓰지 않았다. 하지만 공중에 매달린 것 같은, 발이 달랑달랑하는 괴상한 다리를 보면 이상한 기분을 느꼈다. 그럴 때마다 정상인 남은 다리 하나를 바라보면서 작은 다리를 자라게 하는 방법이 없을까를 궁리하며 시간을 보내곤 했다. 비정상인 다리가 기괴하고 추한 걸 알았지만 몸의 일부였기에 싫어할 수도 없었다. 수수께끼였다. 비정상인 그 다리가 몸의 일부라는 이유로 그걸 받아들이면서도, 추하다는 이유로 받아들여지지 않기도 한 것이다.

그래서 '다르다는 건 별 문제가 아니야. 나는 내가 알고 있는 누구와도 다르고 독특하며 희귀한 소녀일 뿐이야!'라며 스스로를 다독이고 긍정적인 측면에서 나를 바라보려고 노력했다. '이건 나를 독특하게 해 주는 건데 왜 싫어해야 하지?'라고 진지하게 생각하기도 했다.

'독특해지는 게 좋지 않나?'

몸이 온전한 사람들조차도 몸의 어느 부분에 대해서는 그렇게 느낄 것이라고 생각한다. 누군가는 코를, 엉덩이를, 아니면 귀 때문에 그렇게 당황해할 수도 있을 것이다. 그래서 많은 사람들이 자신의 몸 한 부분을 바꾸기를 원하기도 하는데, 내 경우에는 다리였을 뿐이다.

부모님은 내 정형외과 담당 의사인 셀린느 자라밀로 박사Dr. Selene Jaramillo와 함께하는 병원 회의에 늘 참석하게 했다. 수술 방법을 내가 결정할 수 있도록 하기 위해서였다. 자라밀로 박사는 대체로 상냥하고 자상했지만 나는 종종 그분을 만나는 걸 두려워했다. 왜냐하면 그녀는 교육 담당 교수였기 때문에 10여 명의 수련의들을 끌고 속옷만 입고 있는 내게로 올 때가 있었다. 그때마다 내 다리가 칠판이나 진료 차트라도 되는 것처럼 붉은색 볼펜으로 뭔가를 그렸다. 그런 상황에서는 내가 사람이라기보다는 물체에 더 가깝다고 생각했다.

다리에 상처 난 일이 없었기에 나는 자라밀로 박사에게 질문했다.

"왜 이 문제를 꼭 풀어야 해요? 다리가 진짜로 부러진 건 아니잖아요. 내가 지닌 유일한 왼쪽 다리를 왜 뺏어 가려고 하는 거예요?"

그럴 때면 자라밀로 박사는 인내심을 보이며 설명하였다.

"사라, 너는 세 가지 방법 중에서 하나를 선택할 수 있어. 첫 번째로는 보철을 내장하는 수술을 하는 건데, 그렇게 하면 두 다리의 길이가 같아지겠지만 그건 네가 자랄 때마다 수술을 받아야만 한다는 걸 의미하기도 해. 두 번째 방법은 더 좋은 의족을 착용할 수 있게 네 왼쪽 다리 일부를 자르는 건데, 이 방법을 쓰면 두 번만 수술하면 돼. 두 번째 방법을 쓰면, 굽혀지지 않는 뻣뻣한 다리 대신에 다른 사람들과 같은 곳이 구부러지는 무릎이 있는 다리를 붙일 수 있도록 깨끗한 몸통만을 지니게 될 거야. 마지막으로는 아무것도 하지 않은 채 다리를 있는 그대로 놔두는 방법이 있어."

시간이 좀 걸리기는 했지만 결국 상황의 본질을 이해하기 시작했다. 내 왼쪽 다리가 오른쪽 다리와 다른 데다가 자랄수록 그런 차이가 더 심해질 것이기에, 왼쪽 다리의 아래쪽을 제거하는 게 내게는 더 좋다는 뜻이었다. 하지만 의학 용어 자체를 이해하기는 너무 어려서 피부가 뭐고 뼈가 뭔지, 왜 내가 몇 번이나 수술을 받아야만 하는지는 알 수가 없었다. 결국 복잡한 내용을 이해하지 못하는 바람에 나는 섣부르게도 절단 방식을 선택했다.

수술 예약을 한 후에 부모님은 온갖 애를 써 가며 나를 준비케 하였다. 병원에 관한 아동 도서를 사 주었고, 병원의 아동 병동과 재활 병동을 방문시켜 주었다. 그 덕분에 몇 달 동안 지내야만 할 장소에 대해 제대로 이해할 수 있었다. 이렇게 부모님은 나를 안심케 하고 용기도 주었다. 하지만 난 두려웠다.

나는 나만의 상황에 꽁꽁 둘러싸인 덕분에 부모님이 감수하는 희생을 알아차리지 못했다. 정기적으로 나를 데리고 스페인계 빈민 지역으로 들어갔다 나왔다를 하는 동시에 일을 하나 (또는 둘이나 셋) 하면서 두 아이를 키운다는 건 너무 어려운 일이다. 그렇지만 엄마는 가족을 경영하는 대표였기에, 그것도 훌륭한 대표였기에 그런 일들을 동시에 하려고 애썼다.

그렇게 수술할 때가 다가왔다. 첫 번째 수술에서 병원 측은 왼쪽 발이 아래쪽으로 삐져나오게끔 내 무릎을 융합하고는 작은 다리를 깁스붕대 안으로 넣어 뼈를 고정했다. 이때는 내 허벅지의 중간 부분 바로 근처를 수술했다. 자라밀로 박사는 무릎을 융합하면 발가락과 다리의 감염 여부를 관찰할 수 있다고 설명하였다. 뼈가 치유되었을 때 실제로 다리를 절단해야 하는 두 번째 수술이 다가왔다. 다리를 제거하고 남은 부분 중 아래쪽을 치료용 패드로 둘러쌌다. 그리고 뒤꿈치를 남은 다리의 아래쪽에 남겨 두어 무게를 견디는 뼈의 역할을 하도록 했다.

절단 수술이 끝나자 큰 고통이 밀려왔다. 누군가가 거듭해서 내 다리를 칼로 찌르는 것 같은 느낌을 받았기 때문이다. 1부터 10까지라고 한다면, 통증은 그걸 넘어서 12에 해당할 정도였다. 정말이지 이전에 겪어 본 어떤 고통보다 더했다. 밤에는 통증이 너무 깊고 강렬해 잠을 이룰 수가 없었다. 계속해서 진통제를 놓아주기를 애원했지만, 길고 무서운 바늘 같은 것 때문에, 들어갈 때 아프고, 그것 자체로도 아파서, 일단 약물이 주입될 때, 아주 잠깐 동안은, '아아아아아아' 하고 온갖 신음 소리를 냈다. 그렇게 한 후에야 겨우 잠들 수가 있었고 진통 효과가 사라지기 전까지는 쉴 수도 있었다.

그 후로 내 왼쪽 발가락에서 환지통을 느꼈다(환지통은 진짜 고통처럼 느껴지지만, 한편으로는 사랑하는 사람이 죽은 뒤에 느끼는 애도와 비슷하게, 수족을 상실한 신체가 애도를 표하는 방법일 뿐이다. 그렇지만 절단 측면에서만 보면 고통이 상상만은 아니었다. 오늘날까지 여전히 내 왼쪽 발가락을 까딱거릴 수 있을 것 같은 느낌을 지니고 있다). 그런 환지통을 중국식 고문에 비교하곤 했는데…… 인종차별적인 끔찍한 생각이라는 것을 지금은 알지만 그때는 그저 7살에 불과하였다.

두 달 동안 병원에서 휴식을 취하며 회복하였고, 이후 한 달 동안은 '러스크 리합 연구소Rusk Rehab Institute'로 가서 물리 치료를 받았다. 엄마는 그동안 내내 내 옆에 머물렀다. 그 석 달 동안에, 엄마는 불편해 보이는 병원 방문객용 접이식 의자에서 잤다. 하지만 60여 킬로미터나 떨어진 집에서 다리 하나밖에 없는 딸에게 무슨 일이 벌어지는지 모른 채로 있는 것보다는 내 침대 옆에 있는 것이 더 편했으리라고 생각한다.

병원에 있으면서 병실을 몇 번 옮겼는데, 그중에서 한번은 뇌종양에 걸린 8살 먹은 아이와 병실을 같이 쓴 적이 있었다. 붕대로 감은 내 고정 의족을 바라본 다음에 나는 그 불쌍한 소녀의 머리 쪽으로 시선을 돌렸다. 그러고는 최소한 그 소녀가 아니라서 다행이라고 생각했다. 7살 먹은 절단 환자도 때로는 이런 방식으로 세계관을 형성할 수 있는 것이다.

휠체어를 타고 집으로 돌아갈 때가 되자, 내가 정문으로 들어가 1층을 돌아다닐 수 있게끔 아빠가 집을 수선해야만 했다. 아빠는 꽤 쓸모가 있는 사내라 기쁜 마음으로 목재를 써서 그걸 직접 해 주었다. 하지만 불행히도 내 침대가 있는 2층으로 올라갈 수 있게 해 줄 경사로는 아빠가 만들어 줄 수가 없어서 나는 거실의 소파에서 자야만 했다.

이후 거의 석 달 동안을 소파에서 뒹굴며 누워 지냈다. 그 사이에 내 친구들과 친척들이 위문 차 찾아왔다. 교회 청년들은 아타리Atari사의 비디오 게임 콘솔, 인디애나 존스 게임, 팩맨Pac-Man, 스페이스 인베이더Space Invader 등을 가져다주었고, 피터와 나는 늘 그것들을 가지고 놀았다. 선생님은 숙제를 집으로 가져왔으며, 학교 친구들은 모두 편지를 써 보냈다. 그렇게 하라는 말을 듣고 그렇게 했겠지만 나는 그런 편지를 받는 게 언제나 좋았다. 하지만 거의 주저앉아 치료받는 일만 계속되자 곧 싫증이 났다. 치료에 시간이 걸리는 게 당연했지만 그걸 어린아이가 이해하기는 어려웠다.

집으로 돌아온 지 얼마 되지 않아 엄청난 눈보라가 몰아쳤다. 그 때문에 학교는 거의 일 주일이나 문을 닫았다. 동네 꼬마 녀석들 모두가 거리로 나와 요새를 구축하고, 썰매를 탔으며, 눈싸움을 했다. 나는 나 없이도 즐거워하는 그들을 창가에 앉아 지켜보는 것으로 만족하였다. 그리고 한 세기만에 내린 가장 멋진 강설에 그리움마저 느꼈는데, 너무 멋져서 마치 국경일 같았다. 밝은 색 겨울 코트를 입고 흰 눈으로 덮인 우리 집 잔디밭을 빠르게 달리는 아이들을 보면서 인생이란 게 더 잔인하고 불공정해지는 것만 같았다.

부모님은 내가 실망하고 있다는 걸 알아차렸다. 아빠가 인도와 차도의 눈을 삽으로 치우고 엄마가 나를 들어 올려 준 덕분에 휠체어를 밖으로 끌고나갈 수가 있었다. 내가 할 수 있는 일이라고는 지켜보는 것뿐이었지만, 최소한 더 잘 볼 수는 있었다. 이렇게 부모님은 나에게 잘 대해 주었다. 하지만 나는 늘 겨울을 강탈당했다고 생각했다.

3월 말이 되어 핀을 제거하고 붕대를 벗겼지만 피부가 내 것이 아닌 것만 같았다. 수술한 다리는 베타다인Betadine 때문에 온통 노래진 채 피딱지로 덮여 있었다. 이성적으로는 내 신체라는 걸 알았지만 그렇게 보이지가 않았다. 무섭고 추해 보여 두려웠다. 할 수 있는 말이라고는 "이게 진짜 내 다리야? 이게 진짜 내 다리야? 이게 진짜 내 다리냐고?"라는 외침뿐이었다. 핀을 제거하자 수술하고 남은 다리 끝 부분이 분유정噴油井처럼 터져 피가 사방으로 튀었다. 더 이상 그 부분을 내 몸으로 여길 수 없을지도 모른다고 느꼈다. 일단 피가 멈추자, 남은 다리를 보며 생각했다.

'더러워, 냄새도 지독해.'

마침내 '소파의 나라Couch Island'에서 내려와 2층 침실에서 자기 위해 처음으로 아주 조심스럽게 목발을 짚었다.

그 후 다리 하나만으로 생활하는 일에 아주 조금이나마 익숙해지기도 전에 다시 에센으로 가야 했다. 그러고는 다시 가야 했다. 그러고는 또다시 가야 했다.

이번에는 의족에 쓸 금형을 뜨려고 그 빈민가로 여행했다. 내가 바디 스타킹을 입으면 그들은 석고 테이프로 내 남은 다리를 둘러쌌다. 그 후 석고가 마르면 정형외과 의사가 톱날로 석고를 잘라 냈는데 그 소리가 언제나 시끄럽고 끔찍했다. 톱이 해치지는 않지만 늘 두려웠기 때문에 톱날이 나를 내리누르면 소리를 지르며 엄마를 붙잡았다. 그 소리 때문에 두통까지 왔다.

내 첫 의족은 나무와 플라스틱을 혼합해 만든 다음에 내 몸과 비슷한 색깔로 반짝이게 칠한 것이었는데, 무릎 부분에 관절이 있었고 하부는 비어 있었다. 더 딱딱하다는 점을 제외하면 그건 마치 고무로 만들어져 자유롭게 회전되는 바비 인형의 다리 덩어리 같았다. 하지만 그것은 유압 장치가 없어서 너무나 불안정했고, 걸을 때마다 딱딱 소리를 냈다(가족은 그 망할 물건을 두고 말을 지어냈다. 예를 들면, "사라의 다리 소리가 너무 커서 사람들 속에서도 사라를 찾을 수 있을 지경이야."라거나 "누구나 사라가 다가오는 소리를 들을 수 있어서 사라는 결코 도둑이 되지 못할 거야."라는 식으로 말했다). 의족이 구식이기는 해도 다른 의족 모양을 찾아 달라고 성가시게 굴 수 없었던 건, 우리가 뉴욕에서 가장 큰 치료 기관 중 하나인 뉴욕 대학 병원과 거래하고 있었기 때문이다. 그래서 병원 측이 에센이 적합한 곳이라고 하면 우리는 에센이 적합하다고 여길 수밖에 없었다. 그곳 외에도 다른 선택지가 있다는 걸 알지 못할 정도로 이 방면으로는 너무 문외한이었다.

오른쪽 다리는 아주 온전해서 적절한 속도로 잘 자랐는데, 그건 내가 빨리 자랄수록 더 자주 에셴으로 가서는 내게 맞는 새 다리를 다시 맞춰야 한다는 걸 의미했다. 이것은 부모들이 대개 자라는 아이의 신발을 1년에 4번 정도 바꿔 사 주어야 하는 일에 비유할 수 있다. 초등학교 5학년 때부터 중학교 2학년 때까지 에셴에 거의 한 달에 한 번꼴로 갔고, 흰색 가운을 입은 친숙한 그 남자들은 나를 다시 바비 다리로 찔러 넣곤 했다.

바비 다리에 상대적으로 아픔을 덜 느낄 때쯤 9살이 되었고, 이때부터 바비 다리가 내 삶의 일부분이라는 것을 받아들였다. 내 왼쪽 다리가 영영 없어졌기에, 부모님이 차에다가 그러는 것처럼 '석유와 윤활유oil and lube'를 인조 다리에 주입해야 했다. 그리고 그 일은 내가 평생에 걸쳐 해야 할 숙제가 되었다.

❈

이웃 아이들이 모두 자전거를 탔기 때문에 나도 거기에 끼고 싶었다. 자전거를 타는 게 달리는 것보다 확실히 더 쉽고 안전할 것이라고 생각한 부모님은 나도 자전거를 탈 수 있을 것이라고 여겼다. 그러고는 9살 생일날에 바나나색 안장이 있는 분청색 '스윈Schwinn'을 사 주었다. 즉시 그걸 꽃무늬 스티커로 뒤덮었다(꽃무늬 스티커가 뻔뻔함의 극치이기는 하다). 엄마 아빠는 내 발을 보호하려고 검정색 플라스틱 발 끈을 발판에 달아 주었다. 하지만 가끔 내 바비 다리가 끈 밖으로 미끄러져 나와 자전거가 움직이는 동안에는 다시 되돌려 넣기가 너무 힘들었다. 내 다리를 페달 자체에 묶는 것도 생각해 보았지만 그렇게 하면 항상 자전거에 묶여 있을 수밖에 없는 꼴이 되어 자전거에서 떨어지기라도 하면 위험해질 게 분명했다.

아빠는 내게 자전거 타는 법을 가르쳐 주었다. 처음에는 보조 바퀴를 자전거에 달아 주었고 나는 그걸 단 채로 진입로에서 균형을 잡으려고 애썼다. 나중에는 도로로 나가서 발판을 밟고 안정된 자세를 잡는 연습을 했는데, 그 동안에 아빠가 의자 뒤편을 잡아 주었다. 그 덕분에 주차장 근처나 평탄한 도로에서는 편안히 탈 수 있게 되었다.

6주 후에는 마침내 보조 바퀴를 빼내고도 균형을 잡을 수 있게 되었다. 드디어 나는 피터와 그의 친구와 함께 첫 번째 시승을 나갔다. 해변 쪽으로 나 있는 '사운드뷰 드라이브Soundview Drive'와 '헌팅턴 베이 로드Huntington Bay Road'의 내리막길을 거쳐 집으로 돌아오는 코스였다. 여러 해 동안 다른 애들이 타는 걸 지켜봤기 때문에 그들과 함께 도로로 나간다는 게 나를 너무나도 흥분하게 했다.

처음에는 잘 탈 수가 있었다. 언덕은 무사히 잘 내려갔다. 하지만 맨눈에는 평탄하게 보이지만 실제로는 무척이나 경사진 가짜 평지 도로에 곧 부딪혔고, 내 자전거 타기는 거기서 끝나 버렸다. 다른 아이들을 조금도 따라잡을 수가 없었다. 조그마한 언덕이 마치 큰 산처럼 보여 '젠장, 질렸어.'라고 생각했다. 나는 자전거에서 내려서는 그걸 집으로 끌고 가 창고에 처박아 두었다. 나보다 3살이나 어린 내 남동생과 그의 친구가 도로를 돌진해 가는 동안에, 평탄한 도로였음에도, 실제적인 목적과 상관없이, 내가 그들을 따라잡지 못했다는 이유로 굴욕감을 느꼈기 때문이다.

그 후로 17년 동안 나는 자전거에 손도 대지 않았다.

※

아빠는 다혈질이었는데 그걸 억제하는 방법을 몰랐다. 아빠는 피터와 내가 아주 어렸을 때에는 우리를 부드럽게 대하였다. 하지만 내가 8살이 되고 피터가 5살이 되었을 때—그때 아빠는 우리가 당신의 지시를 이해하고 순종하기에 충분히 자랐다고 믿었다—아빠의 끊임없는 분노는 심각한 문제가 되었다. 물론, 아이들에게 화내고 흥분할 권리가 부모에게 있긴 하다. 그럴 때 부모라면 화를 내더라도 그것이 아이들에게 긍정적이고 생산적인 방향으로 흘러가도록 해야 한다. 하지만 아빠에게는 그런 능력이 없었다. 아빠는 스트레스를 받거나 가슴이 조금이라도 답답하다고 느낄 때면 우리를 학대하였다. 때로는 폭력을 썼다. 때로는 잔소리를 했다. 그리고 때로는 둘 다를 했다.

내가 생각하기에 우리의 잘못된 행동과 아빠의 꾸지람 간에는 직접적인 상관관계가 없어 보였다. 잠에서 깨어났을 때에 스스로 바로 일어나지 않으면 머리채를 잡아당겨 일으켜 세우는 둥 아빠는 악의 없는 잘못에도 심하게 벌을 주었다. 쓰레기를 내다 버리지 않으면 머리가 쑤셔 박히거나 벽에 부딪혀지기도 했다. 자동차를 오래 탈 때 흔히 벌어지는 형제간의 다툼이라도 생기면 주먹으로 가슴을 맞기도 했다.

또한 아빠가 거실에서 피아노 개인 교습을 하는 동안에 내가 설거지를 해 놓지 않으면, 아빠는 의족을 감춰 버리겠다고 위협하였다. 그리고 내가 입을 닫아 버리면 아빠는 새 의족을 맞춰 주지 않겠다고 협박하였다. 그런 일들을 실제로 한 적은 없었지만 나는 아빠가 그럴 수도 있다고 믿었다.

결국 아빠의 끊임없는 억압 때문에 피터와 나는 우리가 한 행동 중에서 무엇이 옳고 그른지를 구분하지 못하는 최악의 상황—내 머리를 가장 혼란스럽게 한 일—에 놓이게 되었다. 우리는 좋은 성적을 받아 오지도 못했고, 아주 훌륭한 음악가가 되지도 못하였다. 결국 모든 걸 망쳐 놓기만 하는 아이들이 된 셈이었다.

아빠는 하루 종일 많은 일을 했음에도 늘 돈에 늘 쪼들렸다. 당연히 그것 때문에 스트레스를 받았다. 그렇다고 해서 우리에게 분노를 쏟아 낼 권리를 부여받은 건 아니었다. 딸을 움직일 수 있게 해 주는 의족을 가져가 버릴 것이라고 말하거나, 다음 번 의사 면담 때 데려가지 않을 것이라고 협박하지 않았어야 했다. 아빠라면 그보다 더 관대하고 선했어야 했다. 아빠라면 더 어른스러워야 했다.

일요일 아침이면 더 위험했다. 9시에 교회 예배가 시작되지만, 아빠가 성가대를 준비할 수 있도록 우리는 8시 30분까지 교회로 가야 했다. 그래서 우리는 늘 서둘러야만 했다—때로는 엄마가 와서 나를 몇 번이나 깨웠고 때로는 피터가 깨끗한 바지를 찾을 수 없었다—그럴 때면 집안 분위기가 어수선해졌고 아빠는 곧 인내심을 잃곤 하였다. 아빠는 내게 소리치며 나무라거나, 엄마와 큰소리로 싸움을 시작하거나, 피터를 데리고 위층으로 올라가서는 침대에 던져 버리곤 했다(동생은 남자라는 이유로 또는 장애가 없다는 이유로 아빠의 신체적 학대를 더 겪어야 했던 것 같다).

제3차 세계 대전이 휩쓸고 지나간 후에 우리는 완벽하게 보이기 위해 멋진 옷을 잘 차려 입고 단정히 빗은 금발 머리 밑으로 파란 눈을 뜬 채로, 그야말로 완전한 진짜 미국인 가족처럼 가장하고 교회로 갔다. 하지만 증오와 분노가 가득한 아침에 평화를 기리는 찬송가를 부르는 건 이상했다.

나는 아빠가 집에서 우리를 어떻게 대하는지에 대해 아무에게도 절대 말하지 않았다. 친구에게도, 친척에게도, 아무에게도 말이다. 외적으로는 내가 온전한 가정에서 지내는 것처럼 생각하게끔 모두를 속일 수 있다는 사실에 조금은 만족해했다. 피터 역시 그것에 대해 단 한마디도 말하지 않았다. 우리는 비밀을 지키라는 명령을 받은 적은 없었지만 그렇게 가족이라는 울타리 안에 묻혔고, 무심코 입을 놀릴 생각조차 하지 않았다.

우리에게 상처 주지 않기를 아빠도 원한다는 걸 늘 느끼고는 있었지만, 아빠의 분노가 너무 강렬해서 쉽게 멈출 수 있는 것으로 보이지가 않았다. 게다가 화내는 이유가 매일 다르다는 게 상황을 더 비참하게 했다. 아빠를 거슬리게 하는 일이 도대체 무언지 알 수가 없었다. 그래서 양치하는 걸 잊으면 정원으로 끌려 나가 별의별 욕설을 듣거나 그림으로 그려내기조차 힘든 광기를 견뎌야 했다. 하지만 아빠는 우리를 심하게 때리지는 않았다. 여기저기 멍이 들기는 했지만, 뼈까지 부러뜨리거나 피를 보게 한 일은 전혀 없었다. 사실 아빠가 지닌 가장 강력하고 효과적인 무기는 잔소리였다.

5학년 때, 아빠와 나는 너무 사소해서 잊어 버려도 될 문제로 크게 다툰 적이 있었다. 시계를 보니 지옥 같은 집을 지금 벗어나지 않는다면 버스를 놓치거나, 미쳐 버리거나, 둘 다가 되거나 할 것처럼 보였다. 그래서 잠바를 던져 버리고 앞문으로 달려가서는 혼란스러운 마음으로 "아빠, 그냥 좀 꺼져 버려, 어?"라고 말했다. 그러고는 아빠가 미처 다른 말을 하기도 전에 집 밖으로 달려 나가 문을 닫아 버렸다. 아빠에게 욕을 한 게 두려웠지만 해방감도 느꼈다. 이 일은 아빠를 놀라게 한 게 틀림없었다. 이후 특별한 보복 따위가 전혀 없었기 때문이다.

기독교의 가장 중요한 신조 중의 하나는 항상 용서하라는 것이어서, 아빠를 사랑으로 바라봐야 한다는 마음이 내 안에도 깊이 자리 잡고 있었다. 아빠가 나에게 상처를 준 일로 사과를 할 때면 그것을 받아들이기는 했지만, 또 언제 화를 낼지 몰라서 늘 조심했다. '아빠를 공경하라'는 개념과 '자녀를 존중하라'는 개념이 교회에서는 잘 살아 있었지만, 라이너첸의 거실에서는 그러지 않았다.

✺

아빠는 40살을 얼마 앞둔 어느 날, 정기 검진을 받으러 갔는데 거기서 당뇨와 고혈압이 있다는 말을 들었다(당뇨는 유전이었다. 고혈압은 어느 정도는 유전된 면과, 어느 정도는 자초한 면이 섞인 것이었다). 의사가 말했다.
"아이들과 함께 지내고자 한다면 운동을 해야만 합니다."
10대 때 할아버지를 여읜 아빠는 큰 충격을 받고 달리기를 시작하였다. 다행히 1970년대 초반은 건강을 위해 달리기를 하는 사람들이 많아지던 시기였다. 그래서 셔츠도 입지 않은 채 몸을 드러낸 30대가 길을 따라 천천히 달리는 걸 보면서도 아무도 미쳤다고 생각하지 않았다.
아빠는 정기적으로 5,000미터와 1만 미터 경주에 참가했는데, '기아에 반대하는 해리 차핀 기념 경주 대회Harry Chapin Memorial Run Against Hunger'를 특히 좋아했다. 아빠는 매년 나와 피터를 데리고 가서 어린이 경주에 참가시켰다. 하지만, 늘 꼴찌를 하는 바람에 나는 그걸 싫어했다. 내 바비 다리 때문에 다른 아이들과 경쟁해 달릴 수가 없었고, 설혹 그렇게 되었을지라도 의족을 가지고 빨리 움직이는 방법을 알지 못했다. 병원에서 배운 것이라고는 복도를 걸어 오르거나 내려가는 방법뿐이었으니 말이다.
내가 11살 때 아빠는 '플레인뷰Plainview'에서 열리는 1,000미터 달리기 대회에 등록했는데, 이날 여성 절단 장애인이 경주 장소로 온다는 걸 소문으로 들었다. 아빠가 말했다.
"그녀는 달리기 선수야. 네가 그녀와 함께 있어 주면 좋겠구나."

6학년에 막 올라갔던 때였고, 부모님이 요구하는 게 무엇이든, 그것이 얼마나 멋진 일이 될지에 상관없이, 무조건 하기 싫어하는 질풍노도의 시기에 들어설 무렵이어서 나는 이렇게 말했다.

"아아아아아아아빠, 토요일에 꼭 일찍 일어나야만 해요? 아빠가 원하시는 건 알지만 바보 같은 경주에 가고 싶진 않아요. 왜 내가 그 사람하고 말해야 하는데요? 도대체 그 여자가 뭔데요?"

간단히 말하자면, 나는 사춘기 직전의 앙탈 부리는 어린애였던 것이다 (역설적이게도, 그 여자는 곧 나에게 거룩한 존재로 다가왔다).

내가 경주장에 도착해 마음을 안정시키고 몇 분이 지났을 무렵에 그녀가 인조 다리로 바람처럼 달리며 우리 옆을 지나갔다. 그녀는 부드럽고 우아하고 아름답게 달리는 데도 빨랐다. 심지어 아빠보다 더 빨리 달렸다.

경주가 끝난 후에 나는 바로 그녀, 패디 로스바흐Paddy Rossbach를 소개받았다. 패디는 날카로운 영국식 억양을 쓰는 몸집이 작은 40대였는데 아주 멋졌다. 그녀는 6살 때에 트럭에 치여 다리를 잃고는 무릎 아래를 절단했다고 말했다. 미래형 검정색 탄소 섬유 파일론futuristic-looking black carbon fiber pylon임을 쉽게 알아볼 수 있는, 그녀의 드러난 의족을 가리키며 내가 말했다.

"그것으로 달릴 수 있다니 놀라워요."

"글쎄, 너도 달리기를 배울 수 있을 거야. 나는 마라톤에 아홉 번이나 참가했어."

그녀의 다리를 보며 내가 말했다.

"어머, 그걸로 마라톤 구간을 달렸단 말이죠? 우리 아빠도 마라톤 구간을 달리지 못했는데 말이에요."

마라톤이 우리 라이너첸가家에 특별한 의미가 있었던 게, 제9회 뉴욕 마라톤 대회의 우승자가 노르웨이에서 온 그레테 바이츠Grete Waitz였기 때문이다. 그레테 바이츠는 우리 노르웨이 출신 미국인의 자랑거리였다.

"너도 그렇게 할 수 있을 거야. 부모님께 연락하시라고 해."

패디가 내게 명함을 건넸다.

패디는 맨해튼에 있는 '슬론 케터링Sloan-Kettering' 병원에서 '어스파이어ASPIRE'(청소년 육종 환자를 위한 집중 재활 운동이라는 뜻을 나타내는 두문자어)라는 프로그램을 이끌고 있었다. 처음에는 암으로 팔다리를 잃은 재활 환자들만을 돕는 프로그램이었지만 나중에는 절단 수술을 받은 사람이면 누구나 참여할 수 있는 프로그램으로 확대되었다. 프로그램의 주된 관심사는 '운동'이었다.

연구에 따르면 절단 장애인은 두 다리를 지닌 사람보다 보통 에너지를 두 배 더 소모하고 산소를 40퍼센트나 더 쓰기 때문에 에너지를 보호하려면 더 적게 움직여야 한다. 하지만 패티는 이런 연구 결과가 심혈관적 측면에서 보면 효율적이지 못한 것이라고 주장했다. 그녀는 우리 같은 절단 장애인은 두뇌가 느낄 수 없는 너무도 무거운 보철 조각을 끌고 다녀야 하기 때문에 정상적인 사람보다 훨씬 더 많은 신체 활동을 해야 한다고 말했다. 우리가 운동을 하면 할수록 오히려 더 잘 회복되고, 더 잘 회복될수록 더 효율적일 수 있다는 게 패디의 이론이었다. 말은 쉽지만, 음, 글쎄, 절단 수술을 받은 많은 사람들이 어떻게 달려야 할지와 자전거를 어떻게 타야 할지를 모른다는 점에서 쉬워 보이지는 않았다.

하지만 패디는 내게 새로운 세상을 보여 주었다. 그리고 영웅 마이클 조던Michael Jordan 같이 닮고 싶은 인물이 되었다. 패디는 운동선수인 데다가 똑똑하고 아름다웠으며 남편도 있었다. 게다가 마라톤을 할 뿐만 아니라 병원에서도 중요한 일까지 맡고 있었다. 나는 패디를 만나면서 절단 수술을 받고도 평범하게 살 수 있을 것이라는 희망을 봤다. 패디는 내가 할 수 있는 일과 할 수 없는 일에 대한 인식을 바꿔 주었다. 덕분에 그녀가 내게 달리는 방법을 가르쳐 줄 수 있는, 롱아일랜드의 물리치료사를 소개해 주었을 때, 나는 마음의 준비가 되었다.

물리치료사의 이름은 데이비드 볼스리David Balsley였다.

❈

데이비드 볼스리는 더할 나위 없이 근사한 분이었다. 그는 낮에는 물리치료사로, 밤에는 달리기에 몰두하는 남성이었다. 내가 데이비드를 처음으로 만났을 때 그는 '웨스턴 스테이츠Western States' 경주에 대비해 훈련하는 중이었다. 웨스턴 스테이츠 대회는 160킬로미터나 되는 캘리포니아의 새크라멘토 외곽을 높은 고도에서 단 한 번도 쉬지 않고 달리는 경주였다. 데이비드는 그걸 17시간 만에 끝냈다. 그러고는 기회가 있을 때마다 그걸 계속해서 참가하였다. 내가 근사하시다고 말한 이유를 알겠는가?

데이비드와 패디는 사람이 평소 믿는 것보다 더 많이 일할 수 있다는 걸 보여 주었다. 한 다리로 마라톤을 완주하는 패디와, 두 다리로 거의 온종일을 달리는 데이비드였기에 가능했다. 내 머리로는 이해하기가 힘들었다.

3명의 아이를 둔 데이비드는 롱아일랜드에서 하는 일 외에 맨해튼에서도 개인 교습을 하였다. 그럼에도 그는 엄청난 경주나 다른 것을 할 준비가 늘 돼 있었다. 이 모든 일을 하려고 데이비드는 새벽 3시에 일어나 배낭을 짊어지고 롱아일랜드에 있는 집에서부터 도심의 사무실까지 달렸다. 64킬로미터에 이르는 달리기를 훈련할 수 있는 유일한 기회였기 때문이다(한번은 데이비드가 롱아일랜드 고속도로의 갓길을 달리다가 경찰에 걸리는 일이 발생하였다. 경찰은 롱아일랜드 고속도로에서 달리기를 하는 게 불법이라고 말했다. 그러자 데이비드가 경찰에게 질문했다. "그럼 제가 어떻게 도심으로 들어갈 수 있나요?" 경찰은 대답을 하는 대신에 그에게 허가증을 끊어 주었다).

우리가 처음으로 만났을 때 데이비드는 나를 러닝머신에 열중하도록 한 다음에 속도를 높였다. 그러고는 이렇게 말하고 떠나 버렸다.

"만약에 러닝머신이 너무 빠르다고 느껴지면 알아서 뛰어 내려야 해."

데이비드는 내가 장애 소녀라는 점을 고려하지 않았다. 그는 강했고 내게도 강해지는 방법을 가르쳤기에 불평을 하거나 쉬운 방법을 찾아볼 수도 없었다.

처음에는 의족에 균형을 맞추느라 엉덩이가 아팠지만 편안한 느낌을 지닐 때까지 훈련하고, 또 훈련하고, 또다시 훈련을 했다. 의족을 빠르고 효율적으로 흔들어 댈 수 있도록, 내 남은 왼쪽 밑동, 나의 왼쪽 엉덩이, 나의 왼쪽 등이 제대로 작동하도록 하는 강화 훈련을 많이 했다. 실내 러닝머신 위에서나 바깥 주차장에서 달리기 훈련을 하면서 나는 수없이 나뒹굴었다. 몇 발자국을 겨우 달리고는 엎어져 무릎을 꿇거나, 빠르게 다리로 바닥을 차 내지 못하는 바람에 넘어지기도 했다. 그래도 나는 상처와 멍에 개의치 않고 늘 다시 일어섰다.

내 생애 최악의 날에도 데이비드는 날 가만히 두지 않았다. 몇 가지 기량을 멋지게 향상하기 전까지는 계속해서 훈련해야만 했다. 그는 나를 압박할 시기와 물러서게 할 시기를 아주 잘 알고는 내가 너무 늘어지지 않게 했는데, 그건 바로 코치의 자질 그 자체였다. 다리를 번갈아 가며 달리는 방식으로 계속해서 앞으로 나아가는 기량을 쌓는 데에는 넉 달 정도가 걸렸는데, 이는 노력한 만큼보다 더 큰 가치가 있었다.

마침내 그는 평지에서 달리기 연습을 할 수 있도록 육상 트랙으로 나를 데리고 갔다. 데이비드는 강하게 훈련시켰고 나 또한 그걸 좋아했다. 나는 체육 시간에 동정을 받는 데 너무 익숙해져 있었고, 선생님도 내게 그다지 기대하지 않는 아이였다. 하지만 데이비드에게 나는 절단 장애인이 아닌, 그저 힘든 과제를 수행해 나갈 또 다른 고객에 불과했다. 우리는 내 몸을 이루는 기계의 구조와 체력과 지구력을 함께 키워 나갔고, 다섯 달이 지나자 나는 100미터를 쉬지 않고 달릴 수 있게 되었다.

그건 확실히 「불의 전차Chariots of Fire」(편견과 좌절을 딛고 유태인 청년이 올림픽 육상 경기 대회에서 금메달을 따는 내용을 담은 영화-옮긴이)에 나오는 것 같은 순간이었다. 바람이 내 머리를 흩날릴 때 나는 태양 아래서 미소를 지으며 팔을 머리 위로 치켜들었다. 영화 속 주인공의 걸음걸이와 내 걸음걸이는 확실히 달랐지만, 마음속으로는 '그레테 바이츠'보다 더 부드럽게 움직였다. 일부는 동물이고, 일부는 유동적이고 매끄러운 기계인 내 몸이 하나가 돼 움직이는 것처럼 느꼈다. 갑자기 학교와 가족 외의 세계를 안을 수 있겠다는 목표와 목적을 지니게 되었다. 육상 트랙은 내가 '단 한 번에' 세계에 적응하고 탈출할 수 있는 장소가 되었다.

생애 처음으로 내가 온전한 것처럼 느껴졌다.

※

내가 12살 때 패디는 호프스트라Hofstra 대학에서 열린 경기에 데려갔다. 그 대회는 '뉴욕 지체 장애인 체육 대회New York State Games for the

Physically Challenged'로, 장애 아동을 위해 수영 및 육상 경기와 그 밖의 행사를 여는 연례 대회였다. 이 대회에서는 장애 유형별로 나뉘었다. 절단 수술을 받은 사람은 절단 수술을 받은 사람끼리, 시각 장애인은 시각 장애인끼리, 휠체어에 앉은 사람은 휠체어에 앉은 사람끼리 붙게 되었다(이런 방식이 경주를 구성하는 확실한 방법처럼 보일 수도 있겠지만, 이후에 여러 해 동안 배운 바에 따르면 이게 늘 그런 것만은 아니었다). 경기장에 있는 경쟁자들을 보고는 생각했다.

'와 멋진데! 모두가 나처럼 다리를 잃었네!'

패디가 3개 주에 흩어져 있던 절단 장애인들을 불러 모았기에, 일주일 내내 나는 내 또래의 절단 장애인들과 지내게 되었다.

기숙사에서 지낸 첫날밤에 우리 소녀들은 돌아가며 병원 이야기를 밤새도록 했다. 새로 친구가 된 타미Tammy는 이미 다리 하나를 절단하였고, 나머지 다리마저도 절단하려고 하는 중이었다. 암으로 다리를 잃었다는 미셸Michele은 절단 따위는 아무것도 아니라는 듯이 말하며 화학 요법에 관한 무시무시한 이야기를 많이 들려주었다.

그녀들은 나와 나이가 같았다. 또한 자신들이 학교에서 의족을 한 유일한 사람이었다고 말했다. 그것을 통해 나는 갑자기 세상에 나만이 독특한 존재가 아니라는 걸 알아차리게 되었다. 우리는 학교에서 불리는 이름과, 소위 '나쁜 다리의 날bad leg day'이라고 부르는 날에 겪은 일들에 대해 이야기했다. 이 애들과 함께하면서 오랜 학교 친구들과는 나눠 보지 못한 대화를 아주 많이 할 수 있다는 것에 놀랐다. 패디가 나중에 내게 이렇게 말했다.

"너를 육상 대회에 참가시키는 것만이 목적은 아니었어. 너와 같은 처지에 있는 다른 아이들과 이야기해 볼 수 있는 기회를 만들어 주려고 했던 거야."

나는 60미터와 100미터 단거리 경주에 참여했다. 60미터 경주 때에는 10미터를 남겨 두고 다리의 경첩을 묶은 끈이 풀렸다는 것을 알아차렸는데 다리가 미끄러지며 떨어져 나가고 있었다. 하지만 포기하지 않고, 앞서 고 있는 남자애를 앞질러 멋지게 승리를 낚아 챈 사람이 된다는 각오로 끈을 당겨 다리를 조였다. 그리고 결국 이겼다. 100미터 경주에서도 남자애들을 제치고 우승했다. 그렇지만 이 경기가 올림픽과 같은 게 아니었기에 모두가 메달을 받았다. 금메달, 은메달, 동메달뿐이었다. 대회가 끝난 후에 나는 생각했다.

'실망하지 않아. 사실, 무척 기분이 좋아. 이건 정말, 정말 멋져. 이걸 계속해 볼 거야.'

그날 오후, 패디는 우리에게 패럴림픽Paralympics에 대해 설명해 주었다. 패럴림픽은 전 세계 100여 개 나라의 엘리트 장애인 선수들이 모여 경쟁하는 대회로, 올림픽을 개최한 나라나 그 장소에서 4년마다 열리게 되며 장애 유형별로 나뉘어 겨루게 되어 있었다.

'어머나, 내가 올림픽에 나갈 수 있다니.'

꿈속에서라도 생각해 본 적이 없는 것이었다.

'혹시 메리 루 레톤Mary Lou Retton(1984년 올림픽 여자 체조 금메달 수상자-옮긴이)에게도 두 다리가 없었나? 젠장, 내가 운동선수가 될 수 있다는 걸 왜 생각하지 못했을까? 올림픽은 말할 것도 없고 말이야.'

나는 패럴림픽에 참가하고 싶었다. 이것을 패디에게 말하자 그녀는 내바비 다리를 가리키며 말했다.

"좋아. 그렇지만 그걸로는 입상하지 못할 거야. 뭔가 다른 걸로 움직여야만 해."

그때 처음으로 바비 다리 대신에 보철을 착용할 수 있다는 걸 알게 되었다.

패디는 우리 가족에게 마이크 조이스Mike Joyce라는 보철 기술자를 소개해 주었다. 마이크는 뉴욕 대학 병원에서 패디와 함께 일하였다. 한편으로는 정치적인 이유로 낮은 직급을 유지해야만 해서, 부업을 하였다. 얼터너티브 록 밴드 B-52's의 노래 제목인「사랑의 움막Love Shack」을 본떠서 '다리의 움막Leg Shack'이라고 이름 지은 작은 건물에서 밤에만 환자들을 돌보는 일이었다. '다리의 움막'은 퀸즈Queens에 있는 작은 방 세 개짜리 치료실에 불과하였지만 마법의 활동 공간 같은 곳이었다. 마이크는 유연한 흡착 장치가 달린 최첨단 의족(거추장스런 허리띠를 허리둘레에 더 이상 매달지 않아도 되었다. 야호!)과 내 첫 '플렉스 풋Flex-Foot'(유연한 다리라는 뜻의 상표-옮긴이)도 만들어 주었는데, 이는 앞으로 나가는 동안에 생긴 힘을 비축해 두었다가 그 힘으로 다시 반동을 줘서 걷고 뛰는 걸 돕는 보철 다리였다.

패디를 만난 덕분에 얻은 파급 효과는 대단했다. 닮고 싶은 사람이 생겼고, 정보도 얻었으며, 더 나은 다리를 얻을 수 있는 곳도 알게 되었다. 게다가 올림픽 수준에 버금가는 경기에 참가하는 꿈도 꾸게 되었다.

※

데이비드를 일주일에 3번씩 만나기 시작했는데, 이번에는 달리기 외에 더 많은 걸 할 수 있게 해 주었다. 무거운 걸 들어 올렸고, 스테어마스터Stairmaster(실내에서 계단을 오른 효과를 내도록 만든 기계-옮긴이)에 올랐으며, 로잉 머신rowing machine(노 젓는 식으로 근육을 키우는 기계-옮긴이)과

스테이셔너리 바이크stationary bike(실내용 고정 자전거-옮긴이)를 사용했다. 상완 이두근 운동과 상완 삼두근 운동 그리고 발을 올리는 운동을 수백 번씩 하며 체육관에서 하루를 다 보냈다. 거울에 비친 내 모습을 보면서 '여기서 뭔가 전문가가 돼 가고 있는 느낌이야. 그리고 이게 좋아. 이 팔 좀 봐. 이 다리 좀 봐. 정말 터프한 것 같아.'라고 생각했다.

강해져 가는 내 몸을 살피면서 더 이상 다리를 잃었다는 사실 때문에 의기소침하지 않기로 결심했다. 그리고 내 신체의 나머지 모든 부분도 최대한 강인한 상태를 유지하도록 늘 노력했다. 청소년이라면 으레 겪는 질풍노도의 시기에 오히려 나는 늠름하고 온전해졌다. 살면서 처음으로 피부뿐만 아니라 대부분의 신체 부위를 내 것처럼 느꼈다. 그렇지만 알다시피 13살 먹은 소녀는 결코 안심할 상대가 아닌데, 특히나 차려 입은 옷을 남에게 보이기 싫어할 때라면 더욱 그렇다.

내게는 치마가 문제였다. 내 다리가 사뭇 달라 보였기에 옷을 잘 입었다고 생각한 적이 없었다. 모든 사람과 전반적으로 그저 다르다고 느낀 게 아니라, 각각의 부분들에 대해서 그렇다고 느꼈다. 바비 인형 같은 내 다리의 피부색은 보통 사람의 그것과는 맞지 않고 모양도 사뭇 달랐다. 특히 내가 밖에서 걷기 시작할 때는 더욱 그래 보였던 게, 근육질 곡선이 의족에는 전혀 없었기 때문이다.

신발 또한 문제였다. 내 가짜 다리는 딱딱한 고무로만 거의 90도 각도로 지지되고 있어서 하이힐을 신을 수가 없었다. 그래서 바닥이 평평한 플랫화나 고무창으로 된 스니커즈만 신을 수 있었는데, 그런 건 어린 소녀가 꿈꿀 만한 신발이 전혀 아니었다.

패션의 관점에서 보면 마이크 조이스가 만들어 준 다리가 바비 다리보다는 더 낫게 보이기는 했을지라도 그다지 도움은 되지 않았다. 다리는 딱딱한 재질로 덮여 있었고 그 재질을 노인용 스타킹으로 둘러쌌다. 더군다나 그 모든 게 금방 더러워졌고 또 금방 해졌다. 그리고 여름 동안에, 음, 까놓고 말하자면, 특히 통풍이 잘 되지 않았다. 무척 넓었지만 남녀 공용이어서 소녀에게 딱히 어울릴 만한 건 아니었다(마이크가 남녀 공용이라고 말하기는 했지만, 사실 이 의족은 남성용이었다. 우리 같은 여자들은 그저 받아들여야만 했다). 이게 바비 다리보다는 더 편했지만 여전히 끔찍스럽게 보여서 문제가 되었는데, 이는 내가 외모에 더 관심을 기울이게 되었기 때문이다.

어느 날인가 나는 일어나자마자 스타킹으로 감싼 다리를 노려보며 생각했다.

'그거 알아? 이 망할 스타킹보다는 순수한 금속이 더 좋을 수도 있다는 걸 말이야. 어차피 남의 눈을 속이지 못할 바에는 떼 내 버리는 게 낫지 않겠어?'

그러고는 바로 스타킹을 가위로 잘라 버렸다. 그러고 나니 다리가 오히려 더 순수하고 멋져 보였다. 나는 빛나는 금속을 좋아했는데, 기묘하게도 피부 색깔에 맞춘 스타킹보다 더 진짜 다리 같아 보였다. 그래서 내 손으로 한 일에 대해 만족할 수가 있었다. 그건 '브라 태우기burning of the bra'(남성들의 압제에 대항하는 여성 운동의 일종—옮긴이) 같이 너무도 중요한 순간이었다. 처음으로 나는 내 장애를 진심으로 품었다. 내 몸이 자랑스러웠다. 일부는 금속이기는 했지만 말이다.

※

중학교 1학년 때의 영어 선생님을 우리는 로버츠 여사Mrs. Roberts라고 불렀는데, 그녀는 뭔가 정상적으로 보이는 분이 아니었다. 늘 기분이 들떠 있었고 좀 별나 보이기도 하였기 때문에 그녀를 알고 있는 많은 사람들은 로버츠 여사가 알코올 중독자일 것이라고 생각했다. 그녀는 한껏 부풀어 올린 머리카락을 검은색으로 염색하였다. 게다가 언제나 칙칙한 립스틱을 발랐고 강렬한 원색 옷을 입었다. 보라, 핑크, 빨강 같은 색 말이다. 선생님은 보수적인 '재클린 케네디 오나시스Jackie O'(미국 대통령 케네디의 미망인이었다가 그리스의 선박왕 오나시스의 아내가 된 사람-옮긴이) 같은 품격을 지녔지만…… 사실은 약간 저속해 보였다.

  3월의 어느 날, 집에서 유난히 불쾌한 주말을 보내게 되면서 영어 작문 숙제를 하지 못하는 일이 발생하였다. 내겐 이런 일이 드물었다. 그 주말에 아빠는 몹시 화를 냈다. 당신이 지휘하는 성가대와 함께 큰 행사를 준비하였는데, 그것이 예상보다 잘 진행되지 않았던 것이 이유였다. 아무도 아빠 주변에 있기를 원치 않았다. 그 콧물이 나에게 튀겼다. 아빠는 나를 여러 번 집어던졌고, 그 때문에 나는 숨을 쉬기조차 힘들 정도로 무척 심하게 울었다. 그래서 작문 숙제를 해 갈 수가 없었던 것이다.

  로버츠 여사는 나에게 무슨 일이 벌어졌는지 알아내려고 방과 후에 남게 하였다. 과거에는 아빠가 화내실 때면 사과를 하고 학교 숙제를 한다거나, 친구와 데이트를 하는 식으로 처리했다. 그렇지만 이번에는 그러지 않았다. 처음에는 로버츠 여사에게 뭐라고 말해야 할지 몰랐다. 아마도 내가 너무 침울한 상태라 그랬을 것이다.

  나는 로버츠 여사에게 말했다.

  "저기요, 저는 그저 하라는 대로 할 수밖에 없었어요. 지난밤에 우리 집에 일이 좀 있었거든요. 아빠는 때때로 화를 내세요."

  별일 아니라는 듯이 말하려 했지만 말을 끝내고 보니 우리 집의 추한 비밀을 드러낸 셈이 되어 버렸다.

'제길, 내가 아빠를 고자질했구나.'라는 생각이 들었다. 한편으로는 '우리가 겪고 있는 일을 로버츠 여사에게 말한다고 해도, 겁에 질리지도 않을 거고 누구에게도 소문 내지 않을 거야.'라는 생각도 들었다. 그러다가 무심코 "그렇지만 아빠를 도와야 해요."라고 말했다. "아빠는 뉴햄프셔New Hampshire에 있는 할아버지와 할머니를 찾아뵙고, 거기서 상담자를 만나고 계세요. 괜찮을 거예요. 걱정하지 마세요."라는 말도 덧붙였다.

모두 거짓말이었다. 아빠를 돕지 않았다. 상담자 따위는 없었다.

별일이 있었다. 교사는 어린애가 학대받는 것을 냄사라도 맡게 되면 법에 따라 그걸 보고해야만 한다. 나는 그걸 몰랐다. 로버츠 여사가 말했다.

"좋아, 사라. 걱정하지 말고 이번 주말까지 내게 자술서를 내렴. 지금 바로 연극 연습을 시작할래?"

나는 고개를 끄덕였다.

"좋아. 가도 된단다."

학교 연극 시간에 샐리 역할을 맡고 싶었지만, 찰리 브라운Charlie Brown의 뮤지컬 작품이 나에게 스누피 역을 던져 줬다(내 금발 머리 때문인지는 모르지만 어쨌든 합격했다)!!! 꽤 오랜 시간 동안 독창하는 장면을 연습하였는데 하루에 몇 시간만일지라도 다른 누군가가 된다는 게 행복했다. 연극 연습을 끝내고 밖을 나가 보니 엄마가 서 있었다. 엄마는 나를 껴안아 주었다.

"대단해, 내 딸. 잘했어. 이제 스프링어Springer 교장 선생님을 뵈러 가야 한단다."

"교장 선생님이요? 왜요?"

왜 그런지 알 수 없었다. 나는 학교에서 문제를 일으킨 적이 없었다.

'작문 숙제를 잠시 늦게 내서 그러시는 건가?'라는 생각이 들었다. 엄마는 평소와 달라 보였다. 슬슬 걱정이 됐다.

"모르겠다. 여기 도착하자마자 교장 선생님에게 갔는데 그분은 네 연극 연습이 끝나면 둘이 함께 좀 보자고 하시더라."

엄마가 내 시선을 피하려 하셔서 나는 더 긴장했다.

우리는 교장실로 가서는 그의 책상 앞에 있는 의자에 앉았다. 교장 선생님은 거의 1분 동안이나 침묵하더니 말했다.

"사라, 우리는 너희 집에서 일어난 아동 학대에 관한 보고를 받았단다. 그걸 네게서 확인해야 한단다."

그는 말씀을 가려 하지 않았다. 그저 말하고 싶은 대로 하였다.

로버츠 여사는 내가 했던 말을 끄집어냈다. 결국 나만의 비밀이 드러나 버렸다. 그래서 엄마를 흘끔 쳐다보았는데 눈물을 참고 있는 것처럼 보였다. 나는 고개를 떨어뜨린 채 말했다.

"예. 맞아요."

교장 선생님이 엄마를 쳐다봤다.

"라이너첸 여사?"

엄마는 울며 그저 고개만 끄덕거렸다.

"좋습니다."

교장 선생님께서 말했다.

"우리는 주 정부에 이 사실을 알려야만 합니다. 저는 바로 보고서를 쓸 계획입니다. 정부에서는 댁으로 사회복지 담당자를 보내 가족들을 면담하고 평가하게 할 건데, 그가 무슨 결정을 내리든 그대로 따르셔야 합니다. 우리는 무슨 일이 벌어질지 알 수 없습니다. 라이너첸 씨가 집 밖으로 나가셔야 할 수도 있지만, 사회복지 담당자가 평가 작업을 마치기 전까지는 확실히 결정된 게 없습니다. 그리고 사라야, 네가 원할 때면 언제든지 내가 있는 곳으로 오렴."

집으로 가는 길에 엄마가 말했다.

"이 지경까지 이르게 해서 정말 미안하구나. 사라 너를 실망시켰어. 네가 말해 주니 오히려 기쁘다. 진작 변했어야 했어. 그걸 일찍 멈추도록 하지 못한 게 너무 후회스럽구나."

엄마가 내게 사과한 건 좋았지만, 나는 여전히 고자질한 일로 죄책감을 느꼈고, 우리 가족에게 일어날지도 모를 일에 대한 불안감에 휩싸였다.

'주 정부가 아빠를 집에서 쫓아내면 어떡하지?'

아빠는 그날 밤에 8시까지 피아노를 가르치는 바람에 몇 시간이 지나서야 소식을 들었다. 나는 방으로 올라가 숨죽인 채로 숙제를 하고는 일찍 침대에 누웠다. 너무 지친 하루여서 곧 잠이 들어 버렸다.

뉴욕 주 정부의 사회복지 담당자가 우리 집으로 와서 가족들 한 사람씩 면담한 두 주간이 지날 때까지 '방 안의 코끼리proverbial elephant in the room'(알아야만 할 진실을 애써 외면한다는 뜻을 나타내는 속담-옮긴이) 같은 상황이 벌어졌다. 그녀는 아담하면서도 갈색 머리카락을 지닌, 너무도 친절한 모범생 같은 숙녀였는데, 텔레비전에서 묘사하는 전형적인 사회복지사처럼 흐트러짐이 없었다. 그녀는 학대받은 일에 대해 말해 보도록 우리에게 질문했다. 얼마나 많이, 얼마나 자주, 말로나 힘으로 학대를 당했는지를 말이다. 짧은 면담이었지만 또 해야 할 걸로 보였다.

이틀 후에 그녀가 다시 돌아와 판정을 내렸다.

"긴급한 위협이 있어 보이지는 않네요."

그녀가 말했다.

"위험에 처해 보이지도 않아요. 뼈가 부러진 적이 없으니 돈이 집을 떠나지 않아도 되겠어요."

아무리 잘못한 것이 있을지라도, 아빠가 우리 왕국에서 쫓겨난다는 것에 여전히 공포를 느꼈던 나는 안도의 한숨을 내쉬었다. 아빠의 기질이 마음에 드는 것은 아니었지만 나는 여전히 아빠를 사랑했기에 그가 떠나는 걸 바라지는 않았다.

사회복지사가 옳았다—우리의 삶이 위험에 처한 건 아니었지만—정서적인 안정이 그저 그런 상태여서, 일단 내가 수치심이나 당혹감을 느낄 때면 호루라기를 부는 게 가장 바람직하다는 걸 알게 되었다. 우리는 그런 식으로 긴장과 분노를 잘 견뎌 내게 되었다.

주 정부는 우리들에게 가족 치료에 참석하도록 명령했고, 추가로 아빠는 학대하는 남자들을 대상으로 한 치료 모임에 매주 가야 했다. 우리 치료사의 이름은 팻Pat이었는데, 그녀는 그 후로 거의 8년 동안이나 나와 우리 가족을 지원하는 거대한 샘과 같은 역할을 했다. 첫해에는 가족의 오점을 제거하는 일에 가장 힘썼다. 한편으로는 더 부드럽게 대화하는 방법도 배웠다. "그런 식으로 말하지 말란 말이야!"라고 말하는 대신에 "그러시면 제게는 정말 상처가 돼요."라고 말하는 방법 말이다.

나는 늘 부랑자들이 자신의 습관을 즉각적으로 고칠 수 없는 것처럼 학대 또한 일종의 습관이라고 생각했기에, 아빠가 금방 학대를 멈추지 않았어도 놀라지 않았다. 신체적 처벌은 멈췄지만 아빠는 우리가 곧바로 뭔가를 하지 않으면 끊임없이 잔소리를 했다. 아빠는 피터에게 잔디 깎는 문제로 더욱 그랬다.

"엉뚱한 데를 깎고 있잖아. 뭐든 좀 잘할 수 없어?"

그렇지만 이제는 아빠가 화를 내기 시작할 때면 "아빠, 아빠가 선을 넘고 있어요. 정신 차리세요."라고 말할 정도는 되었다. 우리가 일종의 단일

공동체로 서서히 회복되는 것처럼 보였기에, 나는 어쩌면, 그저 어쩌면 외부 사람들이 우리가 그럴 것이라고 믿었던 그런 완벽한 가족이 될 수 있을지도 모른다고 생각하기 시작했다.

*2장
챔피언 되기

  1988년 가을, 내가 13살이 되었을 때 나는 캘거리Calgary에서 열린 '캐나다 전국 선수권 대회Canadian National Championships'라는, 첫 국제 육상 대회에 참가할 자격을 얻었다. 서울 패럴림픽이 같은 해 여름에 열렸지만, 사람들은 팀을 위해 무언가를 하기에는 내가 너무 어리다고 여겼다—참가할 수 있는 최소 연령이 16살이었던 것이다—다행히 내가 국제적인 운동 경력을 쌓는 일을 시작하기에 캘거리도 훌륭한 곳이었다. 패럴림픽이 정기적으로 열리는 걸 알고 있었기 때문이다.

  내 첫 경주는 100미터였다. 모든 주자들의 나이가 나보다 더 많았다—나를 빼고 가장 나이 어린 사람은 23살 먹은 의학도였다—그래서 너무 두려웠고 마치 내가 대회에 몰래 참석한 어린아이처럼 느껴졌다. 물론 나도 빨리 달릴 수 있었고 또한 미국 팀원이기는 했다. 하지만 큰 여자애를 따라잡으려면 작은 다리로 더 빨리 달려야 한다는 걸 그때까지도 생각조차 하지 못하는 신참에 불과했다.

진가는 드러나게 마련이다.

나는 경주를 멋지게 해내 세계 신기록을 달성할 만한 시간에 결승선을 끊었다. 내 기록이 바람의 도움을 받은 것인지 그렇지 않은지를 공식적으로 결정하는 동안에 나는 트랙에서 기다렸다. 그러고는 기다렸다. 그러고는 또 기다렸다. 그러고는 또다시 기다렸다. 거의 6시간을 기다린 것처럼 느껴졌지만 실제로는 6분을 기다렸다. 그리고 세계 기록을 깼다는 판정이 공식적으로 나왔다.

그렇지만 기록이 그다지 감동적이지는 않았다. 사람들은 23초 내외일 것이라고들 예상했지만 나는 21초 정도를 달성했다. 내게는 세계 기록이 그다지 높아 보이지가 않았다. 행복했지만 만족스럽지 못했다. 내가 1년 동안이나 훈련만 했고, 연습하는 동안에 그 기록보다 더 짧은 시간을 기록한 적이 있었기에 아주 많이 갱신할 수 있을 줄로 알았다(훈련과 하드웨어라는 두 가지 측면에서 얼마나 발달했는지에 관한 관점을 조금 제공하자면, 이 글을 쓰는 시점에서는 장애인 주자가 100미터를 17초 정도에 주파하곤 한다).

200미터 경주는 그날 후반에 열렸는데 비슷한 일이 또 일어났다. 출발 신호가 울리자 나는 달렸고 기다렸고 기록을 확인했다. 금메달 2개를 땄고 세계 기록 또한 2개를 달성했다. 순풍을 탄 셈이었다.

2년 후, 세계 최고의 21세 이하 운동선수들로 한정된 세계 청소년 장애인 선수권 대회Junior World Disabled Championships에 참가하려고 프랑스의 성 에티엔St. Etienne으로 떠났다. 이번에는 부모님뿐만 아니라 내 동생도 모두 왔기에 실제로는 가족 여행인 셈이었다. 물론 순수한 여행은 아니었다. 내가 다시 달리는 걸 보려고 온 것이었다. 그렇지만 우리 가족을 함께하게 해 주는 여행이었기에 말할 것도 없이 중요했다. 우리는 아빠와 함께 집에서 분노하고 싸우던 일에 관한 어두운 비밀을 지녔지만, 이 여행과 육상 대회가 가족을 가장 행복하게 해 주는 시간으로 만들어 주었다. 우리는 스포츠로 뭉쳤고 스포츠가 우리를 묶어 주었다.

성 에티엔은 캘거리와는 다르게 여성 전용 경기장이 작고 엉망이었다. 장애를 지닌 소녀들이 소년들만큼 많이 참가하지 않았기 때문이라는 것이 이유였다. 한편으로는 많은 외국인 의사들이 팀의 코치들에게 소녀가 의족을 달고 달리는 게 좋지 않을 것이라고 확인해 주었기 때문이고, 또 한편으로는 여자들이 남자들보다는 훨씬 큰 위험을 감수해야 했기 때문이었다. 이 같은 이유로 너무 적은 여성들만이 등록하는 바람에 내가 참가하려던 경기 종목들은 모두 취소되었다.

많은 사람들이 프랑스 대회에 참가하려고 장거리 여행을 한 데다가 모두가 경기가 열리기를 원했으므로 주최 측이 창의성을 발휘해야 했다. 하지만 그들은 엉뚱하게도 장애 구분을 합치는 것으로 결론을 내렸다. 보통 경기에서는 선수들을 큰 범주로 뭉뚱그리지 않고 장애 종류에 따라 세분화했다. 무릎 위를 절단한 사람은 무릎 위를 절단한 사람과, 무릎 아래를 절단한 사람은 무릎 아래를 절단하는 사람과 경주를 펼치는 식이었던 것이다. 하지만 이번에는 새로운 조합 방식 덕분에 나는 뇌성마비인 사람, 팔을 절단한 사람, 다리를 절단한 사람 등과 함께 달려야 했다. 그들이 내게 말한 것처럼 모두가 한 수영장 속에 들어간 셈이었다. 주최 측은 '여성 주자는 장애 유형과 상관없이 무조건 같은 출발선에 서시오'라고 말하는 꼴이 되었다.

이건 공평한 경주가 아니었다—생각해 보면 멍청한 경주 같은 것이었다—그래도 어쨌든 경주이기는 했다(이런 일은 10년이 넘도록 계속해서 문제가 되었다. 2004년에 가서야 여성 분류 방법이 패럴림픽 방식과 유사하게 결합되었다. 이게 내가 더 이상 단거리 경주를 하지 않은 이유 중의 하나다. 경주할 다른 여성을 구하는 게 아주 힘들어서 어느 정도 정상인 사람에 맞서 경주를 끝까지 해야 한다고, 4년을 훈련해 온 누군가에게 말한다면 어떻겠는가?). 나는 두 다리가 온전한 여자애들에 맞서 달리는 일에 약간의 위협을 느꼈다. 하지만 그런 이유로 운동을 그만두기는 싫었다. 내 말이 두 발로 달리는 주자들을 비난하자는 건가? 아마도 그들도 어쩔 수 없었을 것이라고 자위해 본다.

　고등학교에 다닐 때 스포츠, 펑크 음악 듣기, 일기 쓰기와 같이 다양한 것에 관심을 지녔지만, 한 동아리 사람들하고만 놀아야 한다는 압력을 느껴본 적은 없다. 동아리의 이쪽 파벌에서 저쪽 파벌로 흘러 다니는 일을 그만두었는데, 말하자면 동아리에 소속된 사람이 아니라 그저 그 동아리에 이름만 올린 사람이 된 것이었다. 좋은 예를 들어 보면 나는 오케스트라 단원이었지만 밴드에 미친 건 아니었고, 바이올린이 내게 만족감을 주고 재밌었지만 내 인생에서 유일한 관심사는 아니었던 것이다.
　나는 육상 경기를 가장 우선시했는데, 따로 관심을 둘 만한 중요한 대상이 학교에 없었기 때문이기도 했다. 방과 후에는 무릎 아래를 절단한 데니스 윌러Dennis Oehler나 무릎 위까지 절단한 토드 샤프하우저Todd Schaffhauser와 같은 미국 장애인 육상 팀에 속한 남자들과 훈련하며 시간을 보냈다. 두 사람은 각각 100미터와 200미터의 세계 기록 보유자였다. 또한 둘 다 30대였지만, 나하고의 나이 차이 따위는 무시했다. 우리 모두는 1992년도 바르셀로나 패럴림픽 경기에 대비해 훈련하는, 같은 목표를 지닌 선수들이었기 때문이다.

나는 수족 상실에 대처하거나, 정체성을 찾는 노력을 하거나, 밤마다 잠들지 못하게 하는 환지통에 대해 묵살하거나, 나와 피터가 일으킨 문제에서 아빠를 자유롭게 하는 방법을 알아내는 등 실제적으로는 어른이 다뤄야 할 문제를 어릴 때부터 다뤄 왔기에 어른들과 잘 어울릴 수 있는 능력이 있었다. 더군다나 1,500명이나 다니는 고등학교에서 장애를 지닌 유일한 아이로 산다는 건, 생각이 많은 아이가 될 수밖에 없게 하는 일이었고, 그런 식으로 영혼을 탐색하는 동안 더 빠르게 어른스러워질 수밖에 없었다. 결국 더 성숙해질 수밖에 없었던 것이다.

그렇지만 때로는 애어른이 된다는 게 역효과를 냈다. 나는 늘 총명해서 어른들처럼 말할 수 있었는데, 그 때문에 때때로 아는 체하고, 선생님께 알랑거리고, 수업 분위기를 싸늘하게 하는 아이로 여겨졌다. 솔직히 말하면 조금은 박학다식한 것 같았다. 그래서 점수를 더 따 내는 대답을 하려고 늘 손을 들곤 했지만, 교실의 나머지 학생들이 반길 일은 아니었다. 신중하고 겸손한 게 더 낫다는 걸 깨닫는 데는 시간이 걸렸다. 때때로 침묵도 필요하다는 것도 알았다.

그렇지만 침묵하는 게 힘들었던 건 내 두뇌가 멈추지 않고 작동했기 때문이다. 나는 항상 다양한 책들, 특히 주티 블룸스Judy Blumes와 비벌리 클레리스Beverly Clearys와 C. S. 루이스Lewis의 책들을 즐겨 읽었다. 그 책들을 독파한 다음에는 성인 책으로 옮겨 가서 내 나이 또래에 어울리지 않는 V. C. 앤드류스Andrews나 스티븐 킹의 작품들을 읽었다. 다행히도 엄마 아빠는 내가 읽고 있는 책 내용에 전혀 관심을 두지 않았다. 내가 읽은 첫 번째 성인 등급의 도서는 L. 론 허버드Ron Hubbard가 쓴 『다이어네틱스Diannetics』였다. 처음부터 사이언톨로지Scientology라는 종교에 특별한 관심을 보인 건 아니었다. 지역 텔레비전 방송국에서 『다이어네틱스』광고를 내보내고, 또 내보내고, 또다시 거듭해서 내보내는 바람에 그걸 알게 되었는데, 서점에서 우연히 책을 찾아내 대충 훑어보고는 도대체 사이언톨로지라는 게 뭔지 살펴봐야겠다는 생각이 들었다(11살에 불과했는데도 『다이어네틱스』를 샀던 것이다. 톰 크루즈Tom Cruise나 존 트라볼타 John Travolta는 내 행동에 자부심을 느꼈을 것이다). 그 책을 전부 다 읽었지만 재미있어서라기보다는 그저 끝까지 읽고자 해서였다. 어휘에 대한 갈증은 책만으로는 채워지지 않았다. 그래서 매주마다 아빠가 정기 구독하는 『타임Time』지를 샅샅이 읽어 내렸다. 다른 아이들이 만화에 열광하는 동안에는 오히려 뉴스를 더 좋아했다.

또한 학교생활이나 수업 시간이 쉽지 않아 보였는데도, 늘 좋은 성적을 받아오는 나이 많은 누나의 그늘 밑에서 산 죄로 남동생 피터는 큰 문젯거리를 일으키곤 했다. 더군다나 의료 문제로 부모님이 내게 더 관심을 기울이는 바람에 더 힘들어 했다. 동생은 화를 내며 분노했고, 종종 "다리를 잃은 누나가 내가 하는 것보다 훨씬 더 많이 하는 건 공평하지 않아요."라는 식으로 부모님께 반항하였다. 다행히도, 동생은 내게서 부모님의 관심을 전혀 훔쳐 가질 못했다.

한편으로 나는 미디어와 접촉하면서 더 빠르게 어른스러워졌다. 어느 날, 사진가 질 크레멘츠Jill Krementz가 쓰는 책의 주인공으로 초대받았다. 그녀는 「신체적 장애를 지니고 사는 느낌How it Feels to Live with a Physical Disability」이라는 작품집을 내기 위해 사진을 찍고 면담할 만한 어린애를 찾고 있는 중이었다. 패디는 바로 나를 생각해 내고는 질에게 소개해 주었고, 질은 헌팅턴 베이Huntington Bay에 있는 우리 집에서 그 일을 진행했다.

책이 인기를 얻게 되자 그걸 홍보하기 위해 모리 포비치Maury Povich의

토크쇼 등에 출연해 인터뷰를 몇 차례 해야 했다. 텔레비전에 출연하기를 열망해서라기보다는 학교를 빼 먹어도 된다는 이유 때문에 신이 났다.

엄마는 헌팅턴 시내에 있는, 내가 좋아하는 옷가게인 렉서 파커스 부티크Rexer-Parkes boutique에서 멋진 검정색 재킷과 셔츠, 스커트 세트를 사주었다. 치마를 입기로 했기 때문에 더 진짜 다리 같아 보이는 의족을 스타킹 한 켤레로 덮어 착용하고자 했다. 예전에 스타킹을 걷어낸 바로 그 의족 말이다. 그게 텔레비전 여성 앵커가 입는 방식이었기에 '나라고 안 될 게 뭐가?'라고 생각했다.

모리 포비치 쇼의 의미를 알았기에 스튜디오로 들어가서도 놀라지 않을 것이라고 생각했다. 그런데 마른 체형에 안경을 쓰고 얼간이 같아 보이는 프로듀서가 내가 있는 녹색 방으로 들어와서는 "옷이 예쁘구나, 좋아 보이네. 그렇지만 모리 씨는 네가 다리를 착용하지 않고 스튜디오로 들어갈 수 있는지 물어보라고 하시더구나."라고 말했다.

두려웠다. 정말 두려웠다.

나는 그 괴짜를 쏘아보며 말했다.

"전 여기서 멋진 새 옷을 입고 출연할 거예요. 어쩌라는 거예요? 스타킹을 벗고 다리를 벗겨 내라는 거예요?"

그런 촬영 방식이 싸구려 같아 보였고, 마치 내가 서커스의 막간 연극을 하려고 온 것처럼 느끼게 했다. 나는 내 다리를 사람들에게 드러내 보이는 것이 싫었다. 지금도 샤워할 때나, 잠자리에 들기 전이나, 철인 3종 경기를 하면서 다리를 바꿔야 할 때에만 다리를 드러낸다. 그런데도 모리 포비치가 좋아하도록 텔레비전 스튜디오에서 다리를 드러낸 채 의자에 앉아 더 장애인답게 보이라고? 말도 안 돼.

내가 고집을 부리자 그 얼간이가 웃으며 말했다.

"좋아, 좋아, 괜찮아, 괜찮아."

그렇지만 얼간이는 '젠장, 저 애는 끝내 벗지 않을 거야.'라고 생각했을 것이다. 거대한 제작비가 소요되는 촬영이 진행되었다. 나는 미디어가 얼마나 비열하고 저속한지를 그때 처음으로 살짝 느꼈다.

결과만 놓고 보면, 인터뷰가 아주 잘 진행되어 모든 질문에 대해 인상 깊게 대답했다. 심지어 모든 사람을 웃게 한 덕분에 나는 학교에서 유명인사가 되었다. 나는 아웃사이더 같은 인물에서 멋진 아이로 등극했다— 저명인사나, 대단한 성공을 거머쥔 사람이나, 최고의 운동선수들을 기록하는 책인 인물 연감에 등재될 만한 일은 아니었지만—나름의 업적을 달성하고는 무척 기뻐했다.

사람들은 항상 나를 주시하였다. 10대가 되자 힐끔거리며 쳐다보는 일이 유난히 신경을 거슬렀다. 그걸 극복하기 위해 또는 미치지 않기 위해 선禪을 수행해야 할 정도였다. 엄마는 사람들 대부분이 의미를 두고 보는 게 아니라 호기심에 나를 응시하는 것이라고 말했다. 엄마 말이 옳았지만 받아들이는 것이 쉽지 않았다. 그래서 아이들이 얼이 빠진 채 쳐다볼 때면 먼저 제압하기 위해 종종 질문을 던졌다.

"나한테 뭐 물어볼 거라도 있니?"

그러면 그 아이들은 내가 어쩌다가 다리를 잃었는지, 왜 금속으로 된 다리를 착용해야만 하는지를 물었다. 그러면서도 가끔은 선글라스를 낀 채 시선을 피하며 눈조차 마주치는 걸 피하기도 했다. 시선을 피할 수 없을 때나 기분이 나쁠 때면 나를 훑어보는 사람들에게 낙하산 사고를 당하거나 상어의 공격을 받아 다리를 잃었다고 꾸며 댔다(상어에게 공격당하다니 멋지네요. 근위 대퇴골 부분적 결손이 아니고 말이죠). 또 공격적인 뉴요커가 되기도 했는데, 사람들이 내 다리를 훔쳐보는 걸 알게 되면 그들을 뚫어져라 쳐다보며 말했다.

"잘 봤어요? 어쩌려는 건데요? 엄마가 예절 따위는 안 가르쳐 줬나 보죠?"

보통은 그렇게 하면 사람들은 부끄러움을 느끼고 시선을 피하기는 했지만, 그런 행동이 모든 사람에게 건설적인 건 아니었다. 이처럼 어디로 튈지 모르는 불안정한 어린 소녀였지만 그렇다고 해서 늘 거칠 수는 없었다.

그래서 일단 화를 가라앉힌 후에는 사람들을 편하게 해 주려고 농담을 했다. 당신이 뭔가 다른 사람이라면, 모든 사람이 당신을 편하게 느끼게 해야 하지만…… 그건 공평하지 않다. 안 그런가?

이런 전술 중 어느 것도 남자애들을 다루는 데는 도움이 되지 않았다. 특히 브래드 슈메이커Brad Shoemaker와 같은 녀석에게는 더욱 그랬다.

귀여운 10대 히피족을 닮은 레슬링 팀원 브래드는 우리 신입생 중에서 가장 멋진 녀석 중 한 명이었다. 브래드는 타고난 매력으로 그런 인정을 받았는데 그 녀석이 내게 미소를 지어 보이면 더욱 그렇게 보였다. 우리는 매일 밤 두 시간씩 전화통을 붙잡고 데이트를 하면서 좋은 시간을 보냈다. 또한 공책을 전하는 척하며 쉬는 시간에 복도에서 만나, 사물함 앞에서 키스에 서투른 사람처럼 머리와 이를 부딪히며 뽀뽀를 했다. 나는 고등학교 신입생으로서 마침내 진짜 남자친구를 얻었다고 생각하였다. 하지만 그때뿐이었다.

이런 연애 감정은 두 달밖에 가지 않았고 브래드는 '어느 시점'부터 변하기 시작했다. 그는 전화를 금방 끊어 버렸고 내 사물함 앞에서 만나기를 거절했다. 복도에서도 그랬고, 교실에서도 그랬다. 냉담했다. 브래드는 "이제 더 이상 너를 좋아하지 않아. 이제 그만 헤어지자."고 말하고는 종소리가 울리자 교실로 도망쳤다. 나는 거기 선 채로 정확히 무엇이 잘못되었는지 왜 더 이상 나를 좋아하지 않는지를 몰라 당황해했다. 완전히 허를 찔린 셈이었다. 우둔한 레슬링 꼬마한테 공개적으로 차였다는 뜻이겠지? 그래도 힘을 내.

그다음 주에 휘트니Whitney가 내 사물함 주위를 어슬렁거리더니 말했다. 그녀의 남자친구가 브래드와 같은 레슬링 팀 소속이었다.

"왜 너와 브래드가 깨졌는지 알 것 같아."

"그래? 왜?"

"그 팀의 다른 녀석들이 브래드가 너와 데이트한다고 조잘거렸대. 내 남자친구가 그러는데 그 녀석들이 '한쪽 다리밖에 없는 여자애를 좋아해?'라고 물었다는 거야."

"그만해."

"알았어. 어쨌든 한동안 브래드가 '사라의 두 다리를 섹시하게 만들 거야.'라고 말하고 다녔대. 그렇지만 내 생각에는 그 녀석이 그 일로 지친 것 같아."

휘트니가 나를 위로하려고 그런 말을 해 준 것이라고 생각했다. 최소한 내가 무슨 일이 벌어지는지를 이해할 수 있게 하려 했다는 것도 알았다. 그렇지만 휘트니가 해 준 말로 인해 많은 사람들이 나를 그저 흠집 있는 물건으로 본다는 걸 알아 버렸다.

브래드가 내 이상형은 아니었지만, 그와 헤어지면서 학교 안에서 유일하게 나와 용감히 데이트해 줄 수 있는 녀석을 잃어버리고야만 것처럼 보였다. 그도 감당할 수 없다면 학교 안의 다른 남학생들에게서 뭔가 다른 것을 기대할 수 있겠는가? 엄마는 이럴 때면 언제나처럼 나를 안심시키며 이렇게 말했다.

"사라, 확실히 브래드는 네가 바라는 품격을 지닌 녀석이 아닌 데다가, 네 다리를 잘 이해해 줄 만큼 강한 녀석도 아니어서 너와 데이트하기에 적합하지 않았어."

나도 그렇게 생각했지만 그런 말씀만으로 기분이 좋아지는 건 아니었다. 나는 대학에 갈 때까지 남자친구를 전혀 사귀지 못할 것 같은 학교의 왕따였다. 어쩌면 남자애들이 데이트하러 나가자고 할 만큼 다리가 자라나길 그때까지도 희망하고 있었는지 모르겠다.

※

고등학교 1학년 때, 오래된 펑크 뮤지션들의 음악을 들으며 시간을 때우기 시작했다. 그들의 음악 취향을 좋아했기 때문이었다. 또한 푸가지Fugazi, 고릴라 비스킷Gorilla Biscuits, 배드 릴리전Bad Religion, 그리고 특히 헨리 롤린스 밴드Henry Rollins Band가 모두 아웃사이더라는 공통점이 있었기 때문이기도 했다(늘 아웃사이더로 남는다는 것, 늘 '그 밖의 사람'이 된다는 것이 롱아일랜드라는 세계에 사는 15살짜리의 현실이었다).

알다시피, 나는 그들처럼 펑크족은 아니었다. 머리카락을 보라색이나 붉은색, 푸른색으로 물들인 적도 없었고, 문신을 할 용기 또한 전혀 없는 병아리에 불과했다. 게다가 보철을 보면 이미 나만의 문신을 지닌 셈이라고 느꼈다. 보철은 영구 문신 같은 것이었다. 나의 새로운 친구들은 성공한 괴짜들이었지만, 나 또한 종종 아웃사이더라고 느끼고 있었기에 그들과 함께 집에만 머물렀다. 그들은 팔을 벌려 나를 환영했다. 그들은 내게 천국이었다.

데이비드 맥클린David McLean은 그런 나만의 모임에 아웃사이더로 나타났다. 데이비드가 3학년이고 내가 2학년일 때 그에게 호감을 느꼈다. 그는 학교 악단에서뿐만 아니라 다운 타임Down Time이라는 록 그룹에서도 드럼을 쳤다. 나는 오케스트라에서 바이올린을 연주했다. 데이비드는 중학교 시절부터 뼛 속 깊이 펑크족이었다. 한편으로 나는 하드코어 펑크족을 선호하는 절단 장애아였다. 아주 찰떡궁합이었다. 그렇지 않은가?

한동안 데이비드를 알고만 지냈지 댄스파티가 열린 그해 10월 전까지는 남자친구 후보로 생각해 보지도 않았다. 데이비드는 보통 사람처럼 생각하거나 행동하지 않았다. 그는 부모님 말씀에 늘 순종하고 언제나 올바른 일을 하려고 하는 품격 높은 진짜 미국 소년이었다. 데이비드는 요트 클럽의 항해 수업에서도 1등을 했고, 담배를 피웠으며, 펑크 밴드에서 연주도 했다. 음악과 말보로 레드Marlboro Reds라는 담배는 그가 세상에 저항하는 방법인 것 같았다.

2학년 때 처음으로 고등학교 댄스파티에 참석했다. 1학년 때는 나에게 함께 가자고 한 친구가 없어서 혼자서 파티장에 가야 했었는데 그게 너무 두려웠다. 어쨌든 2학년 때는 파티에 데이트 따위는 없을 것이라고 확신하면서 여러 친구들과 함께 댄스파티에 갔다. 그리고 거기에서는 정말 친구들하고만 어울렸다. 데이비드도 갔지만 말이다. 춤을 추기 전에 모두 롭Rob의 폭스바겐 밴 안에서 미리 놀았기 때문에, 헌팅턴 고등학교 체육관(어쨌든 학교의 운동부인 블루 데블스Blue Devils의 본거지) 안으로 들어가는 길에 우리는 약간씩 취했다.

우리는 디페쉬 모드Depeche Mode, 제인스 어딕션Jane's Addiction, 프린

스Prince, 바이올런트 팜프Violent Femmes의 노래를 틀고는 마음껏 춤을 추었고, 데프 레퍼드Def Leppard, 바닐라 아이스Vanilla Ice나 MC 해머Hammer의 노래를 들으며 괴성을 질러 대고 바닥을 뛰어다녔다. 거대한 조직체처럼 음악을 따라 함께 움직였지만 데이비드와 나는 따로 떨어져 춤을 추었다(그렇지만 무리에서 완전히 떨어져 나오기는 쉽지 않았다). 데이비드는 용감하게 춤을 춰 멋진 파트너라는 생각이 들게 했다. 그는 두려움을 없애려고 술을 마시고 춤을 추는 다른 남학생들과 달랐다. 데이비드는 주체할 수 없이 격렬히 춤추기를 좋아했고, 한편으로는 진짜 모범생이었기에 멋진 파트너로 느껴지게 했다.

나는 그의 바로 앞에 자리 잡으려고 노력했다. 그리고 가까스로 데이비드의 정면에 섰을 때 우리가 벌써 짝이 된 것 같은 느낌을 받았다. 그 순간은 마치 「아직은 사랑을 몰라요Sixteen Candles」라는 드라마에서 제이크 라이언Jake Ryan과 춤을 출 기회를 얻은 장면 같이 비밀스러웠다.

춤이 끝나고 데이비드가 댄스파티의 왕으로 뽑혔을 때에 아무도 놀라지 않았다. 누구라도 그럴 수밖에 없었겠지만 우리 펑크족 모두가 그에게 투표한 덕분에 그 녀석이 이겼다. 그날 밤 데이비드와 맺어질 기회가 없다는 것을 알고들 있어서 놀라지 않은 면도 있었다. 그는 각광을 받았다. 남은 시간 동안에 그는 제이크 라이언 같았다. 데이비드가 댄스파티의 여왕과 의무적으로 춤을 추었을 때, 나는 멀리서 그를 존경의 눈빛으로 쳐다봤다.

그렇지만 진정으로 그가 내 가까이에 있기를 원했다. 정말 어떻게 해야 할지를 몰랐다. 나는 어느새 사랑을 알 만한 17살이 되어 있었던 것이다.

나는 10대들을 위한 패션잡지인 『세븐틴Seventeen』을 정기 구독했는데, 그게 매달 우편으로 배달되면 멋진 소녀나 날씬한 여자가 되기 위해 반들반들한 각각의 페이지를 탐구했다. 모델들은 너무나도 완벽했다—완벽한 머리카락, 완벽한 신발, 완벽한 몸—그래서 내가 어떻게 해야 어울릴지를 확신하지 못했다. 어쨌든, 잡지에서 데이비드를 내 걸로 만드는 방법을 제대로 알아냈고 그것에 따라 계획을 세워 나갔다. 나를 좋아하는 친구가 되게 하는 계획 말이다.

내 감정을 소문내는 것 또한 계산된 행동이었다. 일단 감정을 드러내면 어떻게든 데이비드에게도 전해질 것이고 그러면 놀랍게도 그와 연락할 길이 열릴 것이라고 생각했다. 하지만 나중에 데이비드가 그런 감정에 마음을 열지 않을 수도 있다는 걸 알게 되었다. 내 감정을 여자애들을 거쳐 전달했지만 그가 전혀 알아차리지 못했기 때문이다. '데이비드 맥클린에게 호감 있어I HAVE A CRUSH ON DAVID MCLEAN'라고 쓴 셔츠를 입을 수도 있었겠지만, 그래도 여전히 내가 그를 좋아한다는 것을 알아차리지 못할 것 같았다. 데이비드가 졸업할 날이 가까워지고 있었기에, 너무 늦기 전에 행동하는 게 좋겠다고 생각했다.

다행히 롭 주최로 악명 높은 모임이 다시 열렸다. 롭의 부모님이 밖으로 멀리 나갈 때면 그는 성대한 잔치를 벌이곤 했다. 「다운 타임Down Time」(스릴러 영화 타운타임에 나오는 탈선한 10대들이 노는 장소를 상징한다. 그 영화의 주인공 이름도 롭이다-옮긴이)처럼 놀아볼 만한 멋진 장소가 그의 집에 있었기 때문이다. 게다가 롭이 우리 집 근처에 살았기 때문에 통금 시간인 12시 30분 이후에라도 집으로 몰래 돌아올 수 있다는 이점이 있었다.

데이비드는 그날 밤에도 멋지게 보였다. 그에게 이전보다 더 다가설 수 있을 줄 알았다. 가능하다면 말이다. 11시에 경찰이 와서는 밴드의 플러그를 뽑으라고 말했다. 그러자 모두가 짝을 이루어 무슨 짓인지 모를 일을 벌이려고 각 방으로 스며들었다. 나는 안뜰로 나가 서성거리다가 커다란 라운지에 놓인 의자에 털썩 앉았다. 그리고 마침내 데이비드가 탁자를 사이에 두고 나를 보며 앉았다. 우리는 별을 올려다보며 이야기를 나눴다. 그러고는 대화했다. 그러고는 또 대화했다. 우리는 영어 수업 시간에 읽은 책과, 인생에 대한 각자의 철학과, 우리가 선호하는 J. D. 샐린저 Salinger(『호밀밭의 파수꾼The Catcher in the Rye』으로 유명한 미국 작가-옮긴이)의 소설에 나오는 인물들이 어떤지에 대해 이야기했는데, 정말이지 데이비드는 똑똑하고 멋져 보였다. 잘생기기만 한 녀석이 늘 내 품에 걸려드는 건 아니었지만 그래도 나는 똑똑한 사람이 더 좋았다. 데이비드는 둘 다에 해당했다. 그럼에도 데이비드는 자신을 똑똑하고 인기도 있고 잘 노는 애라고 생각하지 않았다.

함께 수다를 떤 지 서너 시간이나 지났는데도 내가 자신을 좋아한다는 걸 그가 여전히 눈치 채지 못해 안타까웠다. 우리 의자가 그렇게 지랄 맞게 떨어져 있지만 않았더라면 신체적인 시도를 해 볼 수도 있었겠지만, 적절히도 1.5미터만큼 떨어져 있어서 '우연히' 그의 손과 내 손을 스치게 한다거나 '실수로' 그에게 몸을 기대는 기회는 잡지 못했다. 나는 탁자를 가로질러 기어가 그에게 뛰어들 만큼 대담한 소녀가 아니었다. 또한, 다리가 하나뿐인 여자애와 영화를 보러 가는 일 때문에 레슬링 팀 동료들에게 조롱당하던 예전 남자친구의 일로 상처받은 적이 있었기에, 나를 바람맞힐 생각조차 하지 않는 남자애와 접촉하는 게 두려웠다. 게다가 나는 그저 하급생일 뿐이었지만 데이비드는 졸업을 준비하는 중이어서 나를 친구 이상으로 여길 만큼 좋은 상황은 아니었다.

월요일이 되자 학교에서 타니아에게 말했다.

"데이비드는 귀여워. 난 그 애가 너무 좋아."

그러자 타니아는 그 사실을 데이비드에게 알려 주었다. 그러자 그도 나에게 흥미를 가졌다. 데이비드는 잘 잊어버리는 녀석이라 타니아가 아무 말도 하지 않았더라면 이런 기회를 전혀 가져 보지 못했을 것이다(몇 주가 지난 후에 데이비드에게 물어봤다. "내가 통금 시간을 어겨 가면서까지 롭의 집 밖에 앉아 너와 다섯 시간이나 이야기했는데, 그걸 잊었다 말이야?").

물론 데이비드는 내 유별난 동아리에서 약간은 좀 외톨이 같았다. 하지만 내 다리 상태를 그가 모두 알고 있었던 건 동아리 구성원들이 내 상황을 크게 응원하고 시원스럽게 열린 마음으로 대하며 내 다리를 가지고 농담까지 할 정도였기 때문이다. 그들은 내가 금속 위에 스타킹을 걸치고는 '닥터 마틴Doc Marten' 신발을 신을 때면 "스타킹에 구멍이 뚫린들 무슨 상관이겠어?"라고 말하며 오히려 늠름해 보인다는 식으로 말하기도 했다(펑크록 패션은 스스로 쉽게 벗을 수 있는 꼴이었다). 데이비드도 문제될 게 뭐냐는 식이었다. 그는 나를 평범한 사람으로, 그리고 운동선수로 존중해 주었다. 그는 내가 이상한 금속 조각을 끼고 육상 트랙을 달리는 가난한 절름발이 소녀라고 생각하지 않았다. 그는 나를 불쌍하다고 생각하지 않았다.

한 주가 지나 롭의 부모님이 또 외출을 하였다. 그래서 어떻게 됐냐고? 물론 다시 파티가 열렸다. 하지만 이번에는 잠도 자지 않고 밤을 새우는 파티였다. 부모님께는 타니아의 집에 있겠다고 말했지만 사실은 부모님께 있을 곳을 거짓말로 둘러댄 다른 모든 아이들과 마찬가지로 나는 롭의 집으로 뛰어갔다.

새벽 2시에 몇 사람이 발가벗고는 수영장으로 뛰어들었다. 그들은 나에게도 그렇게 하라고 했다. 나는 당황했다. 재빨리 욕실로 도망쳐서는 그들에게 보복할 게임 방법을 짜기 시작했다. 욕조의 가장자리에 앉아 머리를 굴렸다.

'파티에 참석한 아이들 모두 앞에서 네 다리 벗기를 원하지는 않지? 그러니 이제 어떻게 할 거지? 이 아이들 모두는 발가벗은 채로 수영을 즐기고 있어. 이건 젊은이다운 거고 추억을 만드는 일이야. 카르페 디엠Carpe diem! 현재를 즐기자! 4살 이후로는 해변에서 보철을 벗어 본 적이 없고 누구라도 너를 두 번 다시 힐끔거리게 할 것을 생각하지 않았잖아. 게다가, 엄마는 늘 말했지. "그 다리는 항상 나쁜 사람을 잡초처럼 뽑아내는 거야. 네 친구들이 좋은 사람이라면 그들은 네 다리에 신경을 끄고 너를 있는 그대로 사랑해 줄 거야." 뭐 어때? 넌 강인한 사람이야. 넌 운동선수야.'

롭, 팀Tim, 새넌Shannon, 데일Dale, 히써Heather, 스테이시Stacie를 비롯해 남은 모든 아이들이 거리낌 없이 옷을 벗었던 건 나처럼 인공 수족을 벗지 않아도 되었기 때문이다. 다시 한 번 나는 아웃사이더가 된 셈이었다.

데이비드 앞에서 다리를 벗어야 한다는 생각을 하자 더 깊은 한숨이 나왔다. 내가 다리를 벗는다면, 내가 좋아하는 소년이 나를 뚫어져라 쳐다본 첫 번째 시간이 될 것이었다. 아무도 모르게 청바지와 티셔츠를 입고는 책으로 가슴을 가린 채 복도를 그저 걸어 내려가는 상황이 아닌 것이었다. 아마도 나와 내 다리에 시선이 집중될 것이었다. 그 시선 속에는 호기심도 작용할 것이었다.

사람들은 모두 내가 의족을 한 걸 알게 되면 시선을 두는 걸 피하지 못했다. 그게 사람의 본성이었다. 이번에는 사람들의 레이더망 속으로 그저 미끄러져 가는 게 아니었다. 이건 한여름의 '비키니 시절bikini moment'을 뛰어넘는 일이었다. 그리고 우리는 모두 비키니 시절이 무얼 의미하는지를 안다. 그곳으로 뛰어드는 일뿐 아니라 그것 자체가 공포다. 그 파티에 온 모든 사람이 '사라가 다리를 벗으면 어떻게 보일까?'라고 생각하는 걸 알았다. 나는 구경당해야만 했다. 내가 15살이고 납작한 가슴을 부풀리기 위한 체조 기구에 관심이 많다는 사실 따위는 문제 해결에 도움이 되지 않았다.

그건 내게 몸을 드러내는 것 이상이었다. 그건 내가 무대 중심에 선 모델이 된다는 것이었다.

스스로 겁을 내고 자책한 지 10분이 흘렀다. 마침내 나는 한 다리로 수영장에 뛰어들어도 괜찮을 것이라고 믿기 시작했고, 데이비드가 그걸 문제 삼는다면 어쨌든 그와 함께하지 않으면 그만이라고까지 생각했다. 나는 욕조에서 나와 뒤뜰로 걸어간 다음 수영장 옆에 있는 탁자에 앉아 용기 있게 물을 조금 움켜쥐었다.

그러고는 가볍게 운동화를 벗었다.

그러고는 바지 밖으로 가볍게 다리를 빼냈다.

그러고는 보철을 풀었다.

그러고는 프레임을 나의 남은 다리 부분에서 슬쩍 빼냈다.

그러고는 남은 다리 부분을 두른 틀을 벗었다. 내 인공 수족을 보호하기 위해 수건으로 싸서 탁자에 기대어 놓았다.

그러고도 티셔츠와 속옷을 벗지 못했는데, 내 벗은 몸이 실제로 어떻게 보일지 두려웠기 때문이었다.

그러고는 의자에서 깡충 뛰어 내려왔다.

그러고는 더 이상 자기 분석을 할 것도 없이 수영장으로 뛰어들었다.

나는 보철을 뒤에 남겨 두고는 자유로워졌다.

우리는 함께 헤엄을 쳤다. 물속에서는 서로 다를 게 없었다. 데이비드는 나와 함께 놀면서도 전혀 당황해하지 않았다. 그는 나를 편안히 여겼고, 그래서 나도 편안해졌다.

한 시간 후에 모두가 수영장에서 완전히 젖은 채로 나왔다. 하지만 롭이 수건을 충분히 준비해 두지 않는 바람에 우리 모두는 좌절했다. 내 티셔츠가 젖어 있었기 때문에 알몸으로 헤엄친 녀석들보다 형편이 더 빴다. 그러자 데이비드가 자상한 남자답게 상의를 벗어 주었다. 답례로 데이비드에게 뽀뽀를 해 주었다.

우리는 몸을 다소 말린 후에 2층에 있는 손님용 침실로 몰래 올라갔다. 그러고는 곧장 침대로 뛰어들었고 열정적으로 사랑을 나누기 시작했다. 나는 완전히 빠져들었고…… 아니 거의 완전히 빠져들었다. 계속해서 잔머리를 굴리느라 황홀한 상태까지는 다다르지 못했다.

'다시 한 번 다리를 벗어야만 할 거야……다리를 벗어야 할 거야……다시 한 번 다리를 벗어야 할 거야. 데이비드가 배를 거쳐 가슴으로 손을 올리고 있으니까, 다시 다리를 벗어야 해. 그런데 언제 다리를 벗어 놓아야 하지? 데이비드가 내 셔츠를 벗기기 전에? 셔츠가 벗겨진 후에? 5분 동안만? 10분?'

확실히 이런 상황에 대비해 17살짜리가 읽을 수 있는 수준의 글은 없었다.

수 분간의 어설픈 행위를 한 후에 그에게 불을 꺼 달라고 했다. 어둠으로 몸이 감춰지자 안심한 두 사람은 부드럽게 움직였고, 내가 다리를 미끄러뜨리고는 이불로 덮었는데도 데이비드는 움찔하지 않았다. 그제야 나는 행복한 마음으로 안심할 수 있었다. 데이비드는 여전히 나를 안고 뽀뽀하였다. 그가 나의 시험에 합격했다. 나도 그의 시험을 통과했다. 우리는 서로 존중받고 받아들여진다고 느꼈다.

그날 밤 우리는 잠자리를 함께했다.

지금 나는 잠자리를 함께했다고 말하고 있지만, 그게 성관계를 맺었다는 걸 의미하는 건 아니다. 같은 침대에서 그저 함께 잤다는 뜻이다. 물론, 사랑을 나누며 꽤 깊이 애무해서 좋았지만 성관계를 맺을 준비까지는 하지 못했다. 놀랄 것도 없이 데이비드는 착한 남자답게 나를 조르지 않았다.

물론 내 몸통이 매력적이지 않다는 걸 나도 안다. 삐삐 말라 이상하게 보이는 데다 여기저기 상처투성이였으니까. 심지어 지금도 해변에 앉을 때면 다리를 담요나 수건으로 덮는다. 사람들이 왜 그러냐고 물어보면 태양빛을 가리려 그런다고 말한다. 하지만 사실은 다리를 드러내 보이는 게 싫다. 하지만 데이비드가 그걸 싫어할 것이라고는 생각하지 않았다. 수영장에서 나를 보고도 도망가지 않은 데이비드의 태도로 보아 거절하지는 않을 것이라고 생각했기 때문이다.

"좋아, 지금 다리를 벗을 거야."라고 내가 데이비드에게 말했을 때가 내 인생에서 가장 무서우면서도 가장 친밀한 순간 중의 하나였다. 그저 좋다는 느낌을 한참이나 넘어섰던 건 데이비드가 팔로 나를 안았을 때 내가 바라는 바를 분명히 할 수 있었기 때문이다. 스포츠가 내 몸에 좋은 느낌을 가지게 해 주었지만 펑크 밴드의 똑똑하고 잘생긴 남자애가 주는 강력한 반응이 더 놀라웠다.

다음날 아침에 깨어났을 때에도 데이비드의 팔이 여전히 나를 두르고 있었기에 속으로 놀랐다. 그가 마음을 바꾸지 않았던 것이다.

그 덕분에 나는 다른 사람들과 마찬가지로 나 자신을 소중하게 여길 수 있게 되었다.

데이비드가 나를 온전한 여자로 느끼게 해 줬다.

1992년도 바르셀로나 패럴림픽 경기 이후로도 나는 여전히 갈급했다. 그런 갈급함이 경쟁이나 스포츠에 대한 것만은 아니었다. 나는 미국 대표팀의 일원이 되기를 꿈꿨다. 엄마가 미국에서 태어나지는 않았지만 엄마 아빠는 고국에 자부심을 갖도록, 미국 사람인 것을 자랑스러워하도록 나와 피터를 길렀다. 15살에 불과했지만 나도 나라가 소중하다는 걸 알았다.

늘 그랬듯이 가족들은 나를 100퍼센트 지지해 주었고 내가 꿈을 이루고 목표를 달성하길 바랐다. 그렇지만 미국 대표팀의 일원이 되기 위해 써야 할 3,000달러에 이르는 훈련비와 여행 경비를 부모님이 마련할 수 없다는 건 확실했다. 결국 도움을 청하기로 했다.

지역 공동체가 나서서 도와주었다. 아빠가 지휘하는 교회 성가대의 대원인 콘래드 섬프Conrad Sump 씨는 모금 활동에 경험이 있어서 '사라의 친구들Friends of Sarah'이라는 조직을 만들어 주었다. 콘래드 씨는 교인들에게 메일을 보낼 사람들의 명단을 함께 작성하게 하고는, 내 사연을 듣고 기부해 줄 수 있는 기부자들이 있는 곳으로 수백 장의 '재정 구조 요청 F.O.S'전단지를 발송했다. 그러고는 그들은 광범위한 인맥을 동원했다. 친구의 친구, 사업상 동반자의 사업상 동반자와 같은 식으로 말이다. 우리에게 돈을 조금이라도 보낼 수 있을 것이라고 콘래드 씨가 생각해 낸 사람들은 모두 전단지를 받았다.

이 모든 일이 불편하게 다가올 것이라고 생각했지만 항상 그런 것만은 아니었다. 사람들은 내가 불쌍해서가 아니라 나를 믿기에 후원자가 되어 준 것이었다. 마침내 1만 달러를 모금했다. 대단한 후원 덕분에 이제는 나를 막을 게 없는 것처럼 느꼈다. 나는 훈련 여행을 할 수 있게 되었고, 새 '나이키 에어Nike Air 180'와 육상 경기용 스파이크 신발도 살 수 있게 되었다. 내가 보답할 수 있는 일은 꿈을 놓지 않는 것과 엉덩이가 빠지도록 달리는 것과 미국의 패럴림픽 팀의 일원이 되는 것뿐이었다.

고등학교 2학년 과정을 마치고 잠깐 콜로라도의 볼더로 이사를 갔는데, 덕분에 데이비드 볼스리와 함께 하루 종일 훈련할 수 있게 되었다. 나는 생활을 단순하면서도 엄격히 관리했다. 일어나고, 아침 먹고, 데이비드가 있는 곳으로 가는 버스를 타고, 훈련하고, 부모님이 빌려 준 아파트로 가고, 점심을 먹고, 조금 더 훈련하고, 집으로 가고, 저녁을 먹고, 잠을 잤다. 차가 없어서 어디든지 걸어 다녀야 했지만 다행히도 내게는 채소 가게와 등산 및 달리기를 위한 산책로 두 가지만이 필요했다.

나는 인간관계도 접어야 했는데, 롱아일랜드의 친구들(예를 들면, 데이비드 맥클린)이 끊임없이 전화를 거는 일과 엄마가 가끔 방문하는 일을 제외한다면, 데이비드 볼스리만이 내가 정기적으로 교류하는 유일한 사람이었다. 그렇게 구체적인 목표를 지니지 않았다면 아마도 미쳐 버렸을 것이다.

역사상 최악의 독감에 걸렸을 때 얼마나 외롭게 살고 있는지를 새삼스럽게 느꼈다. 데이비드는 솔틴스Saltines(윗부분에 소금을 뿌린 짭짤한 크래커-옮긴이)와 진저에일ginger ale(생강으로 맛을 낸 알코올 없는 탄산음료-옮긴이)을 가지고 왔다. 엄마가 계속 전화를 했지만, 스스로 몸을 추스르고는 독감을 잘 이겨 냈다. 그때가 나에게는 결정적인 순간이었다. 그 일로 자기 관리법에 대해 알게 되었다. 그러고는 대학을 준비해야 한다는 걸, 그것도 필사적으로 준비해야 한다는 걸 깨달았다.

우리는 패럴림픽 예선을 통과하려고 애틀랜타의 에모리 대학으로 갔다. 여자 2명만이 바르셀로나로 갈 미국 육상 대표 팀원으로 선택될 수 있었다. 스페인에서는 여자 경주 종목이 하나만 있었기 때문에, 그 대회에서 내가 집중할 수 있는 유일한 경주 종목은 100미터 달리기뿐이었다.

예비 훈련을 하면서 경쟁자를 신경 쓰지 않으려 애썼다. 하지만 사실 그런 무감각 훈련은 바보 같은 것이었다. 나는 몇 마디 동물 같은 신음 소리를 내질렀다. 우리 밖으로 뛰어넘어 살아보려고 필사적으로 도망치는 호랑이 같은 느낌을 늘 지니고 살아왔기에, 짐승 같은 소리를 내는 게 무척 자연스러웠다. 누구를 무서워해서 그런 게 아니라 그렇게 소리를 치면 긴장감이 제대로 살아나기 때문이었다.

100미터 경주는 구간이 짧아서 출발 시에 이미 승부가 판가름난다. 출발선 상에서 실수하면 달리는 도중에 잃어버린 시간을 만회하기가 아주 힘들기 때문에 신경을 진정할 수 있는 방법을 찾아야만 했다(코로 숨을 들이쉬고는 입으로 내뱉고, 다시 코로 들이쉬고 입으로 내뱉는 식으로 심호흡을 많이 하려고 했다). 그러고는, 짐작하다시피, 다리를 엄청 내두르고 팔을 휘저으며 결승선을 향해 모든 노력을 기울여 17초 만에 달리기를 끝냈다. 결국 금메달을 집으로 가져갔고, 팀에서 가장 탐나는 자리를 차지했다. 데이비드는 몇 마디 칭찬을 하면서 "이제부터가 진짜 시작이야."라는 말도 잊지 않았다.

그의 말대로였다. 우리는 바로 그다음 날에 콜로라도로 돌아가 늘 하던 일을 시작했다. 몇 주간의 훈련을 마친 후에 나는 마드리드로 날아갔다가 팀원 모두와 함께 바르셀로나로 향했다. 하지만 바르셀로나 공항에 착륙하기 30분 전쯤에 마드리드에 내 의족을 놓고 온 걸 알아차렸다. 너무도 화가 났다. 바르셀로나로 다시 가져오려면 최소한 4일은 걸릴 것으로 보였기 때문이다(나는 아주 좋은 교훈을 배웠다. 비행기를 탈 때도 항상 의족을 가지고 다니는 것 말이다). 손해를 본 팀원은 나만이 아니었다. 전세 비행기였고, 항공사도 우리가 누군지와 왜 바르셀로나로 가는지를 알았지만 몇 가지 납득하지 못할 이유로 여분의 짐과 휠체어 전부를 싣지 않았던 것이다.

TWA 항공사의 멋진 놈들 덕분에 연습할 수 있는 시간을 이틀이나 잃었는데, 내 인생의 가장 큰 경주에 대비하기에 이상적인 상황이라고 볼 순 없었다. 다리의 긴장을 풀고 시차를 극복하려고 보행용 다리로 달려 보았지만, 내가 원하는 만큼 제대로 달릴 수가 없었다.

그래도 상황이 완전히 엉망진창인 걸로만 느껴지지 않았던 건, 경관 좋은 올림픽 선수촌에서 할 게 많았기 때문이었다. 선수촌이 지중해를 따라 자리 잡고 있었기에 아파트 스위트룸에서 바다를 볼 수가 있었다. 하루 종일 뷔페 뒤에 뷔페, 그 뒤에 또 뷔페를 제공하는 카페테리아를 비롯해 그 밖의 모든 것이 갖춰져 있었다. 깨끗한 음식을 파는 가게와 스페인 음식, 지중해 음식, 중국 음식을 비롯해 상상할 수 있는 모든 요리가 있었다. 그리고 선수촌에는 건강을 염려하지 않아도 되는 사람들을 위한 맥도날드 햄버거 가게도 있었다(나는 경기가 끝날 때까지 마음껏 먹을 수 없었다). 그곳에는 아케이드 룸arcade rooms과 미용실과 정적이 흐르는 라운지가 있었다. 마치 가장 시원한 대학 캠퍼스 같은 곳이었다.

귀여운 소년 선수들도 곳곳에 있어서 나는 사탕 가게 앞의 어린애처럼 마구 설레고 행복했다. 몇 번은 한눈에 홀딱 반한 적이 있는데 특히나 데이브 뉴커크Dave Newkirk라는 배구 선수에게는 더욱 그랬다. 그는 1미터 95센티미터의 키와 잘생긴 얼굴, 대학에서 엔지니어링을 전공할 만큼의 똑똑함을 지닌, 한마디로 모든 걸 갖춘 킹카였다. 게다가 믿기지 못할 만큼 배구공을 잘 튕겨 내는 인조 팔을 지닌 그는 팀 내 에이스였다.

우리는 선수촌 식당에서 함께 식사를 하였고, 내가 경기가 없거나 훈련하지 않을 때에는 데이브가 속한 미국 팀의 배구 경기를 관람하였다. 데이브와 나는 다른 주에 살아서 어느 쪽에서든 만나기가 어렵다는 걸 알았지만, 대회 중에 눈길을 주는 게 그저 재미있었고 우리의 장애나 스포츠에 대한 관심 덕분에 서로 좋은 관계를 맺을 수 있었다. 그가 최고는 아니었지만 멋진 선수임은 틀림없었다.

모든 선수가 멋지고 귀여운 것만은 아니었다. 예를 들어 분별력 없는 러시아 육상 선수와 바보스러운 독일 높이뛰기 선수는 올림픽 선수촌의 한가운데에서 담배를 빨아 댔다. 모든 스위트룸에 패럴림픽 로고로 장식된 재떨이가 있었기에 사람들이 분명히 흡연할 것이라고 생각하기는 했다. 예상대로 스페인에서는 어느 곳에서도 다 담배를 피운다는 것을 알게 되었다—지하철이든, 식당이든, 은행이든 상관없이 어디서든 담배를 피울 수 있었다—그것이 아마도 스페인 사람들의 흡연 욕구를 자극했을 것이다. 결국에는 우리 또한 흡연하고자 하는 욕망에 사로잡혔다(그들은 수건을 인색하게 지급했다. 그래서 우리는 각자 하나씩밖에 쓰지 못했다. 반면에 재떨이에는 관대했다. 어떻게 스페인을 묘사해야 할지 모르겠지만, 거기는 그런 식이었다).

경기가 시작되기 나흘 전, 프랑스에서 벌어진 경우와 같이 팔 절단 장애인 육상 경기 종목과 다리 절단 장애인 육상 경기 종목을 채울 여자 선수가 충분하지 않다는 사실을 알게 된 주최 측이 선수들을 하나로 묶어 버렸다. 그렇게 해서 나는 세계 기록을 보유한 강력한 메달 후보자에서 경주에서 가장 불이익을 받은 사람 중의 한 명이 되어 버렸다. 한 쪽 다리와 두 팔을 지닌 소녀가 두 다리와 한 팔을 지닌, 잘 훈련된 여성 선수를 이길 수 있는 방법은 없었다. 기회를 균등하게 부여하는 경기일 것이라고 기대했지만 불공정한 가중치를 부여한 큰 실패작이 되었던 경기였다.

여성 전체가 소외당한다고 생각했기 때문에 나는 다른 소녀들에게도 연민을 느꼈다. 여기서 의문이 들었다. 주최 측은 왜 선수들이 도착하기 전에 등록 선수를 충분히 모으지 못했을까? 왜 그들은 경기가 시작되기 직전까지 우리를 하나로 묶어야만 한다는 걸 알지 못했을까? 다리 절단 장애 여성을 더 많이 경기에 참가하게 해 숫자를 채울 수는 없었을까? 이런 식으로 그들이 각 종목별 참가 선수를 채워야만 했다면?

감독들은 이 상황을 긍정적으로 바라보게 하려고 노력하며 우리에게 말했다.

"어쨌든 달릴 수 있게 된 것만으로 기뻐하자."

하지만 그런 말로 기분이 더 나아지지는 않았다. 몇 시간이고, 몇 시간이고, 몇 시간이고 생각했지만 이제는 내가 어떻게 해 볼 수 없는 상태가 되어만 갔다. 시간은 내 편이 아니었다. 경주가 시작되기도 전에 내 경주가 끝나 버린 꼴이었다. 내가 콜로라도에서 보낸 수주간의 시간과, 우리 가족이 써 버린 돈과, '사라의 친구들'이 준 기부금이 모두 무용지물이 돼 버렸다. 그렇지만 우리가 할 수 있는 일은 없었다. 그럴 수밖에 없는 것이었다. 데이비드가 내게 말했다.

"그거 알아? 네가 속한 종목에서 또 다른 세계 기록을 세우는 데만 집중할 수 있다는 걸 말이야. 국제 심판들이 모두 여기에 와 있고, 약물 검사기도 모두 여기 있어. 바람이 좌우하지만 않는다면 너는 그렇게 할 수 있어."

그건 정말 좋은 유인책이었지만—세계 기록이 허풍을 잦아들게 했을 것이다—다른 모든 소녀의 발목이 접질리지 않는 한 메달을 따 낼 수는 없어 보였다.

2차 예선 때 내 양쪽으로 두 다리를 지닌 선수들이 서는 바람에 나는 산만해지고 초초해졌으며 신경질이 났다. 이것 때문에 출발선에 있는 스타팅 블록starting blocks에 걸려 넘어졌던 것 같다(이런 전례가 없었다. 나는 계속해서 발을 헛디뎠다. 의족을 한 채로 이들과 함께 출발선에서 자리를 잡고 달릴 준비를 하는 게 힘들었기 때문이다). 결국 나는 꼴찌에서 두 번째로 들어와 결승에 진출하지도 못했다. 모든 게 다 그런 식이었다. 그건 내게 '거대한 패럴림픽' 같은 순간이었다. 최선을 다했지만 이상하고 엉망이 돼 버린 상황을 극복할 수는 없었다. 치명적이었다. 경주가 내 영혼을 죽여 버렸다.

'뭐가 핵심이야? 왜 이런 규칙을 따라야 해? 왜 꿈 때문에 골머리를 썩어야 하지?'

내 꿈은 똥통에 빠져 버렸고 내 의지는 꺾여 버렸다.

그 경기는 텔레비전을 통해 방송되지 않았다. 그래서 집으로 돌아왔을 때 사람들에게 경기에 대해 재탕해야만 했다. 나를 대회에 나갈 수 있게 하려고 수십 명이나 되는 사람들이 수백 달러나 모아 주었는데도 그걸 끝까지 해내지 못해서 그 사람들을 실망시킨 게 아닌가라는 생각을 했다. 물론 아무도 내가 그들을 실망시켰다고 말하지는 않았다. 오히려 패럴림픽 조직 위원회가 내게 그런 짓을 했다며 모든 이들이 격분했다. 그들의 과분한 지지 때문에 기분이 좋아지긴 했지만 그걸로 위로받지는 못했다.

나중에는 모든 이야기를 하고 또 하고 또다시 하는 것에 지쳐서 사람들에게 내가 출발선에서 걸렸다고만 말하고 선수층이 합쳐진 이야기는 꺼내지도 않았다. 어쨌든 모두가 공감해 주기는 했지만 나로서는 꿈과 인생의 빛나는 북극성을 잃어버린 셈이었기에 기분이 나아지지는 않았다.

난생 처음 내 인생에, 아무런 목표를 지니지 않게 되었다. 나는 오래도록 생각해 봤다.

'이제 뭘 하지?'

※

한편으로 우리 가족은 깨진 가정을 회복하려고 온갖 노력을 다했고, 아빠는 개과천선하는 것 같았다. 그렇지만 내가 고등학교 졸업반이 되었을 때, 즉 우리가 바르셀로나에서 돌아온 직후에 모든 게 순식간에 드러났다. 아빠는 심리치료사를 만나는 걸 무시하기 시작했다. 그것 때문에 가족들은 화가 났다.

"돈, 우리 모두 아빠 때문에 이 치료를 받고 있는 거라고요."(아빠의 이름을 부르는 게 내게는 일상이었다. 아빠의 권위에 저항하는 방식 중 하나였다. 치사하지만 효과가 있었다).

그러면 아빠는 "학교에 문제가 있었어."라거나 "연습이 늦게 끝났어."라는 식으로 사과하였다. 하지만 그의 변명은 설득력이 없었다. 자기 자신을 들여다보는 것이 아빠에게는 어려운 일이라서 그곳에 있고 싶어 하지 않는다고만 생각했다. 하지만 곧 아빠가 치료실로 모습을 드러내지 않으려 하는 진짜 이유가 드러났다.

어느 날 오후에 피터가 시내에서 친구인 존John과 마주쳤다.

"야, 네 이모가 시내에 사셔? 지난 밤 자정 무렵에 그분과 네 아빠를 그리스 식당에서 봤어."

피터가 물어봤다.

"이모? 그 아줌마가 어떻게 생겼는데?"

존이 어깨를 으쓱하면서 말했다.

"갈색 머리카락을 지녔어. 그래서 그 사람이 금발을 지닌 라이너첸 집안사람인 줄 알았어."

피터가 대답했다.

"우리 이모는 시내에 사시지 않아."

존이 대답했다.

"아."

존이 뭐라고 대답할 수 있었겠는가?

피터가 집으로 돌아와서는 그 소식을 전했다. 내가 물어봤다.

"아빠는 왜 엄마가 아닌 여자와 자정에 식당에 계셨던 걸까?"

"모르지."

우리는 다음 번 치료를 받을 때에 아빠에게 무슨 일이 있었는지 물어보기로 했다. 이후 모든 게 드러났다. 아빠는 다른 여성을 만나고 있었던 것이다. 엄마는 이 소식을 듣고는 크게 놀랐다.

그렇지만 피터와 나는 놀라기보다는 화를 냈다. 도대체 우리는 5년 동안 뭘 치료했던 것이란 말인가. 아빠는 엄마만 속인 게 아니라 모두를 속인 것이었다. 아빠의 기질과 분노 때문에 우리 모두는 치료를 받고 있었다. 그런데 아빠는 오히려 이제 완전히 새로운 가족을 찾아 우리를 떠나려는 중이다. 현실 같지 않았다.

얼마 있지 않아 아빠가 집을 떠나기로 결정하였다. 우리는 아빠에게 가족을 위해 함께 살자고 설득했지만, 소용이 없었다. 성탄일 직전에 아빠는 센터포트Centerport에 있는 아파트를 임차하였다. 그러고는 최종적으로 1월에 떠날 계획을 세웠다. 나는 이 소식을 할아버지와 할머니, 이모들과 삼촌들과 사촌들 모두를 포함한 친인척에게 성탄절에는 전해야 한다고 주장했다. 우리가 다시 한 번 완전한 가족이 된 것처럼 가장할 수 없어서였고, 특히 성탄절이라면 더 그럴 것 같았다. 나는 저녁 식사 자리에 앉지를 않았다. 그러고는 아빠께 말했다.

"아빠가 말씀하시지 않으면 제가 직접 그분들께 말씀드릴 거예요. 아빠는 제가 그렇게 하기를 원하세요? 결정하세요. 저예요, 아니면 아빠예요?"

아빠가 대답했다.

"좋아, 내가 말씀드리지."

저녁 식사 시간에 후식을 먹기 전에 나는 특별 가족 회의를 하자며 거실로 모두 모이게 했다. 모두가 말이 없었다. 썰렁한 분위기를 깨려고 내가 말했다.

"이유가 있어서 모이시라고 했어요. 아빠가 어떤 말씀을 하실 거예요."

그러자 아빠가 일어나서는 집을 떠난다고 말했다. 아빠는 이 일에 아주 점잖은 척하였다. 할아버지는 충격을 받은 것처럼 보였고, 할머니는 더했다. 그녀는 입을 벌리신 채로 피를 토할 것처럼 보였다. 할아버지는 일단 정신을 차리고는 많은 질문을 하였다. 하지만 그 질문들은 모두 "정말로 애비가 나가야만 하는 거니?"에서 벗어나지 않았다. 그는 다른 해결 방법과 도울 수 있는 일이 전혀 없는 건지를 물어봤다.

아빠는 공간이 좀 필요할 뿐이라고 말했다. 그러고는 계속 바닥만 응시했다. 확실히 불편했을 테지만, 결심을 굽히진 않았다. 그런 일이 있은 후에야 후식을 먹었다. 언뜻 보면 문제라는 폭탄을 먼저 해결하고 나서 성탄절 축하연을 여는 게 특이한 방법처럼 보이겠지만, 사실은 가장 좋은 방법이었다.

여러 해 동안 부모님이 이혼할 것 같다고 생각해 오기는 했지만 현실이 되자 당황스러웠다. 부모님이 이혼하자 지구가 온통 내 발밑에서 무너지는 것 같은 느낌을 받았다. 패럴림픽 경주에서 패배해 운동선수라는 정체성이 흔들렸었는데, 이제는 가족까지 해체되어 가고 있었던 것이다. 물론, 우리가 잠시 혼란스러운 상태에 있기는 했지만 바깥 사람들 모두가 우리를 완전한 일체로 바라봤다는 사실에—금발 머리, 따사로운 기질, 너무나 많은 걸 극복해 온 작은 절단 장애인 소녀—언젠가는 진짜로 완전한 단일체가 될 것이라는 느낌도 들기는 했다.

그러나 그게 끝이었다. 우리 아빠를 보호하고 가족을 하나로 묶는다는 환상이 마침내 끝나 버렸다. 그런데 그 일이 있고 나서 오히려 머리를 모래 밖으로 낼 수가 있었다. 숨을 쉴 수 있게 되었다. 우리는 자유로워졌다.

*3장

제일 잘 달린다고 해도
도망칠 수는 없어

'캐피톨 헬쓰Capitol Health'는 일하는 곳이 아니었다. 구원을 베푸는 곳이었다. 집에는 늘 돈이 모자랐기에 나는 부모님 중 누구에게서도 용돈을 받지 않으려고 했다. 하지만 다른 아이들처럼 나도 음악에 심취해 있었기 때문에 돈 쓸 일이 많았다. 더 큐어The Cure, 데이비드 보위David Bowie, 미드나잇 오일Midnight Oil, 마돈나Madonna, 마이클 잭슨Michael Jackson, 디페쉬 모드의 새 레코드를 벽장에 늘 더 채워 넣어야 했으니 말이다.

옷도 많이 사야 했다. 부모님이 내게 옷을 많이 사 주기는 했지만, 롱아일랜드에 사는 10대 소녀의 패션 욕구를 충분히 감당해 낼 만큼은 아니었다. 나는 비싼 옷을 살 만큼 여유롭지 못해서, 멋지고 독특한 최신 유행 의류를 찾으려고 '샐베이션 아미Salvation Army'나 지역의 중고 상점을 광나도록 쓸고 다녔고, 더 싸게 사려고 아웃렛 매장까지 찾아다녔다. 그런 이유로 할 수만 있다면 돈을 최대한 많이 벌기를 원했다. 특히 피자 한 조각을 사 먹거나 주말 영화표를 사는 데도 현금이 필요했다.

캐피톨 헬쓰에서 일하는 사람들 모두가 아는 사람이어서 나는 그곳에 잘 적응했다. 괴물들 같으니라고. 내 친구 타니아는—고등학교 2학년 때 내게 그 일자리를 소개시켜 주었다—파격적인 머리를 지닌 아이 중 한 명이었는데, 매주 머리카락을 염색했다. 어떤 때는 녹색으로, 어떤 때는 보라색으로 염색하였다. 어느 날은 소방차 색깔 같은 붉은색으로 염색하기도 했다(타니아의 외모가 별나기는 했지만 오케스트라에도 참여했고, 대학교 1년 과정 사전 이수 자격시험AP에도 합격했다. 게다가 모든 사람들과 친했을 뿐만 아니라 학생회장에 선출되기까지 했다). 코걸이를 하고 문신을 했지만 너무나 귀엽고 사랑스러웠던 리사Lisa도 있었고, 머리를 빡빡 깎고는 검정색 가죽 재킷을 입고 닥터 마틴 부츠를 신는 터프가이 숀Sean도 있었다. 거기에는 빼빼 마른 제리 가르시아Jerry Garcia(미국의 기타리스트-옮긴이)를 닮았고 수염을 커다랗게 기르며 길고 어두운 색깔의 머리카락을 뒤로 묶고 다니는 스티브Steve와, 버켄스탁Birkenstock 샌들을 신고 급진적인 여성주의자로 보이는 스티브의 아내 주디스Judith도 있었다(스티브와 주디스 사이에는 아이가 셋이나 있었고, 그들 가족은 완벽한 평화를 이룬 단일체로 보였는데, 이것이 내가 꿈꾸던 이상향이었다).

금속으로 만든 다리를 한 채 종종거리며 걷는 내가, 펑크록 문신을 하고 보라색으로 염색한 머리카락을 날리며 주스 바에서 일하는 타니아보다는 사람들의 주목을 덜 받는다고 생각했기 때문에 나는 캐피톨을 좋아했다. 그곳에서 일하는 사람들은 모두 다 너무나 독특해서 나의 남다른 점마저도 그 배경에 녹아든다고 느꼈던 것이다. 나는 가게에 채용된 캐릭터들 중의 하나에 불과해서 눈에 띄지 않았다. 내가 유일한 괴물이 아니었기에 가게는 학교 수업을 마치고 편안히 올 수 있는 그런 장소였다. 비록 일하는 곳이기는 했지만 친구들과 함께 있을 수 있어 좋았다. 이 사람들은 누구에게도 받아 보지 못한 방식으로 나를 반겨 주었고, 내 외모에 따른 문제와 내 가족 때문에 생긴 어려움을 잘 처리할 수 있게 도와주었다.

캐피톨은 흔해 빠진 지하철역 건강식품 코너와 같은 곳이 아니었다. 우리는 비타민이나 단백질로 만든 과자를 포함해 아주 다양한 걸 팔았다. 신선하게 구운 상품과 주스로 만든 아이스크림뿐만 아니라 엄청 맛난 수프도 팔았다. 데일Dale과 팸Pam, 그리고 모든 요리를 담당한 여성분이 내게 모성애를 발휘해 주었다. 그래서 학교에서 힘들게 보낸 날이나, 남자친구와 문제가 있을 때나, 그저 맛난 수프 한 그릇을 먹고 싶을 때면 그들에게 갈 수 있었다.

우리 가족이 이별을 한 이후로 그들은 좋은 상담자 역할을 해 주셨다. 특히 데일은 너무도 진지하게 내 이야기를 들어주며, 10대의 반항기를 겪는 나에게 용기를 주었다. 자유롭게 선택해 먹을 수 있는 음식도 많고 내 말을 들어주고 보살펴 주는 사람들도 많아서, 일하러 가는 게 마치 집에 쉬러 가는 것 같았다. 그곳은 특별한 곳이었다. 게다가 나는 보상도 받았다.

나는 모든 식료품을 30퍼센트나 싸게 살 수 있었기 때문에—언급한 대로 아빠가 우리를 전혀 부양하지 않았기에 이건 필수적이었다—엄마는 늘 좋은 음식을 준비할 수 있었고, 그 덕분에, 우리는 건강에 훨씬 더 좋은 음식을 먹을 수가 있었다. 우리가 마시는 주스는 모두 '오메가 쓰리Omega-Three'라는 과즙 짜는 기구로 만들었고, 늘 신선한 땅콩버터를 발라 먹었다.

한편으로 나는 내 건강과 내 몸 그리고 음식이 우리에게 끼치는 영향을 더 배우고자 하는 욕심에 영양학 관련 도서를 사는 데 많은 돈을 썼다. 데일에게서 배우거나 가게에 있던 요리책에서 요리법을 베끼고는 두부와

템페tempeh(콩을 발효해 두부처럼 만든 인도네시아 음식-옮긴이)를 쓰는 요리를 자주 하게 되었다. 될 수만 있다면 최고의 선수가 되고자 했기에, 자신을 안팎으로 관리하는 게 중요하다는 걸 알았기 때문이다.

캐피톨에서 일을 많이 하거나 돈을 많이 번 건 아니었다. 한 달에 12시간 정도로 쉬엄쉬엄 일했기 때문에, 일주일에 집으로 가져간 돈이라고 해봤자 100달러에 불과했다. 하지만 캐피톨은 사회적으로나 감정적으로 내게 안식처였고, 그건 돈으로 평가할 수 있는 게 아니었다. 다양한 질환을 지닌 고객들이 암이나 허브나 대체 음식을 사용해 질환을 경감하고 치유하고 관리하기 위해 들렀기에, 오히려 나는 건강한 신체를 지닌 기적에 감사하며 내 몸에 대한 경외감마저 느꼈다.

캐피톨은 다른 측면에서도 내 마음을 열어 주었다. 나는 처음으로 전일제 전문 선수가 된 이후로 많은 걸 포기해야 했다. 특히 그때는 10대였기에 육상 경기가 열리는 시즌이 아닐 때는 과음하기도 했다. 참석한 파티에서 어김없이 맥주가 빠지지 않는 바람에 나는 그걸 마실 수밖에 없었다. 누군가가 마리화나 담배를 건네주면 그것도 피웠다. 알다시피 나처럼 정신과 신체의 모든 면에서 아주 건강한 사람이 방과 후 활동이나, 한가득한 숙제나, 캐피톨의 일을 하면서 맥주 한두 모금을 마시고 연기를 조금 빨지 말라는 법이 있겠는가?

하지만 다른 사람들처럼 반항하고 싶어서 그랬다기보다는 소속감과 재미를 함께 느끼기 원했던 것이다. 유치원 시절 이후로 늘 내가 아웃사이더가 된 듯이 느껴 왔지만 그때는 멋진 녀석들과 함께하고 있었기 때문이다. 그리고 나는 그게 좋았다.

(이렇게 말할 수 있을지 모르겠지만) 나의 낭만적인 삶은 저항하는 몸짓 그 자체였다. 17살이 되었을 때 나는 21살 먹은 숀 오스본Sean Osborne과

데이트를 했다. 나이 차이 나는 게 사랑에 문제 되지 않는다고 생각했지만 돌이켜 보니 뭔가 좀 이상했다. 게다가 엄마가 그를 싫어했다. 엄마는 내가 숀의 아파트에서 밤을 새우며 알 수 없는 일을 하는 것과, 숀이 나를 맨해튼에 있는 술집으로 데려가 스카Ska(자메이카에서 출발한 비트가 강한 펑크 음악의 일종-옮긴이) 밴드들의 음악을 들려주는 것과, 늘 나를 오토바이에 태우고 다니는 것 등으로 그를 미워했다.

숀이 첫 데이트를 하려고 나를 데리러 오토바이를 타고 왔을 때의 엄마 얼굴 표정은 잊을 수가 없을 것이다. 엄마는 다음번에는 차로 태워 가게 하라고 내게 말했지만, 엄마의 목소리를 감안하면 숀이 나를 데려가지 않기를 바란 것 같았다. 엄마가 허락하지 않아도 내가 신경 쓰지 않았던 건, 멋진 남자친구가 생겨서 감격했기 때문이다. 학교의 다른 남자애들에게는 매력을 못 느꼈지만 숀은 달콤하고 귀여워 나를 졸도하게 했다. 내가 숀을 보는 걸 막을 방법이 엄마에게는 없었다. 특히 우리가 함께 일할 때면 더욱 그랬다. 엄마가 숀에게 불평할수록 오히려 숀이 매력 있게 다가왔다. 엄마와 내가 늘 숀의 문제로 언쟁을 벌이기는 했어도 어찌하지 못하고 휴전만 했기에, 나는 계속해서 10대 시절에 얻은 남자친구의 축복을 즐겼다.

진지하게 말하자면 숀은 늘 멋진 남자친구 역할을 했다. 내 18살 생일에 숀은 마이티 마이티 보스톤스Mighty Mighty Bosstones와 스코플로스The Scofflaws의 멋진 스카 콘서트 모두를 관람할 수 있는 티켓을 구해 와서는 나를 데려갔다. 콘서트가 끝날 무렵에 반강제로 무대 위로 올라갔는데, 보스톤스의 리드 싱어가 펑키 버전으로 「생일 축하합니다Happy Birthday」 축가를 불러 주었다. 그날 나는 마운트 가이Mount Gay와 토닉tonic을 너무 많이 마셔서 집으로 돌아오는 길에 숀의 오토바이 뒷자리에서 기절하다시피 했다. 숀은 한 손으로는 나를 붙잡고 한 손으로는 운전대를 붙잡았다. 멋졌다.

때때로 육상 트랙을 꼭 달려야 하는지를 생각해 보곤 했다. 꼭 달려야만 할까? 굳이 패럴림픽에 나가야만 할까? 21살 먹은 남자친구의 오토바이 뒷자리에서 기절하는 일과, 동시대를 사는 히피족과 담배를 피워 대는 게 10대 생활의 전부였다. 남자친구와 함께 놀러 가서 술을 마시는 게 나를 기분 좋게 만드는 유일한 일이었다. 이게 모두 대학 생활을 위한 좋은 연습 같은 게 되었다.

그저 그렇게 고등학교 시절이 지나갔고 이제는 그런 일들을 중단할 때가 다가왔다. 더 이상 오케스트라를 쫓아다니는 일이나, 준비해야 할 국제 대회나 방과 후 동아리 모임 따위는 없었다. 세상이 요구하는 내 자리를 찾기 위해 대학에 진학할 때가 온 것이다. 하버드Harvard, 브라운Brown, 조지워싱턴George Washington, 조지타운Georgetown, 미들베리Middlebury 등 총 5군데에 지원했는데, 이들 대학들 사이에는 한 가지 공통점이 있었다. 모두가 롱아일랜드에서 멀리 떨어진 곳이라는 점이었다. 나는 롱아일랜드를 탈출하고 싶었다. 뉴욕을 비틀어 버리고만 싶었다. 수술, 의사 면담, CBGB 클럽(뉴욕에 있는 유명한 클럽-옮긴이) 같은 곳에 다니는 일 등을 생각해 보면 오랫동안 맨해튼에서 지냈다. 게다가 언젠가는 그곳에 정착할 것이라고 생각했기에, 이번 기회에 날개를 펼치고 지평선을 넘는 게 현명하다고 생각했다.

또 경기 때의 위압감을 늘 생각했다. 패럴림픽에서 실패해 생긴 실망감에 여전히 분노했고, 트랙을 생각할 때면 절망감을 느꼈다. 다음 대회에서 여성 다리 절단 장애인을 위한 100미터 달리기 종목을 개설하든 그렇지 않든 간에 다시 달릴 만한 이유가 없어 보였다. 내가 지원한 학교들 중 어느 곳도 육상 프로그램 같은 걸 개설하지 않았는데, 그건 내가 원하는 바였다.

아빠는 내 수업료를 지불해 줄 생각을 전혀 하지 않았다. 내가 그걸 어떻게 알았냐고? 아빠는 늘 말했다. "대학 학비는 못 준다."고 말이다. 그럴 때면 한 대 맞은 기분이 들었다. 나는 운동을 하면서도 괜찮은 성적을 받는 훌륭한 딸로, 잡다한 방과 후 활동까지 하며 좋은 대학에 들어가려고 엉덩이에 불이 날 정도였는데, 아빠는 나와의 거래에서 퇴장해 버렸다.

그렇지만 이 문제가 아빠 때문만은 아니었다. 아빠가 데이트하는, 아빠가 집에 있는 동안에 만나기 시작한 바로 그 여자가 말했다.

"당신 아이들이 사립대학에 들어갈 정도라면, 그들 스스로 학비를 감당할 수 있을 거예요. 뉴욕 주립 대학New York State school에 가면 되지 않나요? 사라는 당신을 쥐어짜려는 것뿐이에요."

아빠는 그 여자의 말이라면 뭐든지 다 들었다. 심지어 나와 협상할 좋은 정보도 지녔다.

"칼라Carla가 그러는데, 뉴욕 주립 대학 소속 캠퍼스들 중에 아주 좋은 국제관계학과가 있다더라."

아빠가 이런 식으로 내 미래를 여자친구와 논의한다는 것에 화가 났다. 미처 여섯 달도 되지 않아, 그 여자가 가족의 결정에 영향을 끼칠 만큼 중요한 인물이 된 건가? 빌어먹을.

나는 아이비리그 학교들의 예비 합격자가 되었다. 놀랄 것이 없는 게 어쨌든 그 학교들은 내 능력 범위 안에 있었기 때문이다. 하지만 나는 다른 학교로 들어갔다. 궁극적으로 가고 싶은 곳으로 가지 않고 갈 만한 곳을 선택한 것이었다. 미들베리와 조지타운은 내게 충분한 재정을 지원할 의사가 전혀 없었다. 조지워싱턴에서는 전액 장학금은 아니더라도 학자금 융자를 포함해 일부 장학금을 준다고 제안하였기에 나는 워싱턴 D.C.로 출발했다. 학생들 중 일부가 내가 다리를 빌미로 삼아 여러 장학금을 함께 타 냈을 것이라고 생각한다는 낌새를 챘지만 그건 진실과 달랐다. 나는 성적도 좋았고 많은 방과 후 활동에도 참여했다. 패럴림픽을 제외하더라도 국제 앰네스티나 아동 구호 기금에서도 봉사했고, 바이올린 교습과 오케스트라 활동에도 참여했다. 심지어는 건강 보조 식품 가게에서 일하기까지 하였다. 그래서 서류상으로 나는 아주 다재다능한 학생인 셈이었다.

내가 3,000달러 정도를 모았지만 이것으로는 턱없이 모자라 별의별 학자금 대출을 받아야 했다. 엄마 또한 수업료와 학비를 힘닿는 데까지 보태 줬다. 하지만 아빠가 엄마에게 돈을 안 주는 바람에 어려움을 겪었다. 여러 번 난방비를 내지 못할 정도로 엄마는 힘들어 했다. 싱글맘이 10대 고등학생 2명을, 그중에 1명이 사립대학에 다니고 싶다면, 키운다는 건 쉽지 않은 일이어서 마치 빠져나오기 힘든 구렁텅이에 빠진 것과 같았다.

나는 이 일로 죄책감을 느꼈다. 어쩌면 우리 모두가 편해질 수 있게 내가 학비가 싼 주립 대학으로 진학해야 했는지도 모른다. 그렇지만 아빠 때문에 내 꿈을 포기하고 싶지는 않았다.

그 대가로 나는 세상을 향한 첫 번째 단독 비행에 필요한 자금을 충분히 지니지 못했다.

워싱턴 D.C.는 뉴스 중독자나 나 같은 이상주의자에게는 최악의 장소였다. 그곳에 머무는 건 마치 조지워싱턴 대학 국제관계학과에 이미 등록한 것처럼 느껴지게 했다. 긍정적으로만 보자면 마치 미국을 대표하거나 세계를 변화시킬 수 있는 대사관이나 국무부의 일자리를 금방이라도 구할 것 같았다.

물론, 내가 반항기를 지내고 있기는 했지만 기독교 가정에서 자랐기에 '네 이웃을 네 몸처럼 사랑하라'는 성경 구절을 좋든 싫든 주지하고는 있었다. 그래서 평생에 할 일을 선택하게 된다면 다른 사람을 돕는 일을 하게 될 것 같다고 생각해 왔다. 그리고 여러 해 동안 국제 육상 대회에 참가하며 내 시야도 온 세상에 걸쳐 있었다. 스위스의 제네바에 있는 세계 보건 기구WTO 같은 국제 구호 단체에서 일하거나 미국의 해외 대사관에서 일하며 국제 관계를 증진하는 게 좋아 보이기도 했다. 헤지 펀드 매니저가 돼 거대한 부를 쌓겠다는 생각으로 대학에 간 건 아니었으니 말이다. 말하자면 내가 세상을 향한 큰 뜻을 품으려고 진학한 것이었는데, 다행히도 미국의 중심지nation's nerve center로 들어가 그렇게 할 수 있게 되었다.

조지워싱턴 대학으로 가기 몇 주 전에 내 기숙사 룸메이트로 등록된 데릴라Delilah에게 전화를 걸었다. 몇 마디 인사말을 나눈 후에 데릴라와 나는 우리 중 누가 커피메이커, 전자레인지, 전화기를 가져갈지를 정했다. 그리고 나서 우리는 좋아하는 음악이 무언지, 방을 어떻게 꾸밀 건지, 우리가 서로 얼마나 스키를 좋아하는지와 같이 활력이 넘치는 주제들로 수다를 떨며 서로를 조금씩 알아가고자 했다. 나는 될 수 있으면 정보를 많이 주고받기를 원했다. 하지만 그 시점을 기준으로 향후 아홉 달 동안을 함께 살아야 할 두 사람 중에 데릴라는 뉴저지New Jersey의 체리 힐Cherry Hill 출신이라는 것만 알 수 있었다. 필라델피아Philly 출신인 돈나Donna는 그저 종이 쪼가리에 이름만 올려 둔 상태였다.

두 소녀들과 나누지 못한 정보의 편린 중에 하나는 내 다리에 관한 것이었다. 그걸 어떻게 알려야 할지 몰랐고, 그들이 절단 장애인을 만나 본 적이 한 번이라도 있는지도 전혀 몰랐으며, 내가 그들을 만나기 전까지는 그들을 놀라게 하고 싶지 않기도 했다. 또한 룸메이트들이 학교에 전화를 걸어 방을 바꿔 달라고 하기라도 하면 너무 창피할 것 같아서 당장은 다리를 언급하지 않는 게 좋겠다고 생각했다.

대학에 입학할 때가 가까워질수록 더 예민해졌다. 내가 5살 이후로 같은 학교만 다녔기 때문에 아이들 모두가 내 다리의 상태를 알았지만, 새 환경에서는 100번도 넘게 과거사를 다시 말해야만 할 것 같았다. 사람들이 호기심을 지닌 걸 알고 있었고 나도 설명하는 걸 좋아하기는 했지만 뭔가 피곤하게 하는 일이기도 했다. 여전히 그 애들이 나에 대해 어떻게 생각하게 될지 궁금하였다.

'그 애들은 고등학교 시절에 절단 장애인 친구와 함께 지내본 적이 있을까? 휠체어에 앉은 친구가 아닐까? 내가 인조 다리를 지닌 게 문제가 될까? 아마도 언젠가는 그러지 않겠지.'

부모님과 동생이 나를 기숙사로 데려다 주었는데, 모든 게 낯설었다. 물론, 엄마 아빠가 행복한 표정을 지어 보이며 마치 한 가족인 것처럼 나를 워싱턴으로 데려다 주기는 했지만 말이다.

우리가 살 곳에는 방이 두 개 있었다. 한 쪽 방에는 싱글 침대 하나와 작은 붙박이장이 있었고, 좀 더 큰 다른 방에는 트윈 침대 한 쌍이 놓여 있었다. 돈나가 먼저 도착해 작은 방을 차지하고는 바로 집처럼 편안해했다. 돈나는 벌써 침대를 정돈하고, 자기 물건을 벽에 걸었으며, 책상 바로 위에는 마티즈 사진을 얹어 놓았다. 여하튼 모든 걸 자리 잡아 놓는 식으로 별의별 걸 다 놓아뒀다(화를 많이 낼 수가 없었던 게, 나도 어쩌면 다른 누군가가 그렇게 하기 전에 비슷한 물건을 붙였을 것이기 때문이다. 그래도 좌절감이 느껴졌다). 돈나가 자기 소개를 마치자, 나는 뭔가 그녀에게 색다른 점이 있다는 것을 바로 알아차렸다. 일부러 살펴보려 했던 건 아니었다. 내가 쳐다보는 것 이상으로 나도 당해 왔기에, 그게 얼마나 기분을 잡치게 하는지를 알았기 때문이다. 하지만 색다른 면이 무언지를 알아내야만 했다. 비밀스런 눈빛으로 그녀의 적갈색 머리카락이 가발이고, 적갈색 눈썹이 그려진 것이라는 걸 알아차리는 데는 몇 분이 채 걸리지 않았다.

내가 돈나의 머리카락이 진짜가 아니라는 걸 알아차리자마자 떠오른 것은 '이런, 돈나가 암에 걸렸잖아.'라는 생각이었다. 충격적이라거나 익숙하지 않은 건 아니었다. 지난 시간 동안에 다양한 병원 행사와 자선 경기에서 암에 걸린 아이들을 많이 봐 왔기 때문이다. 하지만 그런 상황은 나를 잠시 멈춰 생각하게 하였다. 어쨌든 나는 그 애에게 마음 놓고 질문할 수가 없었다.

'뭐라고 말해야 하는 거지? 저런, 언제 병에 걸렸냐고? 방사선 치료를 하냐고? 학교에 다니는 동안에 방사선 치료를 할 거냐고?'

내가 질문할 수 있다고 해도 뭐라고 말해야 할지, 어떻게 말해야 할지를 알 수가 없었다. 많은 사람들이 나를 만날 때에도 똑같이 그렇게 느낄 것이라는 생각이 들었다.

속 깊은 대화를 나누기 전에 돈나는 서점으로 갔고, 나는 데릴라의 물건이 무언지 궁금해하며 짐을 풀었다. 10분 후, 문을 두드리는 소리가 나자 뒤를 돌아보았다. 데릴라였다. 그녀를 몇 초 동안 응시하였다.

"널 알 것 같아!"

그녀가 말했다.

"그래?"

"우리, 패디가 연 스키 캠프에서 만났잖니!"

데릴라가 나를 뚫어지게 보더니 "어머나." 하고 말했다.

"맞아."

데릴라와 나는 2년 전 패디 로스바흐의 스키 투어 중에 만났는데, 우리가 16살 동갑이라는 이유로 여행 중 내내 거기에서 함께 지냈었다. 가장 친한 친구가 되진 못했지만, 만난 지 며칠 만에 데릴라는 나를 무척 편하게 생각했다. 어느 날 그 애가 나를 옆으로 끌어당기고는 말했다.

"그때가 된 것 같아. 생리대를 착용한 채 스키를 타는 게 내키지 않아."

내가 그녀에게 물어보았다.

"왜 탐폰을 사용하지 않아?"

그녀가 말했다.

"탐폰을 사용해 본 적이 없어. 어떻게 쓰는 거야?"

나는 이 불쌍한 소녀에게 탐폰 사용법을 가르쳐 주었다. 그런데 그 일이 있고 나서부터는 데릴라가 나와 함께 있으려 하지 않았다. 이상했다.

우리가 이야기를 나누었는데도 서로를 잘 알아보지 못했다는 게 놀랄 일도 아니었다. 스키 캠프에서 우리 둘은 서로의 성을 몰랐다. 그 애는 그저 뉴저지에서 온 데릴라였고, 나는 그저 뉴욕에서 온 사라일 뿐이었다. 게다가 전화할 때도 우리 둘은 서로가 지닌 장애에 관해 전혀 말하지 않았기 때문이다.

몇 분에 걸쳐 서로를 알아 간 후에야, 우리 방이 재활 병동의 축소판이라는 게 드러났다. 절단 장애자 2명과 암 환자 1명이라니. 데릴라에게 말했다.

"잠깐만, 우리가 이 일이 우연히 벌어진 거라고 믿고 있는 건 아닐까? 신입생 이름이 모두 컴퓨터에 입력되었을 텐데, 우연히 같은 학과 소속의 장애를 지닌 여자 3명이 같은 방을 쓰게 된다고? 이건 우연이 아냐."

데릴라와 돈나도 매우 당황스러워했다. 우리는 잠시 왜 그렇게 된 건지를 생각한 다음에 '좋은 뜻으로 그렇게 한 건지도 모르고, 관리실에서 우리에게 저마다 붙박이장 같은 걸 지원하려고 그러는 건지도 모르고, 그들이 우리 모두가 뭔가를 잃어버린 거라고 생각했을지도 모른다.'고 판단했다. 나와 데릴라의 경우에는 다리였고, 돈나의 경우는 머리카락이었다. 우리가 1학년 생활을 하는 동안 서로 도울 수 있을 것으로 보이기는 했다 (이론적으로는 끔찍한 생각이 아니었지만 소방 훈련이라도 벌어지면 어떨까를 생각해 보았다. 데릴라는 자신의 두 의족 끈을 묶어야 하고, 나의 경우에는 내 것을 그렇게 해야 하고, 돈나는 화장실에서 눈썹을 그리고 가발을 써야 한다. 실제로 불이라도 나면 몸이 온전해야만 살아남을 것으로 보였다).

사실 문제는 모욕이었다. 한 교실에 10명의 아프리카계 미국인이 있는데 그중에 3명이 한방을 쓰게 했다면, '전국 흑인 지위 향상 협회NAACP'가 전율할 수밖에 없을 것이다. 그건 확실히 인종 차별에 해당하고, 아무도 그걸 부인할 수 없다. 바로 그런 관점에서 보면, 우리는 마치 아프리카계 미국인과 같았다. 짐 크로Jim Crow(흑인 생활을 주제로 한 연극의 주인공 이름으로 나중에 차별받는 흑인 생활의 대명사가 되었다-옮긴이) 경이여, 어찌하면 좋사옵니까. 데릴라와 돈나와 나는 차별당했고 빈민굴 출신처럼 취급받았다.

'학교가 아시아계 학생들을 한방에 넣고, 히스패닉계를 모두 다른 방에

두었나? 다른 친구들의 방은 모두 섞였는데, 왜 우리만 안 그런 거지?'

내가 방을 바꾸고 싶었던 또 다른 이유로는 돈나가 좀 문란했다는 점을 들 수 있다―그녀는 우리 옷을 몇 벌 훔쳤고, 돈이 종종 없어졌으며, 뒷전으로 몰래 우리 남자친구를 불러내곤 했다―데릴라와 나는 이런 돈나와 함께 사는 게 편치 않았다. 그렇지만 더 중요한 건 원칙의 문제였다.

불쾌한 상황이라고 생각한 나는 나답게 사람들을 불렀다. 기숙사 사감에게 내 뜻을 밝히자, 그는 자신의 상사와 함께 이야기를 나눠 보라고 했다. 데릴라와 나는 마침내 문제를 해결하기에 적합한 담당자와 회의를 하게 되었지만 결론이 나지는 않았다. 그는 '장애인 수용소'가 의도적인 게 아니라고 거듭해서 말하고는, 모든 신입생의 방을 엄격히 추첨 시스템에 따라 정확히 배정한 것이라고 주장하였다. 정말로 우연히 벌어진 일이라는 학교 측의 입장에 너무 놀라 말이 안 나올 정도였다. 우리가 무시당했다고 느꼈기 때문이다.

내가 말했다.
"임의 배정이라고요? 정말로요? 글쎄요, 너무 운이 좋아 복권을 사러 가야만 할 그런 확률이네요. 조지워싱턴 대학이 장애 학생들을 어떻게 취급하는지를 알고 싶어 하는 기자들이 저 밖에 기다리고 있을 것 같네요. 3층에 있는 방으로 재빨리 기자들을 어떻게든 올려 보내고 싶네요. 기자들이 나병 환자나 되는 것처럼 말이죠!"

말은 그렇게 했지만 공허한 협박으로 그쳤다. 수업을 듣고 숙제를 하느라 언론을 대상으로 캠페인을 벌일 시간이나 힘을 갖지 못했기 때문이다.

잘된 면도 있었다. 다음 학기에 돈나가 기숙사를 나가자 대학은 우리에게 다른 룸메이트를 결코 강요하지 않았다. 내 생각에는 우리가 조용히 살기를 학교가 바란 것 같았다. 확실히 이길 만한 싸움을 하는 게 좋긴 하다.

'어디'에선가부터 다시 달리기를 그리워하기 시작했다. 스포츠는 항상 내 몸을 기분 좋게 했고 운동을 하지 않을 때면 상실감을 느끼기도 했다. 학교에는 육상 트랙은 고사하고 달릴 만한 멋진 타원형 구간도 없었다. 그래서 어쩔 수 없이 거리를 달리기 시작했다. 이상적이지는 않았지만 큰 해방감을 느꼈다.

1994년에 열린 미국 장애인 육상 선수권 대회U.S. Disabled Track & Field Championships에 참가했다. 다가오는 1996년도 애틀랜타 패럴림픽을 준비하고 내 건강과 기술 수준을 측정하고 싶어서였다. 게다가 대회가 우리 학교 바로 윗동네인 볼티모어에서 열렸다(진실을 말하자면, 대회가 그렇게 가까운 곳에서 열리지 않았다면 참가하지 않았을지도 모른다).

데릴라에게 같이 달리기를 하자고 권유하였지만 처음에는 거절했다. 그래서 데릴라가 육상선수가 아니라서 그런가 보다라고 이해했다—그 애는 고등학교 때부터 소프트볼 팀의 배트걸batgirl(방망이 등 비품을 관리하는 여자-옮긴이)로 활동하긴 했지만, 직접 경기에서 뛴 적은 거의 없었다—그렇지만 데릴라는 달리기에 대해 더 많이 생각하게 되면서 점점 육상선수가 되는 것에 관심을 두는 것 같았다.

데릴라의 부모님은 데릴라가 육상선수가 된다는 문제에 적극적이지 않았다. 특히 무엇이든 가능하다는 걸 보여 줄 수 있는 데이비드 볼스리 같은 분이 그 애에게는 없었다. 그 때문에 내가 세상 밖으로 나와 대회에 참가한다는 사실이 데릴라에게는 혁명처럼 느껴졌을 것이다.

우리 부모님은 내가 패럴림픽이라는 꿈을 좇을 수 있도록 여기저기에서 열리는 육상 대회를 따라다니면서 지원해 주었지만, 노동자 출신의 데릴라 부모님은 그녀가 다리를 상실한 사실을 말하는 것조차 원치 않아서 의족을 지닌 채로 다니는 일을 스스로 알아서 하도록 하였다. 나에게는 거대한 후원 체계가 있었지만, 불쌍한 데릴라는 패럴림픽이라는 것조차 들어보지 못했던 것이다.

그 모든 점을 생각해 보면, 데릴라가 짧은 바지와 드레스를 입기보다는 긴 스커트를 맞춰 입는 식으로 장애를 포장지 밑에 두려고 한 게 놀랄 일은 아니었다. 데릴라가 두 다리를 상실했다는 것도 모른 채 누군가가 다가가 "어머나 세상에, 다리가 하나밖에 없다니. 네 기숙사 친구는 정말 대단하구나."라고 말한 적이 얼마나 많았는지를 나는 전혀 몰랐다. 어쨌든 그런 일로 그 애가 분노할 수도 있었겠지만 그건 데릴라가 자초한 일이었다. 어쨌든 데릴라는 늘 하던 식으로 장애를 감추기로 결정했다. 학기가 끝날 무렵에 장애에 대한 수필을 쓰기 전까지 그 사실을 고등학교 선생님조차 모르게 했다.

데릴라 또한 나처럼 거친 유년 시절을 보냈다고 했다. 데릴라의 아빠는 화를 잘 내고 제대로 교육받지도 못한 분이었는데 그런 이유로 데릴라가 보철을 완전히 숨기는 것이 더 편했을 것이라고 나는 생각했다. 데릴라는 정상인처럼 보이기를 원했지만 그 애의 아빠가 장애를 감출 것을 요구했다는 점에서 우리 집안과는 큰 차이가 있었다. 우리 가족은 내 다리를 대하는 방식이 훌륭했지만 데릴라의 가족은 그렇지 못했다. 우리 가족은 나를 부끄럽게 한 적이 없었지만 그녀의 가족은…… 달랐다.

그렇다고 해도 그런 이유로 데릴라가 달리기에 관해 말을 많이 하는 걸 중단한 건 아니었다. 그리고 그거 아나? 데릴라가 지랄맞게도 예뻤다는 사실 말이다.

장애를 대하는 태도가 달랐지만 우리는 함께 잘 지냈기 때문에 3학년 때에도 같은 방을 쓰기로 했다. 그 애와 다시 결합하고자 했던 많은 이유 중의 하나로는 내가 데이트할 때면 데릴라가 훌륭한 상담자가 되어 준 점을 들 수 있다. 다른 여자친구들에게는 토로하지 못했던 것을 그 애에게는 말할 수 있었는데, 데릴라는 내가 지금까지 만나 본 사람들과는 다르게, 이런 다리를 지닌 내가 해야 할 일을 정확히 알았다. 그 애는 신체의 불확실한 점이 무엇인지, 언제 어떻게 자신을 드러내야 하는지를 이해했다. 내 주변의 여자 애들은 모두 남자에게 같은 불안감을 지녔지만, 데릴라처럼 이해해 주지는 못했다. 그럴 수밖에 없지 않았을까? 다른 애들의 두 다리는 멀쩡했지만 데릴라는 그렇지 않았으니 말이다. 어쨌든 건너편에 마음을 나눌 수 있는 정신적 자매가 있다는 게 내게는 큰 행운이었다.

이듬해인 1995년에 데릴라는 보스턴에 있는 매사추세츠 공과 대학MIT에서 열린 미국 장애인 육상 선수권 대회에 나와 함께 참가했다. 그 애의 첫 번째 경주였기에 나는 데릴라에게 비법을 전수해 주었고, 나와 함께 훈련하고 달리기하는 다른 선수 모두와 회원사인 '플렉스 풋'의 스폰서, 그리고 미국 팀의 의족 기공사들을 소개해 주었다. 그해 매사추세츠 공과 대학의 육상 경기 장면은 멋졌다. 1996년 패럴림픽 선수단에 입단하려는 경쟁자들로 경기장이 달아올랐고 열광하는 소리가 하늘로 울려 퍼졌다.

그때까지 달리기 전용 다리를 지니지 못했던 데릴라는 걷기용 다리로 경주를 해야만 했다. 그 때문에 그 애는 허벅지에 고통을 조금 느꼈다. 하지만 데릴라는 출발 신호가 떨어지자마자 그걸 억세게 떨쳐 버리고는 데릴라답게 달렸다. 그 애의 인상적인 달리기를 보면서 나는 이 소녀가 내게도 힘든 경쟁자가 될 것이라고 생각했다. 단 한 번의 경주로 그 애의 인생이 바뀌었고, 나는 그 일에 영향을 끼친 게 자랑스러웠다.

흥미롭게도 대회가 끝난 후에 데릴라는 공공장소에서도 반바지를 입기 시작했다. 그 애가 머리를 높이 쳐들고 온 세상이 보도록 의족을 드러 낸 채로 워싱턴의 여기저기를 걸어다는 걸 볼 때면 내 얼굴에도 미소가 떠올랐다. 데릴라가 나에게 물들고 있는 것이라고 추측했다. 한참 뒤까지 데릴라가 얼마나 많이 그러고 있었는지를 몰랐다.

※

알렉스Alex를 만난 건 1학년 2학기 때쯤이었다. 알렉스는 모르몬교도의 피와 유대교도의 피를 각각 절반씩 이어받아 유타 주에 있는 집단 농장에서 성장하였다. 히피족인 부모님이 스쿠버 강사가 된 이후로는 세인트 토마스St. Thomas로 이사했다. 알렉스는 암벽 등반과 윈드서핑에 적합한 마른 몸을 지녔다. 또한 조랑말 꼬리처럼 뒤로 빗어 넘기기를 좋아하는 긴 머리카락 밑으로 부드러운 갈색 눈동자와 달콤한 미소를 지녔다. 그리고 환경학 수업에 흥미를 느껴 버지니아를 등산하는 것부터 시작해서 가짜 신분증을 가지고 술집에 드나드는 일에 이르기까지 모험이라면 무엇이든 늘 즐기는 것처럼 보였다.

알렉스는 훌륭한 남자친구였고, 우리는 멋지고 사랑스러운 관계를 맺었다. 나를 무척 달콤하고 부드럽게 대해 주어 키스할 때마다 녹아 내렸다. 보철 없이 남자 앞에서 옷을 다 벗은 것은 그때가 처음이었다. 그와 함께 있을 때면 나는 무엇이든 크게 걱정할 것이 없었다. 알렉스가 나를 품에 안아 줄 때면 롱아일랜드에 사는 내 가족들조차 1만 킬로미터는 떨어진 것처럼 느꼈다. 나는 점점 더 깊이 빠져들었다.

하지만 3학년이 되면서 우리 관계가 달라졌다. 그러리라고 누가 예상이나 했겠는가? 우리는 어렸다(당신 또한 어리다면, 때때로 우연이라는 게 일어나곤 한다). 결국 1학기 중에 우리는 깨졌다. 그 일이 있고 난 뒤 그다음 주에 아빠가 불렀다. 아빠는 재혼한다며 결혼식에 와 주기를 바랐다.

복부를 연타로 맞은 셈이었다. 처음으로 진짜 사랑을 느낀 사람에게 차인 다음에, 엄마를 버린 남자가 새 인생을 축하해 달라고 하는 요청을 수락해야 한다면? 말도 안 돼! 아빠는 우리 대신에 더 젊은 아내와 더 어린 아이들로 가족을 이루었는데도 그걸 위해 축배를 들어야 한다는 말이지? 이런, 안 돼.

이런 혼란 속에서 성적이 조금씩 떨어져 갔다. 그리고 사랑하고 믿었던 '믿음 재단 잔치trust fund party'의 남자 녀석, 세상에서 가장 선호하는 일이 '꺼져 버리는 것'인 바로 그 녀석과 데이트를 했던 게 사뭇 놀라움으로 다가왔다. 워싱턴의 백인들이 펼치는 엉터리 정치 놀이에 환멸을 지니게 되면서도 좀 놀랐다. 수업을 제치고, 빼먹고, 까먹기를 거듭하면서 조금 놀랐다. 흥청망청 놀며 정신 나갈 때까지 술을 마셔 대며 조금 놀랐다.

그리고 내가 현실 감각을 모두 잃은 게 아니어서 놀랐다. 낮에는 내내 자고 일어나 조지타운의 술집들이 문을 닫을 때가지 밤을 샜고, '시그마 치 하우스Sigma Chi house'에서 맥주를 엄청나게 들이켰으며, 아주 이른 아침까지 뮤직 비디오를 봤다. 거의 모든 걸 잊었고, 인생에 대한 나의 기쁨 또한 대부분 사라져 버렸다. 나선형 꼴로 아래로 추락해 내려가는 중에 중간고사를 망쳐 생애 처음으로 시험이라는 것에 실패하였다. 결국 나는 도움의 손길을 찾아보기로 결심했다.

보험을 적용받을 수 있는 치료사를 찾기가 워싱턴 D.C.에서는 쉽지 않은 일이었다. 어찌어찌해서 찾아낸 치료사는 무수히 많은 내 문제들을 듣고는 상담이 끝날 무렵에 프로잭Prozac(항우울제의 상표 이름-옮긴이)을 먹으라고 했다.

처음에는 이따위 약 덩어리를 먹고 싶지 않다고 생각했지만, 잠시 후에는 내가 무언가 해야만 한다는 걸 인정했다. 인생과 마음을 함께 다스려야만 했기에―정신이 나갈 때까지 마시는 것이나, 뱀파이어처럼 사는 것이나, 자주 씻지 않는 것이나, 지저분한 집을 절대 떠나지 않는 것을 포함해―1995년 여름, 시궁창에 처넣은 성적과 뭐가 뭔지도 모르는 두뇌를 지닌 채로 학교를 휴학하고 롱아일랜드로 다시 돌아왔다.

집으로 돌아오며 나는 제대로 실패한 것처럼, 완전한 실패자가 된 것처럼 느꼈다. 뉴욕에서는 운동선수 겸 학생으로 빛나는 별 같은 존재였지만, 그곳을 떠난 지 2년 만에 두통을 느낄 만큼 모든 상황에 대한 감각을 잃어버린 채 완전히 깨져 버렸다. 다행히 엄마가 든든히 보살펴 주며 다시 마음을 추스르도록 기꺼이 간호하였다. 나는 정기적으로 치료사를 방문했는데, 그는 내가 전혀 알지 못했던 라이너첸 집안사람들과도 만날 수 있도록 도와주었다. 조금씩 안정을 찾은 나는 우리 가족과 세상에 나를 맞추며 다시 관계를 맺어 나갔다. 우울증이 조금씩 심해지기는 했지만 최소한 긍정적인 방향으로 움직였다.

이후 '시티 네트웍스CT Networks'라는 통신 회사에 취직했다. 영업부를 보조하는 업무였다. 하지만 컴퓨터에 데이터를 입력해 훈련 교재와 대조하는 일이었기 때문에 이내 지루해졌다. 그래도 내 이력서에 한 줄 더 써넣을 수 있게 하는 중요한 사회 경험이었고, 게다가 돈도 필요했기에 임시 일자리라도 얻어 감사하다고 생각했다. 또한 '나쏘 커뮤니티 칼리지 Nassau Community College'(뉴욕 주립 대학 소속 캠퍼스-옮긴이)의 수업을 들으려고 등록했는데, 거기서 빠져나와야 한다는 걸 알아차리는 데 일주일이나 걸렸다. 아무도 공부하지 않았고 아무도 신경 쓰지 않았다. 학생들이 가장 경쟁력을 발휘한 곳은 주차장이었다. 좋은 자리를 차지하면 이

긴 것이었다. 이런 상황이었기에 조지워싱턴 대학에서 누렸던 수업과 시설에 감사하게 되었다. 그런 이유로 나는 학교를 그리워하며 최대한 빨리 내 학위를 따는 데만 집중했다.

하지만 나쏘에서 보낸 시간이 헛되지만은 않았다. 열망해 왔던 텔레비전 방송 제작 수업을 들었는데, 그 덕분에 그곳 캠퍼스 내 스튜디오에서 텔레비전 방송을 제작할 기회도 얻었다. 마지막 시험을 치르기 위해 장애인 스포츠와 패럴림픽의 역사를 담은 비디오를 준비했다. 그리고 실황 취재와 사전 녹화를 한 촬영분을 집어 들고는 방송 모니터 제어실로 서둘러 들어갔다. 이게 나중에 나를 무언가로 이끌어 줄지를 누가 알았겠는가?

나는 학교로 돌아가기를 바랐지만, 한편으로는 해외로 나가는 게 건강에 좋겠다는 생각도 했다. 애틀랜타 패럴림픽이 곧 열릴 예정이어서 갈등했다.

'할 수 있을까? 훈련 프로그램을 끝까지 해내기를 내가 원하고 있는 걸까? 팔을 절단한 장애인 사이에 다시 끼어들어 달리기를 끝내 마쳐야 할까?'

나는 알아내려고 신경 쓰지 않았다. 내 삶에서 겪은 모든 절망 속에서—우리 가족, 바르셀로나, 우울증—스스로 그걸 할 수가 없었다. 심지어 전국 대회에도 나가지 못했다.

그렇지만 어쨌든 나는 1월에 다시 스페인으로 갔다. 학교에서 내게 '네브리센시스 유니버시다드Universidad Nebrissensis'라는 작은 사립대학의 해외 연수 프로그램을 제안했기 때문이다. 조지워싱턴 대학에서 개설한 프로그램이었기 때문에 이곳에서 따낸 학점을 그대로 옮겨서 내 졸업 학점에 추가할 수가 있었다. 또한 대서양을 건너기만 하면 언제든지 학교로 쉽게 되돌아갈 수도 있었다.

나는 곧 스페인을 사랑하게 되었다. 마드리드는 활기차고 생동감이 넘치는 곳이었다. 그래서 도시가 줄 수 있는 모든 이점을 누리고자 했다. 낯선 나라에서 홀로 사는 일과 스페인어를 완벽히 구사하는 능력을 조합하면 세계를 다시 한 번 정복할 수 있을지도 모르겠다고 느꼈다. 수업에 열중하며 열심히 공부하기도 했지만 신나게 놀기도 했다. 이런 참신한 도시에는 탐색하고 보아야 할 것이 엄청 많았기 때문이다. 티센 박물관Thiessen museum, 프라도 미술관the Prado에 있는 그레코의 그림들the Greco paintings, 레티로 공원Retiro Park, 마드리드 왕궁Palacio 같은 것 말이다. 세르베제리아스cervezerias에서 스페인 전채 요리로 가벼운 식사를 한 다음에는 코코아 한 잔을 마셨고, 클럽에서 밤새 춤을 춘 후에는 츄러스churros(밀가루 반죽을 막대 모양으로 만들어 기름에 튀겨낸 스페인 전통 요리-옮긴이)를 먹었다. 새로운 친구들과 그런 식으로 생활했는데, 솔직히 말하면 내게는 그럴 자격이 있다고 생각했다.

그러다가 4월, 마드리드에 있는 한 클럽에서 엉덩이가 빠질 정도로 춤을 추다가 우연히 대학 친구를 만났다.

"어머나, 세상에나 네가 어떻게 여기에 있니?"라고 말한 지 채 1분 내지 3분이 채 지나지 않았을 때, 그녀는 데릴라가 무얼 하려는 건지를 내게 알려 주었다. 그 애에게서 특종을 전부 다 듣고 나자 누군가가 내 배를 마구 걷어찬 것 같은 느낌이 들었다.

나는 데릴라와 맺은 끈이 여전히 탄탄하다고 생각했다. 우리는 여러 번 워싱턴 D.C.에서 멋진 주말을 보내기도 했다. 데릴라가 내게 저녁을 사 주고 헨리 롤린스Henry Rollins의 스포큰 워드spoken word(가수가 노래 대신 얘기를 들려주는 음악 장르-옮긴이)를 보여 주기도 했다. 다만 주말을 함께 보내면서도 데릴라가 조지타운으로 이사했다는 사실을 말하지 않는 게 이상하기는 했다.

그뿐만이 아니었다. 데릴라는 새로 옮긴 학교에서 육상을 시작했다는 걸 내게 말하지 않았다.

데릴라는 내 것과 거의 유사한 경주용 의족을 착용한 것도 내게 말하지 않았다.

데릴라는 1996년에 열리는 패럴림픽에 대비해 훈련하기로 결정한 것도 내게 말하지 않았다.

나는 충격을 받았다. 내가 데릴라를 육상의 세계로 이끌어 주었는데도 그녀는 거기에 빠진 것을 나에게조차 말하지 않았던 것이다.

처음에는 이렇게 생각했다.

'내 가장 친한 친구가 왜 이 일로 얍삽해진 거지? 데릴라가 내 삶을 그대로 따라 살기를 원해서일까? 그 애는 나처럼 되기를 원하는 건가?'

모든 게 무척 이상했고, 「위험한 독신녀Single White Female」(미국 드라마. 전개가 사라의 상황과 비슷하다-옮긴이)에 나오는 장면 같았다. 두 해 동안이나 함께 살면서 그 애를 정신적 자매로 생각할 만큼 사랑하였고, 데릴라도 내가 그러듯이 나를 사랑할 것이라고 생각했다. 하지만 슬프게도 제대로 착각 속에 빠져 산 셈이었다. 진정한 자매라면 서로에게 모든 것을 말해야 했지만, 데릴라는 내게 그런 얘기를 일절 하지 않았던 것이다.

데릴라에게 전화를 걸려고 생각했다가 대화가 길어지면 국제 전화 비용을 감당할 수 없을 것 같았다. 게다가 이건 사사로운 논쟁이었다. 일방적인 주장을 펼치기보다는 서로 간에 소통하기를 원했기 때문에 편지를 쓰기도 마뜩치 않았다. 데릴라의 의견을 듣고 싶었지만 다음 달에 미국으로 돌아갈 때까지 기다려야만 했다.

집으로 돌아왔을 때 더 중요한 일이 생기는 바람에 마이크의 '다리의 움막'에 먼저 들렀다. 스페인의 축제와 시에스타siesta(스페인, 이탈리아, 그리스 등 지중해 연안 국가와 라틴 문화권의 나라에서 점심을 먹은 뒤 잠깐 자는 낮잠-옮긴이)에 빠져들어 몸무게가 조금 늘어났기 때문인지는 몰라도 내 의족에 문제가 생겨서 크기를 조금 조정해야 했기 때문이다.

내가 진료실에 앉아 있을 때 마이크가 문을 닫고 들어와 악수를 청하며 말했다.

"사라야, 반갑다. 오랫동안 네 소식이 궁금했다. 어떻게 지냈어?"

"음, 잘 지냈어요."

스페인에서 이따금씩 마이크에게 소식을 전했지만 내가 스페인에 갈 수밖에 없게 만든 의기소침한 사건에 대해서는 전혀 언급하지 않았다.

"솔직히 말해 봐. 어떻게 지냈어?"

"진짜로요. 잘 지냈어요."

마이크는 고개를 저었다.

"네 이야기가 많이 나돌았어."

"어떤 이야기요?"

마이크는 깊게 숨을 들이마시고는 나에게 물었다.

"너, 마약하니?"

"뭐라고요?!"

"네가 겪고 있는 문제들에 관한 온갖 소문이 나돌고 있어. 네가 술과 마약에 빠졌다고들 하더라."

"도대체 누가 그래요? 누가 내 말을 그따위로 하는 거죠? 누구한테 들으셨어요?"

그러자 마이크가 말했다.

"미국 육상 팀원 중 누군가가."

나는 재빨리 머리를 굴렸다. 침울해졌던 일을 알고 있는 육상 팀원은 데릴라뿐이었다. 나의 추측은 이랬다.

'그 애가 누군가에게 말했을 거고, 그 누군가는 또 다른 누군가에게 말했을 거고, 또 다른 누군가가 마이크에게 말했을 거다.'

데릴라는 조지타운으로 이사한 일과 육상 경기의 목적을 내게 숨겼을 뿐만 아니라, 내가 12살 때부터 알아 온 사람들에게 마약을 한다는 소문을 냈다. 나는 그 일로 격분했다. 관심조차 두지 않고 있던, 내 후원 모임이 학교에서 열렸던 그날을 그녀가 언급했다는 걸 생각하지 못했다. 그녀는 내 평판을 떨어뜨리는 데만 관심을 둔 것 같았다.

이 문제를 해결해야만 할 걸로 보였다.

다음 날에 워싱턴 D.C.로 가서는 데릴라를 아파트에서 불러냈다. 그리고 몇 마디를 나눈 후에 의심스러운 점을 확인했다.

"그래, 데릴라. 육상 팀의 누군가가 나에 관한 이상한 소문을 퍼뜨린다고 들었는데 혹시 뭐 들은 게 없니?"

그러자 데릴라가 말했다.

"아니, 아니, 아니야, 난 아니야."

그 애가 육상 경기 대회에서 벌어진 일을 모르는 것 같아 일단은 안심하였다. 하지만 이내 데릴라가 거짓말한다는 것을 알아채고는 하염없이 울기 시작했다. 지난 2년 동안 함께 살며 10대부터 파릇파릇한 숙녀로 넘어가는 시기를 함께했고, 영혼의 자매라고까지 생각해 왔던 바로 이 여자가 내 마음을 아프게 한 것이었다.

나는 추스를 자신이 없어서 "이만 가야겠어."라고 말하고는 끝내 버렸다. 데릴라와는 다신 연락하지 않았다. 그 일에 연연하지 않기로 했다. 하지만 그냥 내버려 둘 수는 없었다.

'언제나 서로를 격려하지 않았나? 그런데 이제 그 애는 내 앞에서 거짓말을 하면서까지 나를 밀쳐 내고 있는 거잖아?'

그런 식으로 나를 배신하는 친구를 한 명도 둬 본 적이 없어서 데릴라의 뻔뻔스러움에 치를 떨 수밖에 없었다. 특히 내가 하향 곡선을 그리며 추락하게 만드는 게 무언지를 그 애가 알았기 때문에 더욱 그랬다.

'데릴라는 내 명성을 더럽혀서 기분이 좋아졌던 걸까?'

나는 그보다 더 나쁜 스포츠 정신을 이전에도 그리고 그 이후로도 본 적이 없었다.

데릴라는 1996년도 미국 패럴림픽 팀의 100미터 주자가 되었다. 그녀의 경쟁 상대는 팔을 절단한 사람이었다. 1992년 대회와 마찬가지로 육상 트랙 전부를 채울 여자 선수가 충분치 않았던 것이다. 그 바람에 데릴라는 메달을 따지 못했다. 그 사건은 내가 참가했던 패럴림픽 때와 그다지 다르지 않았기에, 오히려 등록하지 않기를 잘했다고 생각했다. 해당 경기가 1992년 때와 마찬가지일 거라고 예상한 덕분이었다.

그래도 경기를 지켜보기 위해 애틀랜타로 내려갔다. 전미 절단 장애인 연합Amputee Coalition of America이 그곳에서 연례 회의를 개최했기 때문이기도 했고, 1992년 이래로 나에게 의족을 제공해 준 플렉스 풋에서 주최하는 사인회에 참석하도록 비행기에 태웠기 때문이기도 했다. 그런데 행사에서 내 옆자리에 앉은 사람이 누구인지 아는가? 내 오랜 좋은 친구인 데릴라였다. 한때 교감을 나눈 내 자매 말이다. 거기 놓인 수많은 브로마이드에 사인을 마치고, 데릴라에게 나를 따라 현관으로 나오라고 말했다.

"좋아, 분명 많은 사람들이 우리 둘 사이에 겪었던 일을 이야기했을 거고, 소문이 어떻게 퍼졌는지는 모르지만 모든 정황이 너를 지목하고 있어. 나에게 익숙한 이 모든 일들에 대해 학교에서 알고 있는 유일한 사람이 너니까 말이야. 이 사람들은 내가 보잘것없는 12살 때부터 21살짜리 여성이 될 때까지 자라 온 과정을 지켜본 사람들이야. 이 사람들이 모두 나와 친하기 때문에 나에 대한 소문을 들으면 내게도 전해 주리라는 걸 몰랐니?"

데릴라는 그 점을 간과했다.

"사람들의 관심을 온통 받고 있는 너를 만나는 게 얼마나 힘든 일인지 너는 몰라. 넌 그게 뭔지 몰라. 온통 네 브로마이드로 도배되고, 모든 팀원들과 플렉스 풋 회사마저 너, 너, 너, 사라, 사라, 사라라고만 말들 하잖아."

내가 대답했다.

"데릴라, 나는 12살 때부터 달리기를 했잖니! 그 사람들이 나를 잊기를 바란 거니? 나는 이 일을 수년 동안 해 왔단 말이야. 넌 달리기를 작년부터 시작했기 때문에 금년도 경기에 사용할 사진을 사용할 때나 돼야 네 모습이 포스터에 실리게 되는 거란 말이야."

데릴라가 계속 공격적으로 나오는 바람에 우리는 오래도록 논쟁했다. 그럴수록 그녀는 더 날카롭고 차가워졌다. 데릴라는 끝까지 사과하지 않고 잘못을 인정하지 않았다. 그녀의 진실성 부족과 불확실한 소유 개념에 기가 질려 버렸다. 데릴라가 아무런 감정도 없고 양심의 가책을 느끼지도 못한다는 사실을 깨닫자 호텔 로비 바로 그 자리에서 비명을 질러 댔다.

그러자 팀원 중 한 명이 데릴라를 불러냈다.

"데릴라, 이리 와 봐. 버스가 선수촌으로 다시 가려고 해. 우린 이만 가야 해."

데릴라가 나를 보며 어깨를 으쓱하고는 말했다.

"좋아. 가야겠어."

그러고는 가 버렸다. 내가 일회용 영혼의 자매와 의미 있는 대화를 나눈 건 그때가 마지막이었다.

나를 비방하고 다닌 게 바로 데릴라였다는 걸 내 친구 덕분에 확인하게 되었고, 그런 비방이 우정이나 관심에서 비롯된 게 아니어서 사뭇 비열하다는 생각마저 들었다. 그건 아주 순진하고 개똥같은 소리였다. 질투의 소용돌이에 빠져 버린 데릴라는 나를 꺾어 내리기를 원했던 것이다. 애처로웠다.

상처를 받긴 했지만 심리치료를 받아야 할 정도로 심하지는 않다는 것이 곧 밝혀졌다. 모든 상황을 알고 있던 육상 팀원들 대부분이 믿기지 않을 정도로 내게 공감을 해 주었기 때문이다. 그들은 우리 부모님이 이혼한 걸 알고 있었다. 그들은 바르셀로나가 나를 어떻게 죽였는지도 알고 있었다. 그들은 내가 참가하지 못한 이유도 알고 있었다. 그렇게 그들은 나를 위로했다.

데릴라는 그때 이후로 한 차례만 더 달리고는 모든 운동을 그만뒀다. 이후 몇 년 동안 그녀는 미국 대학 스포츠 협회NCAA에서 주관하는 육상 대회에 참가한 첫 번째 여성 절단자라고 주장하고 다녔다. 패럴림픽을 준비하려고 조지타운에서 1년 동안 달린 건 분명했기에 겉으로만 보면 이건 진실이었다. 하지만 장애 여성 운동사史를 통틀어 그녀가 그렇게 역사적이고 선구적인 인물이라고 하기에는 뭔가 잘못된 것처럼 보였다. 사실, 그녀는 내 발자국을 뒤쫓았을 뿐이다. 그건 마치 내가 앞서 달려간 절단 장애인들의 발자국을 쫓아간 것과 같은 것이다. 나는 『이솝 우화』에 나오는 '신맛 나는 포도Ms. Sour Grapes' 같은 여성이 되는 게 싫었다. 어쨌든 데릴라는 겨우 2~3년을 달린 것에 불과했기 때문에 훌륭하기는 하지만 장애인 육상이라는 큰 그림을 그리기에는 충분하지 않다는 생각을 떨칠 수가 없었다. 무엇보다 나쁜 건 그녀가 장애 여성으로서 스포츠 활동을 조금밖에 하지 않고는, 모델 활동이나 배우 경력을 쌓는 일에 집중했다는 점에서 더욱 그렇게 생각할 수밖에 없었다.

하지만 데릴라가 별의별 허풍을 떨고 다니는 바람에, 솔직히 그녀가 내 인생에서 사라져 준 게 기뻤다.

스페인에서 집으로 돌아왔을 때, 데이비드 외삼촌이 코카인을 남용하다가 시체로 발견되었다는 소식을 들었다. 호텔 종업원이 방에서 외삼촌을 발견했다는데, 이미 죽은 지 며칠이나 지난 상태였다고 했다. 누구나 알아낼 수 있는 일이겠지만, 삼촌의 마약쟁이 친구들이 그의 물건을 훔쳐 간 걸로 보였다―돈이나 신분증을 포함해 그 무엇도 남아 있지 않았다― 주머니에 있던 주차권만이 삼촌을 알아볼 수 있게 한 유일한 물건이었다. 삼촌의 한량 같은 친구들은 그가 죽었는데도 전혀 개의치 않았다. 내 말은 그들이 삼촌의 지갑을 훔쳤을 가능성이 크다는 뜻이다. 어떻게 죽은 사람의 지갑까지 훔쳐 낼 생각을 했던 걸까?

그 일은 나로 하여금 정신이 번쩍 들게 했다. 나는 조지워싱턴에서 많은 경험들을 했는데―클럽에서 놀거나 파티에 참석하거나 술을 진탕 마셨다―이것으로 인해 자살할 생각은 하지 않았다. 물론 내 말뜻은 말 그대로 자살이라는 건데, 내가 살펴본 바에 따르면 삼촌은 스스로 죽음을 택한 것 같았다. 계획된 게 아닌지 모르겠지만 삼촌의 파괴적인 선택이 그를 비극적인 죽음으로 이끈 셈이었다. 핵심 단어는 '선택'이었다. 나는 죽고 싶지 않았다. 나는 세상에 볼거리와 할 거리가 얼마나 많은지를 제대로 본 유럽 생활을 마치고 막 돌아온 시점이었다. 그랬기 때문에 내 자신을 다시 잘 돌보는 삶을 시작할 때라는 생각이 들었다. 그것은 나의 행동 강령이 되었고, 더 이상 인생을 낭비하지 않게 되었다.

나는 경쟁이 심한 육상에 완전히 지치고 환멸을 느꼈지만—트랙에서조차 달릴 수 없는 상태에서 그걸 또다시 해야 한다면 그럴 수밖에 없다—여전히 달리기를 좋아했고, 육상 선수로 불리는 걸 좋아했다. 내 머릿속 배경화면으로 패디 로스바흐와 그녀의 마라톤 생활을 그려 두고는, 장거리 달리기 한 방을 다시 쏘아야 할 때라고 생각했다.

나는 5,000미터 경주에 등록했다. 하지만 이건 내게 큰 모험이었다. 왜냐하면 당시에 내가 가장 길게 달려 본 거리라고는 채 1,000미터도 되지 않았기 때문이다. 『러너스 월드Runner's World』라는 잡지를 구입해, 5,000미터 경기의 준비 요령과 관련한 기사를 모두 잘라냈다. 엄마는 나와 함께 작업하였고, 데이비드와 패디는 온갖 조언을 해 주었다. 모든 과정에서 지원을 아끼지 않았고, 따뜻함과 온화함이 느껴졌다.

롱아일랜드의 우리 집 근처에서 경기가 열렸다. 6월 4일, 따뜻하고 화창한 여름날 아침이자 내가 또 다른 출발선에 서기에 흥분되고 기분 좋은 날이었다. 나는 긴장했다. 하지만 육상 트랙에서 느꼈던 압박감은 느껴지지 않았다. 왜냐하면 500명의 참가자들 중에서 긴장을 한 사람은 나 혼자뿐이었고, 나머지 사람들은 단지 재미로 뛰는 것이기 때문이다. 나의 유일한 경쟁자는 나 자신이었다.

전 구간을 달리지는 않았다. 사실대로 말하자면, 음, 할 수 없었기 때문이다. 언덕으로 걸어 올라가 평탄한 곳에서 천천히 달렸고, 물을 마시는 곳이 나오면 속도를 낮추었다. 그 바람에 내 생애 최초의 5,000미터를 45

분 만에야 마무리할 수가 있었다. 장거리 달리기에 도전하는 건 좋았지만 나 같은 경우에는 걷기 겸 달리기가 되어 버렸다. 그래도 좋았던 점이라면, 다양한 수준의 달리기 주자들과 걷기 주자들이 있었기에 내가 결승선을 끊은 마지막 주자는 아니었다는 점과, 모두가 다 승리자였다는 점을 들 수 있다. 얼마나 빨리 달리는지에 대해서는 알고 있었지만 이번에는 얼마나 멀리 달리는지를 알아낼 차례였다.

학교로 돌아간 그 가을에 내 우울증 대부분이 사라졌고, 나는 89퍼센트 정도 깨끗하고 맑은 정신으로—기억하겠지만, 내가 대학에 재학 중이어서 11퍼센트에 해당하는 쾌락은 어쩔 수 없는 부분이었다—조지타운 클래식 1,000미터 경주에 참가했다. 혼자 달리기를 원치 않았기에 내 친구 엠지M.G.와 대몬Damon을 끌어들였다. 그들에게 결승선에서 맥주를 마음껏 마실 수 있다고 말하자 나보다 더 기뻐했다. 힘껏 달려 결승선에 도달하였다. 이번에도 결승선을 끊은 마지막 주자가 아니었다. 나는 계속해서 대회에 참가하면서 자신감 지수를 높였다.

1997년, 4학년 때 매사추세츠의 스프링필드에서 열린 미국 장애인 육상 선수권 대회에 단거리 선수가 아닌 장거리 선수 자격으로 참가했다. 5,000미터 경주에 참가한 여성은 내가 유일해서 남자들과 달려야 했다. 조금도 개의치 않기로 했지만 실제로는 내가 남자애들과 같은 취급을 받는 게 신경 쓰이기는 했다.

경기가 있기 전날 밤에 과민성대장 증후군으로 보이는 통증에 시달려 잠을 이룰 수가 없었다. 내장이 모두 꽁꽁 묶여 버린 것 같았다. 심지어 방귀도 뀔 수 없었다. '가스 엑스Gas-X'라는 알약을 계속해서 먹었지만 소용이 없었다. 밤새 뒤척이며 화장실을 셀 수도 없이 들락거렸다. 고통이 사라지는 우연 같은 게 일어나길 바랐지만 결국 한숨도 못 잤다. 자명종이 울렸을 때도 내 복부가 여전히 비참한 상태여서 경기를 할 수 있을지 조차 알 수 없었다.

그런 상태에서도 경기에 나가기는 했다. 그렇지만 잘한 일인지는 알 수 없었다.

35도를 넘는 무더운 날씨였지만 육상 트랙 위에서는 그늘 한 조각을 찾아볼 수가 없었다. 하지만 심판이 권총으로 출발 신호를 쏘았을 때 날씨나 내 배의 상태는 아무런 문제가 되지 않았다. 선택의 여지없이 달려야 했다. 열이 나고 복부가 욱신거려 넘어질 것 같은 느낌을 받았지만 다리를 박차는 걸 멈추진 않았다. 내 바로 앞에 보이는 트랙의 레인에만 초점을 맞추고 한 번에 한 걸음씩 나아갔다. 하지만 여섯 바퀴를 돌았을 때, 바로 그때, 폭발할 것만 같았고…… 결국 그렇게 되었다.

내가 흰 바지를 입고 있었기에 방귀를 뀐 다음에 바지가 노란색으로 바뀌지 않았는지 근심스럽게 내려다봤다. 달리기를 중단해야 할까 봐 걱정이 되었다. 그래서 스스로에게 '경기를 마저 끝내자. 아무도 바지 색깔에 관심을 기울이지 않을 거야. 그저 경주를 끝내자.'라고 다짐했다. 1988년에 열린 뉴욕 마라톤 대회New York City Marathon에서 그레테 바이츠 또한 설사를 했다.

'이건 아무것도 아니야. 최소한 변을 본 건 아니잖아. 그리고 이건 마라톤보다 구간이 짧단 말이야. 그레테처럼 강해져야 해.'

그리고 마침내 한 남자 참가자보다 앞서 결승선에 들어왔다. 그 이유만으로도 나는 바지의 상태와 상관없이 미소를 지었다. 하지만 거의 똑바로 서 있을 수가 없어서 내 배를 붙잡고는 몸을 구부린 채 절뚝거리며 의료진이 있는 곳으로 걸어갔다.

의료진은 내 상태를 체크하고는 근처 병원으로 빨리 가야 한다고 말했다. 엄마는 침착하면서도 신속히 뉴욕을 향해 운전했고, 3시간 뒤에 나는 병원에 도착할 수 있었다. 의사는 내 일차병징primary symptoms(한 가지 병원균에 의해서 처음으로 감염되어 나타나는 병징-옮긴이)은 가스가 아니라 요로 감염이며, 그 상태에서 내가 무리하게 달리는 바람에 신장염으로 진행되었다고 말했다. 체온이 40도까지 오르고 심각한 탈수 증세를 보이자 의료진은 최대한 빨리 항생제를 내 면역 체계로 넣으려고 정맥 주사를 찔렀다. 더럽게 운도 없는 날이었다.

내가 처음으로 공식적인 장거리 경주를 펼친 날이었는데 말이다. 그리고 순조로운 징조를 지니고 출발한 것이 아니었기에 무리하지 않고 조금만 더 빨리 달리려고 했을 뿐인데 말이다.

4장 기회를 향한 도약

　취미로라도 달리기를 해 본 사람들은 대체로 마라톤을 신비스럽게 여긴다. 마라톤이 마치 성배와 비슷해서 얻기 어려운 목표처럼 보이기 때문이다. 현재 마라톤 주자들이 달리는 거리인 42.195킬로미터는 1921년도에 확정된 이후로 계속 유지되어 왔다.

　뉴욕 마라톤 대회는 세계적으로 가장 멋진 경주 중 하나로 알려져 있는데, 그에 상응하는 대회로는 보스턴 마라톤 대회Boston Marathon와 올림픽이 있을 뿐이다. 마라톤 구간은 뉴욕 시를 이루는 5개 지역 전부를 돌게끔 만들어졌고, 주자들은 뉴욕 시민들이 속속들이 잘 알고 있는 거리와 역사적 기념물을 지나게끔 되었다. 나는 베라자노Verrazano 다리를 수천 번도 넘게 운전해 건넜다. 다채로운 육상 경기용 유니폼을 착용한 모든 주자들이 다리 위를 돌진해 달리는 모습은 장관이었다—내게 친숙한 바로 그 다리 각 층의 모든 차선에서 출발하는 2만여 명이 넘는 주자를 헬리콥터에서 비춰 주는 장면 말이다—결승선도 흥분의 도가니였다.

그들이 테이프를 끊을 때의 반응을 보는 게 한때는 감격적이고 감동적이었다. 게다가 매년 다른 드라마가 펼쳐졌다. 고통과 상심, 기쁨과 승리 말이다.

이 대회는 뉴욕 권역에 텔레비전으로 생중계되었는데, 우리 집에서는 마라톤 방송에 채널을 고정하곤 했다. 우리는 대회를 처음부터 끝까지 보려고 마라톤이 열리는 일요일이면(대체로 11월 첫째 주 일요일) 예배를 마치자마자 집으로 모여들었다. 특히 나의 영웅이기도 한 그레테 바이츠를 한순간도 놓치고 싶어 하지 않았는데, 그녀는 측량하기 힘든 속도로 뉴욕 거리를 주파하는 우아하고 강인한 노르웨이 여성이었다. 나도 그레테처럼 되고 싶었다.

장거리 경주에는 일종의 명상 같은 속성이 있다. 내 몸이 도로에서 느끼는 고통에 익숙해지면 사랑하는 마음도 커졌고, 그럴수록 더 5,000미터 달리기나 1만 미터 달리기가 사랑을 자극하는 촉진제처럼 느껴졌다(러너스 하이Runner's High라고 불리는 현상으로, 운동하는 동안에 극심한 스트레스를 받는 사람의 고통을 경감시키기 위해 그의 두뇌에서 마약보다 강력한 신경작용 물질이 분비된다. 그러면 이때 고통을 덜 느끼게 되고 정신이 고양된다-옮긴이). 42.195킬로미터에 해당하는 촉진제를 맞을 준비가 되었기에 1997년도 뉴욕 마라톤 대회에 참가하기 위해 등록했다.

그때까지 가장 멀리 달린 기록은 약 27킬로미터였다. 하지만 그 거리를 연이어 달린 게 아니라서 24시간 안에 27킬로미터를 달렸다고 하는 것이 더 정확한 표현이다. 거기에 6시간만 추가하면 42킬로미터를 달릴 수도 있을 것이라고 생각했다. 여름 방학이 되면 가족과 함께 뉴욕의 하일랜드 호수에 있는 숲을 여행하곤 하였다. 그때 울퉁불퉁한 지형을 몇 시간 동안 배회한 적도 있었다. 그래서 약간 울퉁불퉁한 맨해튼 정도는 달릴 수 있을 것이라고 생각했다. 그것이 아니더라도 최소한 결승선을 향해 도보 여행을 하면 그만이었다.

뉴욕 마라톤 대회는 복권 당첨 번호를 뽑듯이 참가자를 정하게 되어 있어서 대부분이 행운에 기대어야 했다. 뉴욕 로드 러너스 클럽NRRC은 장애인 선수를 최대한으로 지원하는 전통을 지녔기 때문에 나는 주최 측이 자리 하나를 배려해 준 덕분에 지원할 수 있었다. 대회 개최 3개월 전에 참가 서식을 뉴욕 클럽으로부터 받았고, 그것을 작성해 65달러짜리 수표와 함께 보냈다. 우편함을 닫으면서 내 마음에 놀라움과 들뜬 기분이 교차했다. 돌이킬 수 없는 현실이 된 것이었다.

곧장 데이비드 볼스리에게 연락을 했다. 나를 42킬로미터나 가게 할 사람이 있다면 바로 그분이라고 생각했기 때문이었다. 잠정적인 일정을 논의하며 『러너스 월드』에서 나온 마라톤 훈련 계획을 말했다. 하지만 데이비드는 완전히 다른 방식으로 접근하는 게 더 나을 것이라고 말했다.

"사라야, 너는 아직 거기에 나온 계획표를 따라갈 만큼 충분히 빨리 달리지 못해. 그리고 넌 절단 장애를 가졌으니까, 다른 방법으로 훈련하면서 제시간에 들어오는 걸 목표로 삼아야 해."

"제시간이오? 저는 그저 그 망할 경주를 마치는 걸로 충분하다고 생각해요."

"내 말은 보철 위에서 충분한 시간을 보내야 한다는 거야. 한 번에 너무 오래 쉬지 않는 일에 익숙해져야 해."

그건 미처 못한 생각이었기에 정신이 퍼뜩 들었다.

"그러니 일정을 짤 때면, '토요일에 16킬로미터를 달릴 거야'라고 말하는 대신에 '토요일에 3시간을 걷거나 달릴 거야'라고 말하는 편이 좋겠다. 네가 얼마나 많이 달리는지, 얼마나 많이 걸을지 모르겠지만, 최대한 많이 그러는 게 좋겠다. 그저 네가 멈추지 않고 3시간 내내 달리는 걸 바란다는 말이야. 그다음 토요일에는 3시간 30분, 그리고 그다음 토요일에는 4시간. 그러고는 4시간 30분, 5시간. 그렇게 해서 하루 종일 달릴 때까지 말이야."

"맞아요."

나는 잠시 뜸을 들였다가 용기를 냈다.

"저와 함께 달려 주실래요?"

데이비드가 대회에 대비해 훈련할 시간이 없다는 사실을 알았다. 하지만 최고의 마라토너로서 그분이 달성한 업적들을 모두 생각해 보면 당장 내일 아침이라도 침대를 박차고 나와 땀 한 방울 흘리지 않고도 마라톤 전 구간을 달릴 수 있을 걸로 보였다.

"좋지, 문제없어."(데이비드 볼스리는 최고의 선각자였다).

그렇게 해서 일단 훈련이 시작되었고, 비록 구식 훈련처럼 보였지만 내게는 완전히 새로운 모험이어서 운동에 다시 불꽃이 튀는 것만 같았다.

친구들은 이미 모두 5월에 졸업을 한 데다가, 나는 아직 사회생활을 거의 하지 않는 상태였기에, 일주일 내내 달리는 데 집중하며 행복한 시간을 보냈다. 게다가 훈련 과정이 내게는 마치 치료 같아서, 더욱더 현명한 선택을 할 수 있었다. 술을 마신다든거나 늦게까지 밖에 있지 않았고, 건강식을 요리해 먹었다. 집에서는 곡물로 만든 머핀을 먹었고 과일 음료로 피자와 맥주를 대체했다. 심지어 오래된 요리책과 건강 도서를 보면서 채식주의자가 되어 갔다.

토요일에 달릴 때면 소니 워크맨Sony Walkman을 착용했다—달릴 때 디스크맨Discmen(손바닥에 얹을 수 있는 CD플레이어의 한 종류-옮긴이)이 너무 민감하게 반응하기는 했지만, 아이팟이 나오기 전까지는 이게 좋았다—

그러고는 어깨에 빈 배낭을 걸친 채 조지타운 안에 있는 호울 푸즈Whole Foods까지 10킬로미터를 달리거나 걸었다. 거기에 도착해서는 일단 수분을 보충하기 위해 물을 마셨다. 그리고 나서는 쇼핑을 한 다음에, 식품으로 가득 찬 배낭을 슬쩍 집어 들고는, 내가 할 수 있는 최대한 빠른 걸음으로 10킬로미터를 걸어 다시 집으로 왔다. 이런 방법이 『러너스 월드』에서 제안한 필수 유형은 아니었지만…… 아마 제안했어야 할 것이다.

이런 오래 걷기가 모두 훈련을 위한 것이었는데, 이리저리 천천히 뛰기도 하고 걷기도 하는 나를 보고 같은 과 친구들은 미쳤다고 생각했다. 학교에서 17학점에 해당하는 수업을 들었는데(18학점이 총 이수 학점이었다), 그 시간들 사이에 시간을 냈다. 이런 식으로 일주일에 10시간을 만들어 대회를 준비하였고, 요가 수업도 두 개나 들었다. 그리고 미디어 컨설팅 회사에서 최저임금을 받으면서 일도 하였다. 단순한 일이었지만 내가 최선을 다해 일하자 모두가 그걸 인정해 주었다. 물론, 나는 인정할 수 없었다.

외출도 자제했고 술집이나 파티장을 조금도 그리워하지 않았다. 그리고 링컨 기념관 계단에 올랐다가 제퍼슨 기념관을 지나 국회의사당 건물로 내려가서는 백악관을 지난 다음에 '포기 바텀Foggy Bottom'에 있는 내 아파트로 되돌아오는 식으로 워싱턴 D.C.의 좋은 곳을 거치는 긴 훈련 구간을 달려가려고 일찍 잠자리에 들곤 했다. 달릴수록 신체와 정신과 감정이 더 강인해졌다.

마라톤 훈련을 하는 방법에 관해서라면 아무것도 기대하지 않았다. 왜 그랬냐고? 가장 오래 뛰거나 걸은 훈련에 5시간 30분이나 걸려 너무 지쳤기 때문이었다. 다음 날이면 너무나 아파서 도서관으로 걸어갈 힘조차 없었다.

5시간 넘게 뛰거나 걸을 수 있다는 걸 안 김에 나는 숫자 몇 개를 아작아작 씹기 시작했다.

'5시간에 걸친 훈련을 하면 내가 몇 킬로미터나 달릴 수 있지? 내가 얼마나 빨리 달릴 수 있을까? 좋아, 내가 시간당 5킬로미터를 달성했다고 해 보면, 다섯 배를 곱하면 되니까 25킬로미터인 셈이 되지. 그렇다면 27킬로미터를 달성하려면 얼마나 뛰어야 하는 걸까? 내가 27킬로미터를 달성할 수나 있는 걸까?'

결국 7시간……할 수만 있다면 8시간……아니 어쩌면 9시간에 그렇게 할 수 있을 것이라고 추정했다. 사실은 시간이 문제가 아니었다. 30킬로미터나 42킬로미터를 내내 걸어야 할지라도, 젠장, 어쨌든 나는 완주하기를 원했다.

그러면서 눈 깜작할 사이에 대회 바로 전날인 11월 1일이 되었다.

'어퍼 이스트 사이드Upper East Side'에 있는 데이비드의 아파트로 돌진했다. 그는 아름다운 부인과 함께 환영해 주었지만, 정작 나는 마라톤을 할 사람이라고는 믿겨지지 않을 정도로 피곤함을 느꼈다. 데이비드는 바로 나를 안심시키고는 손님용 침실로 안내했다. 도시는 살아 있다는 듯이 외쳤다. 구급차와 화물차가 큰소리를 질러 댔고 사람들도 서로 소리치고 있었다. 하지만 그런 소음 모두가 내 머릿속에서는 잠겨 버렸다. 그만큼 자신감이 없어져서 이렇게 긴장감을 생기게 하는 대회에 등록한 게 잘한 일인지조차 의심했다. 그렇지만 되돌릴 수는 없었다. 아주 많은 사람들이 응원해 주었는데 그들을 실망시킬 수는 없었다. 나 또한 실망해서는 안 됐다.

결국 3시간 동안이나 뒤척이다가 새벽 4시에 출발 지역으로 향하는 봉사 차량에 올라탔다. 그리고 대회가 열리는 날에 대비해 주최 측이 베라자노 다리를 폐쇄하기 직전에 도착했다. 장애인 주자들을 도울 마음으로, 뉴욕 마라톤 대회 조직 위원회는 결승선까지 7시간은 더 걸릴 것으로 생각되는 우리 같은 사람을 위해 사전 출발 시간을 설정했다. 그래서 다른 사람들이 10시 45분에 출발하는 반면에 우리는 8시 30분에 출발할 수 있었다. 내가 7시간 이내로 도착할 수 있을지도 모른다는 생각을 잠깐 했다. 하지만 2만 명이나 되는 마라토너들이 베라자노를 건너는 것을 텔레비전으로 본 것이 기억나, 그렇게 많은 주자 덩어리와 함께해야 한다면 느려질 수도 있겠다는 것을 깨달았다.

데이비드와 나는 일요일판 「뉴욕 타임즈New York Times」를 찾다가, '스타트 빌리지Start Village'라는 젖은 잔디구장 안에서 아주 조그마한 장소를 발견해 내고는 그곳으로 가 긴장을 풀려 했다. 추우면서도 상쾌한 아침이어서 우리는 스웨트 셔츠sweatshirt(땀을 발산하기 쉽게 만든 셔츠-옮긴이)와 스웨트 팬츠sweatpant(땀을 잘 흡수하고 보온을 해 주는 운동복-옮긴이)를 꾸려 넣었다. 그러고는 신문을 읽기보다는, 기다리는 2시간 동안에 땅의 찬 기운을 막는 데 쓰려고 신문을 집었다. 여러 나라에서 온 많은 주자들이 자신들의 모국어로 말하는 걸 듣자 주의가 산만해졌다. 그들 나라의 국기 색을 따라 맞춘 옷을 입고 운동선수들이 모인 모습이 마치 달리기 국제 연합 회의United Nations of runners처럼 보였다. 심지어 국기를 가지고 달리거나 셔츠 뒷면에 박아 넣은 사람도 있었다.

스타트 빌리지는 출발선에서 400미터쯤 떨어져 있어서, 아침 8시에 다리로 향했다. 150명 정도 되는 초기 출발 주자들이 모여들었다. 시각 장애인 선수들 몇 명은 안내자와 함께 있었다. 휠체어에 앉은 사람들도 몇 명

있었다. 어떤 노인들은 보행기에 의지하셨다. 그리고, 물론, 짧은 금발을 지닌 롱아일랜드 출신 아가씨 한 명은 다리 하나를 잃은 채였다.

뉴욕 마라톤 대회 주자들은 그렇게 출발 심판의 신호총 소리만을 기다렸다(출발을 알리는 신호총은 '거대한 사과Big Apple'라고 불렸는데, 이름과는 다르게 너무나 작았다).

'안 돼, 뉴욕 마라톤 대회라면 대포쯤은 써야지……. 아니면 최소한 정식 선수용을 쓰거나.'

나처럼 먼저 출발하는 사람들에게는, '제자리에, 준비, 땅', 그리고 작은 경적 소리뿐이었다. 매력적이었다고 말하기는 뭐했지만 그 소리마저도 내게는 크게 들려왔다.

내가 다리를 교차해 달리는 표준 주법을 내내 유지할 수 없다는 걸 알았기에, 두 발로 뛴 다음에 깡충 뛰는 식으로, 달리기하기에 알맞은 주법을 썼다. 이 주법은 왼쪽 등 아래 부분의 긴장을 많이 야기하지 않으면서도 힘을 아낄 수 있었다(두 발로 뛴 후에 깡충 뛰지 말고 한 발로 뛰는 식으로 장거리 구간을 달려야 한다고들 말하지만, 자신에게 익숙한 방식으로 과제를 처리하면 그만이다). 그렇게 내가 뉴욕의 하늘 저편을 향해 다리를 건너려고 뜀뛰기를 하며 깡충거릴 때에 데이비드가 내 옆에서 천천히 뛰어 주었다. 이렇게 긴 하루가 공식적으로 시작되었다.

※

대학 시절에 언론에 홍보하는 방법을 배운 덕분에 나는 일찍부터 미디어를 아주 잘 다루었다. 그래서 대회가 있기 한 달 전에 '패럴림픽 선수, 100미터 세계 기록 보유자, 뉴욕에서 태어난 사라 라이너첸이 첫 마라톤을 하고 있고, 어쩌고저쩌고 이러쿵저러쿵.'이라는 식으로 보도 자료를 작성해 뉴욕에 있는 텔레비전 방송국과 잡지사로 발송했다. 신발이나 의상을 협찬해 주는 회사 없이 혼자서 악전고투하는 대학생에게 나이키 에어 신발을 여러 켤레 산다는 건 부담스러운 일이었다. 그래서 텔레비전 방송국들이 내게 후원사를 소개해 주기를 절실히 바랐다. 계획대로 되었다. 두 신문에서 나를 취재했고, 16킬로미터쯤 되는 브루클린에 도달했을 때에는 NBC 방송국의 제휴사가 나를 쫓아와서는 그들 일당을 봐 달라고 했다.

퀸스보로Queensborough 다리를 향해 달리는 내내 내 몸 상태도 양호했다—데이비드의 식이요법 덕분인지 3시간 정도 되는 거리를 식은 죽 먹듯이 달릴 수 있었다—방송국이 그날 밤 11시 뉴스에서 보여준 장면, 즉 기자와 가벼운 농담을 하고 커다란 미소를 지어 보인 그 장면은 완전히 진실되고 진정성 있게 보였다. 나는 정말 잘 해낸 것 같았고 모두가 그렇게 보인다고 말해 주었다. 카메라가 스튜디오로 다시 돌아왔을 때 NBC 스포츠의 앵커 렌 버만Len Berman은 방송 분량을 조금 잘라 먹어 가면서까지 이렇게 말했다.

"잘했어요, 사라! 뉴욕을 대표해 줘요!"

정말 고향의 영웅이 된 기분이었다.

취재가 끝난 지 얼마 되지도 않아 엘리트 주자들이 우리 옆으로 획 지나가기 시작했다. 케냐의 마라톤 신동들처럼 5분 거리를 별다른 노력 없이 수월하게 해치우는 멋진 광경이었다. 그러고 나서 텔레비전 중계차와 중위권을 형성한 일반인들이 다가왔는데, 2시간 30분 정도의 기록을 지닌 사람들이었지만 사실 그것마저도 평균은 아니었다.

뉴욕 거리를 가득 채운 환상적인 군중을 보면서 맨해튼 1번가를 달리고 있을 때, 마치 그레테 바이츠라도 된 것 같은 느낌이 들었다. 불행히도 25킬로미터 지점의 물 마시는 곳에 도달했을 때 허리가 정말로 나를 괴롭히기 시작했다. 잠시 서서 '클리프 바Cliff Bar'(각종 곡물을 집어넣어 식사 대용으로 먹을 수 있게 만든 과자-옮긴이)를 먹고 '애드빌Advil'(근육통이나 몸살 등의 효과가 있는 진통제-옮긴이) 두 개를 복용했다. '이부프로펜ibuprofen'(비스테로이드성 소염진통제-옮긴이)이 잘 듣지 않는 것처럼 보였기에 몇 킬로미터 뒤에 있는 다음 의료진이 있는 곳에서 멈추어 서서는, '벤 게이Ben-Gay'(근육 통증 완화 크림-옮긴이)로 내 왼쪽 등 아래쪽을 문질러 달라고 했다. 냄새나는 젤이 신기하게 잘 들었고, 이상하게 따끔따끔한 느낌이 나게 하는 열기 덕분에 다음 3.2킬로미터를 충분히 통과하였다.

하지만 한 시간 뒤 약 32킬로미터 지점을 통과할 때쯤 등이 다시 아프다며 노래를 부르기 시작했다. 그걸 제대로 알아차리지 못했다. 왜냐하면 몸 전체가 고통을 부담하고 있었고, 위에는 아무것도 남아 있지 않아서였다. 많은 초보 마라토너들과 똑같이 나도 한계에 부딪쳤지만 데이비드는 그런 일로 멈춰 서지 못하게 했다.

"어서, 사라"

데이비드가 외쳤다.

"넌 할 수 있어. 이제 10킬로미터밖에 안 남았으니 아무 문제없이 끝낼 수 있어. 그저 움직이는 걸 멈추지 마. 일단 포기해 버리면 다시 시작하는 게 더 힘들 거야."

그는 조금 킬킬거리고는 다시 말했다.

"넌 강한 여자야. 멍청한 금발 머리 따위가 절대 아니란 말이지. 이제 이 멍청한 경주 따위는 끝내 버려!"

이 말을 듣자 웃음을 참을 수가 없었다. 결국 웃음을 터트렸다. 그러자 곧바로 거의 혼수상태에 빠지면서 갑자기 저절로 달리게 되는 순간(러너스 하이-옮긴이)으로 떨어졌다. 그 순간은 마치 내 몸이 피로와 고통에서 분리되는 순간 같은 것이었다(전직 싸이클 선수이자 TV 평론가인 필 리젯Phil Liggett이 '뚜르 드 프랑스Tour de France'(세계에서 가장 권위 있는 프랑스 일주 국제 사이클 대회-옮긴이)를 언급하며 "많은 고통과 함께하는 법을 배워야 한다."고 말하는 걸 들은 적이 있다. 그는 자전거 타는 방법에 대해서만 언급한 것이지만, 마라톤과 관련한 감각에도 적용해 볼 수 있다. 다리에게 멈추라고 빌지 말고 그 저항을 무시하고 무자비하게 앞으로 전진만 하라고 말이다). 다행히 구경꾼들이 나를 흔들어 깨웠다. 이래서 내가 대규모 도시에서 치러지는 경주를 좋아한다. 관중들의 성원은 항상 놀랍다. 관중들의 외침과 끊임없는 박수 덕분에 많은 선수들이 결승선들을 가로지르게 된다.

비가 내렸다(일기 예보를 듣고 단단히 준비했지만 그래도 소용없었다). 사람들은 이슬비에 관심을 두지 않는다. 심지어는 11월에 소나기가 내려도 관심을 두지 않는다. 사람들은 시간당 약 30여 킬로미터 속도로 불어 대는 바람을 동반한 채 억수로 쏟아지는 폭우 정도라야 관심을 둔다. 옷과 신발이 흠뻑 젖는 바람에 내 체중이 순식간에 5킬로그램 정도는 늘어난 것 같았다. 나는 달리면서도 '내 보철은 어떻게 돼 가는 걸까? 녹이 스는 건가? 집에서 WD-40(방청윤활제의 한 종류-옮긴이)을 조금이라도 써야 하나?'라는 생각을 계속했다.

내가 내리는 비에 불평하자, 데이비드가 말했다.

"그래서? 그냥 비야, 별거 아니야. 네가 녹아내리는 건 아니잖아?"

그러고는 내가 기운을 차려 다른 데로 관심을 돌릴 수 있도록, 그날 코스를 따라오면서 들은 별의별 멋진 환호성을 흉내 내기 시작했다. 데이비드는 괴성을 질러 대는 남자처럼 "헤이, 괜찮아, 베이비, 브룩스는 널 사랑한다고! 넌 꿀물이 될 수 있을 거야."라고 외치거나 할렘가의 아가씨를 흉내 냈다.

"오모나, 믿을 수가 없져요. 힘냉, 절친! 힘내라고!"

확실히 이런 지역 정서가 뉴욕 마라톤 참가자들을 아주 매력적이게 해주는 면이 있었다.

얼마 안 있어 6시 32분에 나는 얼굴에 득의만만한 미소를 지어 보이며 팔을 공중으로 휘저은 채로 6시간 32분 만에 결승선을 넘어섰다. 올림픽 메달만큼이나 끝내 줬다. 심지어는 100미터 세계 신기록을 깬 것보다 더 만족스러웠다. 이 일이 그것보다 훨씬 더 어려웠기 때문이다.

경주가 끝난 후에도 여전히 비가 내려 맨해튼 일대에 홍수가 났는데도, 우리는 데이비드의 아파트로 걸어 돌아갔다. 그랬다. 우리는 걸었다. 마라톤이 열린 날에는 뉴욕에서 택시를 잡기 힘들어서였다. 우리 가족들이 데이비드의 집에서 나를 기다리고 있었다.

엄마와 엄마의 남자친구(지금은 남편)인 피터 푼테스Pete Fuentes와 이모인 시몬Simone이 나를 안고는 뽀뽀했다. 워싱턴 D.C.로 가는 마지막 비행기를 타야만 다음 날 아침 수업에 들어갈 수 있기 때문에 우리는 중국 음식을 주문해 억지로 저녁 식사를 하고는 라가디아LaGuardia 공항으로 출발했다. 나는 비행기 안에서 커다란 늙은 얼간이처럼 메달을 착용하고서는 승리의 석양을 쬐었다.

그러나 승리감이 오래 가지 않았다. 다음 날 아침에 나는 8시 30분에 경주를 시작한 사람이 6시간을 넘겨 들어오면 실격이라는 걸 알게 되었던 것이다. 관중 속으로 뛰어들어 불공정한 이득을 누리는 사람들을 주최측이 원치 않았기 때문이다. 그렇게 기술적인 측면에서 내가 6시간을 넘겨 경주를 마치는 바람에 실격하게 되었다. 조금 안된 일이긴 했지만 그래도 내가 성취한 게 무엇이라는 걸 알아낸 보람은 있었다. 내 다리가 상처를 입어 딱딱해졌지만, 6시간 32분 만에 42킬로미터 이상을 제대로 달렸다는 진실은 증명한 셈이었다.

공식 기록 담당자에 의하면 나는 뉴욕 마라톤을 완주하지 못한 것이라고 했다. 그렇지만 실제적으로만 보자면 나는 확실히 완주한 것이라고 생각했다.

워싱턴 D.C.는 아름답지만 개성도 없고 향취도 없는 곳이었다. 정치가 이루어지는 현장에서 찬가를 부를 수도 없었고, 세계은행에서부터 시작되는 거리를 따라서 생활하는 매력도 완전히 사라졌다. 내가 만나는 사람들은 모두 로비스트가 되거나 국회에서 일할 것만 같아 보였다. 결국 내 생활을 바꾸기로 했다. 워싱턴과는 달리 뉴욕은 분위기가 활기차고 에너지가 넘쳤기에 집으로 돌아가기로 결심한 것이다.

다만 문제가 한 가지 있었다. 내가 취업하기가 쉽지 않아 보였기 때문에 임시직이라도 얻어야만 뉴욕으로 갈 수 있다는 생각이었다. 그렇지만 운명은 패디 로스바흐를 처음 만날 때와 같은 꼴로 간섭하였다. 마라톤 대회가 끝난 지 일주일 후에 패디가 자동응답기에 메시지를 남겼다.

"안녕, 사라. 마라톤을 정말 잘하더구나. 로스앤젤레스에 있는 사우스캘리포니아 대학USC에 있는 어느 여자 분에게 받은 메시지를 전해 줄까 해. 그녀는 네가 장애인 선수를 위한 장학금을 받을 자격을 지닌 게 아닐까 생각한다는 거야. 공짜로 대학원에 다녀 볼 생각 없니? 전화 줘."

공짜 대학원이라니, 완벽해. 나는 공부하는 걸 좋아해서 조지워싱턴 대학의 수업들을 정말로 즐겨 들었다(특히 내가 개과천선한 뒤여서). 나는 학생 신분을 버릴 준비가 되지 않았다. 이렇게 되리라고는 생각도 못하고 학자금 융자를 더 받을 생각만 하면서—그래서 그걸 알아보는 중이었다—힘들어 하고 있었다. 그랬는데 졸업이 채 한 달밖에 남지 않은 상태에서 대학원에 갈 수 있는 엄청난 기회를 잡은 것이었다. 꾸지도 않은 꿈이 현실이 되는 것 같았다.

나는 운명을 따르기로 했다. 그래서 사우스 캘리포니아 대학에 지원했을 뿐만 아니라 장학금도 신청했다. 둘 다 잘 풀린다면 캘리포니아 캠퍼스로 가고 싶었다. 우연히도 내가 패디에게 전화를 했을 때, '지체 장애인 선수들을 위한 사우스 캘리포니아 대학 장학금 재단 위원회USC Physically Challenged Athletes Scholarship Fund'에서 온 마라 레덴Mara Redden 씨와 나를 연결해 주었다.

그 장학금은 마이크 나이홀트Mike Nyeholt라는, 사우스 캘리포니아 대학 출신의 전직 미국 수영 대표 선수를 기리기 위한 것이었다. 끔찍한 오토바이 사고로 목 아래쪽이 마비가 되는 바람에 마이크는 수영 장학금을 받을 수 있는 자격을 잃었다. 동료 팀원인 론 오어Ron Orr는 마이크가 수업료도 지불하고, 독립적인 생활도 할 수 있으며, 밴에 실을 수 있는 휠체어를 구입해 학교에도 다닐 수 있도록 하는 데 충분한 돈을 마련할 목표를 세웠다. 그리고 기금 마련을 위한 수영 대회를 개최해 사람들을 뭉치게 했다.

그 행사가 결국 '마이크와 함께 수영하기Swim with Mike'라는 연례 기금 조성 행사 겸 내가 받으려는 이 장학금 프로그램으로 발전한 것이었다. 장학금을 받은 선수들은 대부분 운동을 하는 중에 장애를 지니게 된 사람들이다. 예를 들면, 어느 고등학교의 유명한 쿼터백이 술 취한 운전자가 모는 차에 치였다든가, 유명한 농구 선수가 얕은 호수로 다이빙을 하다가 목이 부러졌다든가 하면 장학금을 받을 수가 있었다. 그런 기준에 따르면 나는 자격이 없었지만 그래도 한 번 도전해 볼 만은 했다.

그날 밤, 학교의 온라인 도서관에 들어가 사우스 캘리포니아 대학이 제공하는 강의 요목들을 찾아 봤다. 법과 대학, 의과 대학, 경영 대학, 시네마 프로그램 등이 있었는데 나는 사탕 가게 앞에 선 아이처럼 무얼 고를지 고민했다. 그때 신문방송학과가 직감적으로 다가왔다. 변화를 이루어 내는 정치인으로 생활하기보다는 변화를 이끌어 내는 기자로 성공할 수 있을 걸로 보였다. 갑자기 내가 이런 학과들 중 하나를 선택할 수도 있다는 걸 알게 되자 온 세상이 열린 것 같았다.

두 달 후인 1998년 1월에 나는 로스앤젤레스로 날아갔다. 그리고 절단 장애인 친구이자 나이홀트 장학금을 받고 사우스 캘리포니아 대학에 진학한 존 시실리아노John Siciliano와 함께 '할리우드 힐스Hollywood Hills'에 머물렀다. 그는 우아한 집주인인 동시에 훌륭한 관광 가이드였다.

"강의실을 좀 보여 줄게. 그리고 나서는 캠퍼스를 구경하자. 장학위원들은 심사할 때 모두 만날 수 있을 거야."

캠퍼스가 맘에 들었고, 캘리포니아의 분위기 또한 사랑했으며, 존의 컨버터블을 타는 걸 좋아했다. 한겨울에도 조깅용 브라와 짧은 바지만을 착용하고 밖에서 달릴 수 있다는 것도 마음에 들었고, 입학 담당자들에게도 호감을 느꼈다. 이 모든 게 진정한 사랑의 향연 같아서 그런 잔치에 나도 참여하고 싶었다.

장학금 수여를 위한 면담에 참여했지만 장학위원들은 나를 믿지 못했다. 내가 운동 경기를 해 본 적이 없는 상태에서 다리를 상실했기 때문이다. 결국 나는 처음부터 장애를 지닌 채 위원회에 출석한 셈이어서 내가 장학금을 탈 자격이 되는지가 확실치 않았다. 그분들이 마음속으로 '저런 사람을 보려고 이 자리에 앉아 있는 게 절대 아니오. 저 사람이 적합한 이유가 뭐요?'라고 줄을 그어 놓고 있을지도 모른다고 생각했다.

존이 장학위원 중 한 사람에게 어떤 말을 하자 그분이 존에게 말했다.

"저 학생이 우리 장학금을 받을 후보가 되기에는 적합하지 않습니다. 저 학생이 고등학교 육상 선수이기는 했지만 그건 장애인이 된 이후입니다. 우리는 선수로 활동하는 중에 장애를 지니게 된 선수들에게만 장학금을 줍니다."

그러자 존이 대답했다.

"이 친구가 다리를 절단했을 때는 7살이었습니다. 그러니 육상 경력을 가질 기회가 없지 않았겠습니까? 이 친구가 6살이었을 때 축구 경기에서 한 시즌 동안 활동한 걸 저는 알고 있습니다. 그 점을 고려해 주시겠습니까?"

"그건 경쟁을 하는 운동이 아닌 데다가, 저 학생이 출생 시 장애로 인해 절단했기에, 유감이지만 저 학생이 장학금을 받기에 적합하지 않다고 생각합니다."

나는 위축되어 기운을 잃었다. 대학원을 향한 창이 닫히는 것처럼 보였고 어쩌면 이게 내게는 마지막 기회일 수도 있었다. 이번에 로스앤젤레스로 여행을 하며 크게 변화해 보려 했지만 아무런 쓸모가 없게 될 것처럼 보였다.

다음 날 아침, 역시나 캘리포니아답게 화창한 22도를 기록한 날에, 존이 도시를 구경시켜 주겠다며 나를 차에 태웠다. 이곳저곳을 구경하며 다녔다. 그러다가 가까운 미래에는 로스앤젤레스가 그렇게까지 대단해 보이지는 않겠다는 생각이 들었다. 우리는 한 시간 가량을 운전하고 다녔는데, 나는 로스앤젤레스 시내 안의 101번 도로와 110번 도로의 교차로 오른편을 따라 설치된 콘크리트 벽 위에서 로스앤젤레스 마라톤 대회Los Angeles Marathon를 광고하는 그림을 주목해 봤다. 교통 체증 속에서 그것을 주시하며 빠르게 머리를 굴렸다.

그러고는 존에게 물어봤다.

"로스앤젤레스 마라톤 대회가 언제 열리는지 알아?"

존이 어깨를 들썩했다.

"모르겠는 걸. 왜?"

"아마도 거기서 달려야 할 것 같아. 어쩌면 사람들이 나를 후원할 수 있게 하고, '마이크와 함께 하는 수영'을 위해 돈을 모을 수도 있을 것 같아. 물론, 내가 수영을 정말 못하고 그저 달리기만 할 수 있을 뿐이라는 걸 나도 알지만 어쨌든 육상 선수니까 저기 참가해서 학교와 장학 기금에 크게 기여하는 걸 위원회 사람들에게 보여야겠어."

존이 내 계획을 잘 믿지 않는 것처럼 보였지만, 그는 할 수 있는 한은 어떻게든 나를 돕기로 했다.

로스앤젤레스 마라톤 대회가 3월에 열리기에, 온전히 두 달 동안 연습에 전념할 수가 있었다. 로스앤젤레스에서는 데이비드와 함께할 수 없어서 뉴욕보다는 더 어려울 걸로 보였다. 그렇지만 마라톤을 한 번 완주한 적이 있어서 그런지 다른 대회도 완주할 수 있을 것이라고 생각했다. 일단 뉴욕 마라톤 대회 일정을 접어두고는 겨울용 달리기 옷을 조금 샀고 곧 바빠졌다.

대회가 열리는 주간에 로스앤젤레스로 다시 날아가 존의 집으로 들어갔다. 나는 사우스 캘리포니아 대학 장학 위원회 사람들에게 "사우스 캘리포니아 대학 표식이 달린 모자와 '마이크와 함께 수영하기'라고 쓴 티셔츠를 입고 마라톤을 할 수 있을지도 모르고, 또한 경기가 끝난 후에는 내 기부 증서와 함께 수표를 보낼지도 모릅니다."고 말했다. 그렇게 하는 게 장학금을 받는 데 도움이 될지는 몰랐지만, 마음에 상처를 입고 나서도 해 볼 수 있는 좋은 계획이라고 생각했다.

경주를 하던 중에 약 5킬로미터 구간에서—우연히도 이 일이 사우스 캘리포니아 대학 캠퍼스의 화젯거리가 되었다—방송 차량을 타고 배낭을 멘 선수들 몇 명을 취재하고 있던 기자에게 나는 보조를 맞추었다. 그를 1~2분 정도 응시하면서 '흠, 흠, 흠, 아, 고정해 둬요, 내가 그리 갈게요.'라고 생각하고는 그의 옆으로 달려가 외쳤다.

"안녕하세요, 전 사라에요! 오늘 절단 수술을 받은 다른 선수가 있는지는 모르겠지만 내 인조 다리로 달리려고 뉴욕에서 여기까지 왔습니다!"

조금 바보 같다고 느꼈지만 할 수 있는 한 최대한으로 나를 드러내야 했다.

방송 담당자가 미소를 지었다.

"반가워요, 사라 양. 팀 맥룬Tim McLoon입니다. 멋지군요. 이쪽 해병대 녀석들부터 인터뷰할게요."

그는 위장복을 입고 군대 행렬 형태로 달리는 스물 몇 명쯤 되는 일군의 남자들을 가리켰다.

"도로의 왼쪽으로 달려 주면, 우리가 따라 잡을게요."

"좋아요! 시작해 봐요!"

금발 여자의 한 쪽 다리 바퀴에 다시 기름이 칠해졌다.

팀은 10분 후 시시한 이야깃거리를 구성했는데, 이게 지역 방송용 사전 녹화 프로그램으로만 그치는 게 아니었다. 11시 뉴스에 생중계되었다. 나는 긴장하면서 기왕이면 최소한 뭔가 실제적인 걸 말하고 우아하게 달릴 수 있기를 희망했다. 팀이 시청자에게 나를 스스로 소개하게 하며 왜 달리느냐고 물어봤다.

"저는 '마이크와 함께 하는 수영'이라는 사우스 캘리포니아 대학의 장학 기금을 위한 돈을 모금하려고 하는데요, 얼마 전에 사우스 캘리포니아 대학에 합격했고요. 저는 멋진 목적을 이루려고 달리는 거라서 너무 흥분돼 있어요."

팀은 내게 어떻게 다리를 잃었는지도 물어보았다. 그 밖의 질문들도 했지만 그게 다였다. 90초 만에 중계가 모두 끝났다(인터뷰가 끝난 것과 거의 동시에 장학위원들이 전화를 받기 시작했고, 전화를 건 사람들이 같은 말을 했다는 걸 나중에 알게 되었다. "어머나 세상에, NBC에서 '마이크와 함께 수영하기'를 홍보하는 이 여자애를 제가 방금 봤는데요, 너무 대단해요." 내 생방송 계획은 엄청나게 성공했다).

팀이 스튜디오로 방송을 다시 전달하고는 나를 돌아보며 말했다.

"말도 안 돼."

내가 물었다.

"뭐가 말이 안 돼요?"

"뉴욕 사람이잖아요, 저도 그래요. 그리고 우리에게 정보가 좀 필요한데, 이웃에 사는 7살 먹은 여자 애도 의족을 하기 때문이에요. 어려움을 겪고 있는 그 아이에게 학생을 소개해 줘야겠어요. 그리고 나는 뉴욕 마라톤 대회 중계도 담당해요. 거기에서 아직 한 번도 달려 본 적 없죠?"

지금의 나는 운명이든 숙명이든 잘 믿지는 않지만, 내 약한 믿음을 뒤흔들어 놓는 일이 내 인생에 몇 차례 일어났었다. 팀을 만난 게 그런 일 중의 하나였다. 뭔가가 우리를 한데 묶어 주었다.

나는 경주를 6시간 15분 만에 끝냈는데, 여섯 달이 채 안 돼 기록을 15

분이나 단축했다는 점에 놀랐다. 텔레비전에 출연한 일로 장학금을 확실히 받을 수 있을 걸로 보였고 내가 번 돈도 있어서, 나는 4월에 있을 '마이크와 함께 수영하기' 행사에 참가하려고 집으로 돌아갔다. 그리고 거의 즉시라고 할 만큼 바로 캘리포니아로 되돌아가는 비행기 편을 예약했고, 그 덕분에 나는 기부금 수표를 직접 전달할 수 있었다. 그들에게 내 말을 입증해 보인 셈이었다.

엄마가 말했다.

"너 미쳤구나. 네가 가져 보지도 못한 이 돈을 다 쓰고 있어. 그 사람들이 네게 장학금을 주지 않으면 어떡할래?"

"제가 감수해야 할 모험이에요. 생각해 보세요. 제가 비행기 요금으로 1,000달러 정도를 지출했지만, 5만 달러나 되는 장학금을 받을 수도 있어요. 이건 투자예요. 투기적인 투자라고요. 그리고 난 이 학교를 좋아해요. 학교로 가서 그 사람들과 함께 수영하고 싶어요."

그러고는 갔다. 내가 학교에 도착하자 그들이 환호하기는 했다. 하지만 내가 수영하는 걸 보면서 그들이 다시 관심을 끊어 버린 것처럼 보였다. 내 평판이 나빴기 때문이었다. 내 친구인 존과 폴 마틴Paul Martin이 몇 바퀴를 헤엄칠 때 나는 물속에서 벽만 붙잡고 있었다. 그리고 대부분의 시간을 수영장 데크deck에서 보내면서 마라와 수다를 떨었다.

그날 오후 바비큐 시간에 나이홀트의 전 동료인 론이 장학금 수여자들의 명단을 읽어 내려갔다. 그가 "사라 라이너첸"이라고 말했을 때도 나는 냉정을 유지했다. 「프라이스 이즈 라이트Price is Right」 같은 오락 방송에 출연한 사람들처럼 감정을 과격하게 드러내기에는 시간과 장소가 적절하지 않아서였다. 그렇지만 마음속으로는 뜀박질을 했다.

이제 남은 한 달 동안 사우스 캘리포니아 대학원에 입학하기 위한 준비를 해야 했다. 일단 조지워싱턴 대학에서 괜찮은 성적을 받아 냈다. 대학원 입학 평가 시험GRE 성적도 좋았다. 그리고 엄마의 재정 지원과 뉴욕 텔레비전 지역 방송국에 근무하는 리포터의 도움을 받아 내가 나온 뉴스의 촬영 장면을 편집했다. 또한 오래된 비디오테이프 영상과 캠코더를 사용해 내 삶의 이야기를 짤막하게 촬영하였다. 그 결과, 이른 5월, 21살 생일이 되기 2주 전에 사우스 캘리포니아 대학원 신문방송학 전공 과정에 무사히 입학할 수 있게 되었다. 이제 내 인생을 꾸려 서부를 개척하러 떠나야 할 시점이 다가온 것이었다.

첫 학기를 시작하자마자 뉴욕 마라톤 대회가 바로 코앞으로 다가왔다. 나는 로스앤젤레스 대회 때 6시간 15분을 기록했는데, 그건 겨우 두 번째 경주에서 15분을 단축했다는 걸 의미했고, 그런 비약적인 기록을 다시 낼 수 있을지가 궁금했다. 그래서 뉴욕 마라톤 대회의 두 번째 참가에 대비해 집으로 되돌아갔다.

팀 맥룬이 뉴욕 마라톤 대회 중계도 담당했기 때문에 내가 참가한다는 소식을 듣고 마라톤 방송 팀에게 내 이야기를 전했다. 이 팀은 렌 버만 같은 훌륭한 앵커나 지역 사정을 잘 아는 남자들로만 구성된 게 아니었다. 이건 내가 롱아일랜드에서도 보곤 했던 전국 방송이었다.

그런데 그들이 내게 재갈을 물렸다. 팀은 자신들이 캘리포니아로 날아와 이야기를 들을 예산이 없다고 말하면서, 내가 뉴욕으로 날아와 주면 좋겠다고 했다. 나는 가족을 다시 볼 수도 있고 새 보철 제품을 얻을 수도 있을 것 같아 그날로 항공권을 예약했다.

그러고는 순식간에 경기일이 되었다.

6시간대를 깨뜨릴 수 있다고 확신하면서 이번에는 자격을 잃는 일이 없기를 바랐다. 공식 경주는 10시 45분에 시작되었다. 내가 관중들 속으로 몸을 이리저리 옮기며 움직일 때, 팀이 4번가 구간을 달리는 나를 취재하고는 바로 이어서 이전 주간에 녹화해 둔 인터뷰 장면을 방영했다.

그 동안 다리를 교차해 달리는 방식을 꾸준히 연습한 결과, 훨씬 더 빨리 달리게 되었다. 그 덕분에 결승선을 5시간 52분에 끊어 36분을 단축했다(반 필립스Van Phillips라는 총명한 의족 기술자가 시풋C-Foot이라고 불리는 장거리 달리기용 발의 설계를 당시 막 끝낸 상태였다. 엄청난 기술적 진보를 보인 것이었는데, 운이 좋게도 나는 시제품 중에 하나를 얻을 수 있었다).

로스앤젤레스로 돌아와서는 멋진 취미에 빠졌다. 친구를 사귀고, 좋은 점수를 따고, 샌디에이고에서 온, 몸집이 작지만 훌륭한 대학원생 녀석과 데이트 비슷한 것도 했다(데이트는 완벽했지만 장거리라는 이유로 온전히 사귀지는 못했다. 다시 말하면 남자친구를 주말에만 만나야 해서 주중에는 자유롭게 남아 훈련과 숙제를 했다). 게다가 멋진 몸까지 지니게 되었는데, 그때가 아마도 내 인생을 통틀어 가장 멋진 몸매였던 것 같다. 마라톤에 네 번을 참가하고 나서는 42킬로미터나 되는 거리마저 따분하게 느껴져 또 다른 목표를 찾아다녔다.

내 방을 함께 쓴 재미 골드만Jami Goldman은 절단 장애인 육상 선수였다. 그녀는 2000년도 패럴림픽에 대비해 훈련하는 중이었는데, 이게 내 머리를 다시 굴리게 했다. 다시 패럴림픽에 출전해야 할 것처럼 보였다. 이번에는 선수단으로 꽉 채워져 공정한 경주를 펼치는 데 충분한 여자선수들이 있을 걸로 보였다. 그래서 마침내 메달을 거머쥘 수 있을 것 같았다. 게다가 호주에 가 본 적도 없었으니, 안 될 게 뭐였겠는가?

지난 3년간 장족의 발전이 있긴 했지만 단거리 달리기용 다리가 조금 녹슬었기에 현명하게 훈련하려면 지난 5년 동안 떠났던 종목을 다시 잡아야 했다. 단거리 훈련과 장거리 훈련은 아주 다른 두 동물과 같다. 장거리를 달리려면 신발을 아주 많이 땅바닥에 때려 대야 하지만, 단거리를 달릴 때에는 스톱워치와 달리는 자세를 번갈아 보고는 "팔을 휘둘러, 앞으로 더 뻗어, 더 빨리 발을 굴러, 10분밖에 안 남았어, 그러니 힘을 내!"라고 옆에서 말로 도와줄 사람이 있어야 한다.

뉴욕으로 날아가 데이비드와 함께 훈련할 수 없으니 나에게 주어진 논리적 장점만이라도 활용해야겠다고 생각했다. 사우스 캘리포니아 대학 육상 팀 말이다.

나는 육상 코치인 론 엘리스Ron Allice의 사무실로 갑자기 쳐들어가서는 문으로 머리를 들이민 채로 말했다.

"안녕하세요, 전 사라에요. 지난 2년간 마라톤을 해 왔지만, 원래 제 주종목은 트랙 경기예요. 2000년도 시드니 대회에 나갈 수 있도록 다시 빨리 달릴 수 있게 되었으면 해요."

그러자 그분이 말했다.

"아주 좋아. 그렇게 해 보자."

론은 멋진 분이었다. 그분이 나를 팀원으로 받아들여 주었다. 심지어 내가 달릴 때 쓰는 다리와 샴푸를 남겨둘 수 있게 학교 대표 선수를 위한 사물함을 내주기도 하였다. 이 모든 일로 인해 내가 멋진 사람들과도 잘 어울린다는 느낌이 들었다.

선수용 사물함을 쓴다는 건 미국 대학 스포츠 협회 역사상 유일하게 4년간의 대학 생활 내내 100미터 기록을 유지한 안젤라 윌리엄스Angela Williams 같은 사람과 함께 운동할 수 있다는 특권을 의미했다. 내가 원하는 게 뭔지도 모른 채 이 같은 경험을 즐겼다. '난나나나나'라고 흥얼거리며 트로이 목마 역할을 즐기고 다녔던 것이다(나는 사우스 캘리포니아 대학 육상 팀 유니폼을 착용하지 않아도 된다는 허락을 받고 싶어 했는데, 내가 학교를 사랑하지 않아서라기보다는 어두운 포도주색과 겨자빛 금색이 내게 딱히 좋아 보이지 않았기 때문이다. 나는 청색이나 분홍색을 더 선호했다).

신문방송학 석사 학위를 따서 2000년에 졸업했지만 뭔가 우울한 순간이었다. 교정을 떠날 때가 된 것이다. 지난 2년간 정직하고 선량한 트로이 목마가 돼 왔고, 트랙에서 달리는 걸 사랑했다. 게다가 훌륭한 교수님들과 멋진 친구들이 많았기에 그곳을 정말 그리워할 것만 같았다.

몇 주 후에 나는 패럴림픽에 출전하려고 코네티컷 주Connecticut에 있는 하트포드Hartford로 갔지만, 선수단에는 들어가지 못했다. 시드니에 가지 못해 불만이었지만 곧 현실을 인식하고 일자리를 찾기 시작해 겨우 일자리 하나를 얻었다. 그렇게 해서 호주로 갔는데 운동선수로서가 아니라 정직하고 선량한 전문 저널리스트로서 가게 되었다.

나는 2000년도 패럴림픽 대회를 인터넷으로 중계하는 '위미디어WeMedia'의 현장 프로듀서라는 임시 일자리를 얻었다. 스피드스케이팅 선수 출신인 댄 잰슨Dan Jansen이 우리 회사의 소속 기자였는데, 우리 둘은 하루에 6시간에서 10시간 동안 경기장에 머무르며 육상 경기 중계를 준비했다. 우리는 또 '폭스 스포츠 네트워크Fox Sports Network'에 보낼 비디오 촬영분 몇 개도 함께 봤는데 무척 재미있었다. 그게 엄청나게 많은 일거리이기도 했다.

어느 때는 쉬지도 못하고 28시간을 진행하기도 했다. 그럴 때면 나는 간신히 말을 해 댔는데, 댄은 내가 지친 채로 말하는 게 재미있다고 했다. 하지만 당시에 대한 기억은 별로 나지 않는다. 놀랄 일이 아닌 게, 내가 20시간이나 일하는 바람에 내 두뇌가 귀 밖으로 흘러나올 지경이었기 때문이다.

경기가 종료되면 해고될 단기 계약직으로 일한다는 걸 나는 알고 있었다. 그래도 일이 끝나게 되자 실망하지 않을 수 없었고, 특히 내가 진짜 직업을 찾아야 할 때부터는 더욱 그랬다. 다행히 진짜 직업이 나를 찾아왔다.

언제까지나 트라이애슬론 *5장

    1999년 여전히 대학원에 재학 중일 때, 나는 뉴욕 마라톤 대회에 참가한 선수들의 배경을 생생한 인간사라는 관심 측면에서 취재하는 일을 담당하게 되었는데…… 그 일을 하는 내내 지랄맞게도 달려야만 했다. 카메라가 내 앞에 있는 오토바이 위에 설치돼 있어서 카메라맨이 뒤를 향해 앉아 달리면서 마라토너를 취재하는 나를 찍었다. 렌 버만은 더 이상 나를 찍지 않아도 되었다. 그가 내 동료가 되었기 때문이다. 제작진은 내가 마라톤을 다섯 번이나 완주했기 때문에 관중들을 뒤쫓아 다니는 문제를 일으키지는 않을 것이라고 생각했던 것 같다. 윗대가리부터 말단까지 모두가 믿지 못할 만큼 들떠 있었고, 거기에는 나도 포함돼 있었다.

    소중하고 재밌고 무척 보람찬 현장 경험이었다. 나는 죽음의 질병으로 살아남지 못하게 된 친구를 위해 마라톤 구간을 달리는 유방암 생존자를 인터뷰했다. 경주 구간을 따라 장밋빛 분홍색 휠체어를 미는 그녀의 이야기를 세계와 공유한다는 게 감동적이고 경탄스럽고 경이로웠다. 이건 꿈이 이루어진 것이었다. 많은 마라톤 대회를 지켜보며 자란 롱아일랜드의 어린 애가 이제는 뉴욕 마라톤 대회의 실황을 처음부터 취재하는 일을 맡은 사람이 된 것이라는 뜻이다. 멋졌다!

방송계에서는 재능 있는 사람들을 물색해 고용하려는 사람들, 흔히 헤드헌터라고 불리는 사람들마저도 종종 장애를 지닌 사람을, 그들이 자격을 갖추고 경험이 있을지라도, 카메라 앞에서는 감추려 하기도 한다. 생각해 보라. 한 팔만 지닌 채로 지역 뉴스를 전달하는 기자가 있나? 누가 휠체어를 사용하는가? 그럴 리가 없을 것이다. 물론, 장애를 미처 보지 못하기도 한다. 어쨌든 사람들은 능력이나 재능이나 기술에는 관심을 두지만 인조 팔다리는 저주한다. 그런 사람들 중에 IMG 미디어(다국적 스포츠, 엔터테인먼트 마케팅 기업-옮긴이) 출신의 캐런 드마시Karen Demasi와 브라이언 윌리엄스Brian Williams가 있었다.

※

이듬해 나는 직장을 잃고는 뉴욕에 있는 친구의 아파트에 처박혀 있었다. 뭘 해야 할지도 생각하지 않았다. 그때 하늘에서 내려온 만나manna처럼, 브라이언 윌리엄스가 인터뷰하러 오라며 전화를 걸어 왔다. 그리고 「미국 올림픽 금메달U.S. Olympic Gold」이라는 30분짜리 전국 방송 네트워크 쇼를 담당하는 기자 겸 프로듀서로 고용되었다. 쇼에서는 서머 샌더스Summer Sanders(미국의 전 수영 선수이자 스포츠 해설가-옮긴이)라는 올림픽 수영 대표 선수를 초대했다.

쇼의 방식은 간단했다. 올림픽에 나갈 미국 대표 선수들의 훈련 모습을 네 개의 짧은 이야기로 나누어 담는 것이었다. 나는 그중에 하나를 맡아 그들을 카메라 앞에서 취재하고 제작하여 편집까지 담당했다. 현실적으로 내 마음에 가깝고 친숙한 주제를 다루는 일이었다. 나도 잘되고 너도 잘되고 우리 모두 잘되는 상황이었다.

기본적으로 세계 각국으로 날아다니며 올림픽 참가자들을 인터뷰해야 했다. 이 일이 내 인생 최고의 과제였다. 올림픽을 중심으로 일을 시작하는 시기가 너무 좋았던 게, 그해 초부터 시드니 대회가 스포츠 세계를 다채롭게 다룬 데다, 솔트레이크시티 동계 올림픽을 마무리한 지 2년밖에 되지 않은 때여서, 훌륭한 이야기와 인터뷰할 사람이 많아 선택권이 넘쳤기 때문이다. 물론 아주 화려하지는 않았다. 우리의 예산이 너무 짜서 거의 모든 걸 손수 처리해야 했으니 말이다. 하지만 아주 즐거웠다.

내 첫 번째 임무는 몬태나 주의 뷰트라는 작은 도시에 있는 훈련소에서 미국 스피드스케이팅 팀을 쫓아다니는 것이었다. 내가 그 일을 사랑하면 할수록 뷰트에서 일하기가 더 불편해졌는데, 그 이유는 주로 이런 것이었다. 1) 뉴욕에서 뷰트로 바로 가는 항공편이 없었다. 2) 훈련을 하는 스케이트장이 옥외에 있어서 촬영하는 내내 눈을 맞으며 서 있어야 했다. 3) 12월 중순이었는데 뷰트의 평균 기온이 영하 1,500억 도는 되었다. 4) 지난 2년 동안 캘리포니아에서만 사는 바람에 내 옷장에 겨울용 옷이 한 벌도 없었다. 5) 앞에서 언급한 영하 수천 억 도나 되는 날씨 속에서 나를 아늑하게 해 줄 고가의 겨울용 재킷과, 목까지 감싸는 상의와, 손발 끝까지 두르는 긴 속옷을 사는 데 첫 수표책의 3분의 1을 써야 했다.

촬영 예산이 너무 부족해서 우리는 언제 어디서든 두 가지 일을 한꺼번에 하려고 했다. 그래서 스피드스케이팅 선수인 데렉 파라Derek Parra—솔트레이크에서 열린 대회에서 금메달을 수상하였다—와 스피드스케이팅 올림픽 커플인 제니퍼 로드리게즈Jennifer Rodriguez와 KC 보우디엣

Boutiette을 동시에 취재했다. 이후에는 아주 멋진 스키 선수인 보드 밀러 Bode Miller(생긴 대로 엉덩이가 크고 바보 같았는데, 몸을 씻지도 않은 채 우리를 만났다)와 피카보 스트리트Picabo Street, 팀 몽고메리Tim Montgomery와 마리온 존스Marion Jones라는 프레올림픽 단거리 선수들에 대한 촬영분을 제작했다. '스타와 함께 춤추기Dancing with the Stars'에 출연한 아폴로 오노Apollo Ohno와, 아주 젊고 수줍어하면서도 달콤해 보이는, 볼티모어 출신의 천부적 수영 선수인 마이클 펠프스Michael Phelps(통산 16개의 올림픽 메달을 획득한 미국의 수영 선수-옮긴이)도 취재했다(몇 주 후에, 마이클은 대학과 미국 대학 수영 협회를 무시하고 프로 선수가 되는 계약을 했다. 그렇지만 스피도Speedo라는 회사가 그에게 수백만 달러나 되는 수표를 제공했으니 누가 그를 비난할 수 있었겠는가?).

이 모든 촬영분으로 올림픽 꿈을 지닌 운동선수들이 어떻게 살아가는지를 시청자에게 보여 주고자 했다. 바로 그런 일에는 내가 가장 적당했다. 내가 거기에 머물렀고 그렇게 해 보았기에 인터뷰 주제가 편했고, 내 장애에 동감해 그들이 마음을 열어 줄 것처럼 보였다. 하지만 높은 악명을 얻는 사람답게 보도에 신경과민을 보이던 보드는 인터뷰 중 많은 시간을, 자동차 사고로 장애를 갖게 된 어린 시절의 스키 친구를 도우려고 자신이 얼마나 많은 시간과 자원을 소비하는지를 말하는 데 썼다. 가끔씩은 내 다리와 올림픽 경험과 마라톤 이야기로 분위기를 달구는 식으로 화제를 끌어내기도 했다. 믿지 않을 수도 있겠지만 절단 장애인이 된 덕분에 내가 더 좋은 저널리스트가 된 셈이었다.

솔트레이크시티 동계 올림픽이 다가오면서 겨울 스포츠에 초점을 맞추기 시작했는데, 가끔은 덜 매력적인 경기에 참여한 선수들이 스케이트나 스키 선수보다 내게 더 영감을 주었다. 예를 들어 말하자면 전형적인 스포츠팬은 그저 관심이나 기울일 뿐인 봅슬레이나 루지는 4년에 한 번씩만 열리는데도 무척 인상적이었다. 그러나 멋진 생활이나 대중적인 명예를 주지도 못하는 이런 운동을 하려고 많은 사람들이 생활을 포기한 채 몰두한다. 그들의 희생과 노력 덕분에 나도 철인 3종 경기에 관심을 두기 시작했다.

※

철인 3종 경기는 1978년에 하와이에서 시작되었다. 호놀룰루 기지에서 근무하던 7명의 해군 병사들이 달리기를 끝내고는 둘러 앉아 맥주를 마시고 있었다. 그들은 더 나은 운동선수가 되게 해 주는 운동 원리에 대해 논쟁을 벌였다.

"호놀룰루 마라톤을 완주한 사람이 있나? 3.9킬로미터에 이르는 '와이키키 로프 워터 스윔Waikiki Rough Water Swim(호놀룰루 해변에서 행해지는 세계적인 장거리 수영 대회-옮긴이)을 마친 사람이 있나? 아니면 180킬로미터에 이르는 오아후 섬을 일주하는 사이클 경주를 한 녀석이 있나?"는 식으로 말이다.

그러자 해군 중령 존 콜린스John Collins가 이 각각의 세 종목을 한데로 모아 한 종목으로 엮자고 제안하였다.

"그리고 그 경기에서 승리하는 사람을 철인이라고 부르자."

우승자는 철제 볼트와 너트를 사용해 만든 우스꽝스러운 싸구려 트로피를 받기로 했다.

그들은 멋진 군인들답게 도전을 거부하지 않았다. 1978년 2월 18일, 이 일곱 녀석들은 일단 호놀룰루 바다로 뛰어 들어가 3.9킬로미터를 헤엄쳤다. 그런 다음에 물에서 뛰쳐나와 180킬로미터 거리를 자전거로 달렸다. 다음 날에는 마라톤 구간을 달렸다(첫 해에는 이틀짜리 행사였다는 점을 언급해야겠다. 겁쟁이들).

이 행사에 대한 소문이 퍼지자 이듬해에는 이름이 안 알려진 40대 남자와 린 리메이어Lyn Lemaire라는 여자를 포함해 대략 50명의 사람들이 똑같은 일을 했다. 대회 위원회는 만들어지지 않았다. 등록 절차 또한 없었다. 주최자도 없었다. 그들이 경기에 대한 지원을 제대로 받지 못하는 바람에, 구간 전체에 걸쳐 가족이나 친구들이 주는 물과 바나나를 제공받았다.

1980년에 ABC 방송국은 「스포츠의 넓은 세계Wide World of Sports」라는 프로그램을 통해 이 경기를 취재했고, 그때 이후로 철인 3종 경기가 널리 알려졌다. 이듬해에는 326명이 참가했고, 1982년에는 참가자 수가 580명으로 뛰었다. 줄리 모스Julie Moss와 캐슬린 맥카트니Kathleen McCartney 간의 경쟁 덕분에 1982년의 경기는 특히 기억에 남게 되었다. 줄리와 캐슬린은 대부분의 경주 구간을 앞서거니 뒤서거니 하면서 각축을 벌였다. 그러다가 마라톤에서 줄리가 거의 20여 분을 앞서 나갔다. 하지만 줄리는 결승선을 수백 미터 앞둔 상태에서, 그녀의 다리가 삐끗하는 바람에 넘어졌다. 줄리는 일어서려 했지만 넘어지고 말았다. 다시 일어서려 했지만 줄리의 다리가 흐느적거렸다. 기운을 차려 겨우 40여 미터를 걸었지만 다시 넘어졌다. 줄리는 다시 일어나 그녀의 발과 싸우며 자신의 몸을 앞으로 끌고 나갔지만 결승선을 27미터 정도 앞두고 캐슬린이 그녀를 앞질러 승리했다. 줄리는 결승선을 기어서 넘었다.

「스포츠의 넓은 세계」는 그 영상을 수십 번이나 보여 주었다. 그 결과 줄리는 많은 심야 토크쇼에 초대되었는데, 거기서 그녀는 자신이 미쳤었다고 이야기했다. 미쳤든지 아니었든지 간에 줄리 모스는 세계 지도 위에 그 경기를 심어 놓았다. 1985년에는 익명의 기부자가 승자에게 10만 달러를 걸었다. 1986년에는 1,381명이 참여했다. 현재까지 40여 명의 철인이 배출되었다.

1985년에는 패트 그리스크스Pat Griskus가 인조 다리를 지닌 채로 하와이 철인 경기 대회를 완주했고, 그때 이후로 한 다리를 지닌 남자들이 지속적으로 참가하고 있다. 이 남성들 중에 많은 사람이 우연찮게도 내 인조 다리를 만들었던 곳과 같은 장소인 뉴욕의 힉스빌에서 만든 그것들을 착용했다.

1992년의 어느 오후였다. 다리 전문가가 내 인조 다리를 수리하는 걸 가게에서 기다리면서, 내 생애 중에서 가장 놀라운 시기 중의 하나를 경험하였다. 그때 나는 NBC에서 중계하는 하와이 세계 철인 3종 경기 대회를 열심히 시청하고 있었는데, 경주를 10시간 42분에 마친 짐 맥라렌Jim MacLaren이라는 남자가 나왔다. 그 기록은, 이제야 알게 된 사실인데, 두 다리가 온전한 사람에게도 믿기 힘든 시간이었지만 의족을 지닌 주자라면 말할 것도 없었다. 그는 밟을 수 없을 것만 같아 보이는 장벽을 밟아 넘고는 세계 신기록을 달성한 것이었다.

나는 완전히 반했다. 그리고 '어머, 패럴림픽이라는 게 멋지기는 하지만 저렇게 할 수만 있다면 달도 넘어서는 굉장한 일이 될 것 같아.'라는 생각을 했다. 그건 폭탄선언이었다.

'나도 언젠가는 그렇게 하고 싶다. 그래, 언젠가는 꼭 그렇게 할 거야.'
'하와이를 내 걸로 만들 거야.'

한 달 뒤에 나는 IMG에 취직했다. 그리고 브루클린의 윌리엄즈버그 Williamsburg 구역에서 장기 거주용 기차칸식 아파트Railroad Apartment(한 줄로 이어진 각 방이 다음 방으로 가는 통로가 되는 싸구려 아파트-옮긴이)를 찾아냈다. 윌리엄즈버그는 유행에 무척이나 민감한 곳이어서 여피족들의 아지트였다. 하지만 내가 사는 아파트 두 동이 있는 구역은 그 지역에서 좀 별난 곳 중의 하나였다. 그래서 낮에는 바쁘고 악취가 풍겼지만 밤에는 아무것도 없는 불모지처럼 소름 끼치는 곳이었다. 그게 조금 신경 쓰이기는 했지만 난 강했다. 여기는 뉴욕이기에 모래투성이도 다룰 수 있다고 생각했다.

내가 사는 곳은 엘리베이터가 없는 4층짜리 건물이었다. 정문은 난잡한 페인트로 칠해져 있었고, 갈색과 베이지색으로 칠해진 벽 위로 먼지투성이의 비닐을 덮어 두어 지저분해 보이는 복도가 있었다. 건물주는 자신의 건물에 완전히 무관심한 채 쿠비타Cubita라는 건물 관리인에게 관리를 맡겨 뒀다. 쿠비타는 1층에 살면서 깨어 있는 시간 중 80퍼센트를 술을 마셔 댔다. 그래서 새는 수도꼭지를 수리한다거나, 막힌 화장실을 뚫는다거나, 그 더러운 복도를 청소하기에는 늘 항상 너무 취해 있었다.

하지만 솔직히 말하면 나는 신경을 쓰지 않았다. 거실이 있고, 윌리엄즈버그 다리와 세계 무역 센터와 맨해튼 시내를 전망할 수 있는 크고 값싼 침실 두 개가 있는 아파트를 얻은 것만으로도 만족했기 때문이다. 매일 밤 반짝거리는 도시의 불빛을 바라보면서 뉴욕에서 내 길을 찾을 수 있을 것이라고 믿기 시작했다. 내 앞에 방해거리가 있었지만 그 무엇도 나를 막을 수는 없었다. 또한 하늘을 쳐다보면 마치 내가 슈퍼맨이라도 된 듯이 빌딩들을 단번에 뛰어넘을 수 있을 것처럼 보였다. 그렇지만 그건 꿈에 불과했다. 아침이 되면 뉴욕에서 일하는 여자로서의 삶에 직면해야만 한다는 현실에 다시 괴로워했다.

물론 내가 뉴욕에서 자라기는 했지만 맨해튼은 롱아일랜드와 똑같지는 않았고, IMG는 캐피톨 헬스와 똑같지 않아서, 그곳에 익숙해지는 데는 시간이 좀 걸렸다. 가장 중요한 건 일을 해 나가기가 나빴다는 점이다. 그런 불편함은 아파트에서 지하철 정거장까지 20분을 걸어 나가는 일에서부터 시작되었는데, 날씨가 좋을 때는 괜찮았지만 비가 오는 날이나 겨울에는 엉덩이가 아팠다.

다음으로 불편했던 일은 지하철을 타는 것이었는데, 그 자체로 모험이었다. 엘 노선L Train(뉴욕 지하철 노선 중의 하나-옮긴이)은 열차 안으로 다른 사람이 헤집고 들어갈 틈이 없을 정도로 너무 붐비는 날이 많아서 지하철을 몇 차례 그냥 보내기도 했다. 심지어 나처럼 날씬한 몸도 그랬다. 더군다나 내 키가 크지 않아 머리 위의 손잡이나 손잡이용 막대를 잡을 수가 없었다. 그래서 자리에 못 앉게 되면 어김없이 '지하철 파도타기 Subway Surf'를 해야 했다. 즉 아무것도 의지하지 않은 채로 흔들거리는 지하철에서 균형을 유지해야 했던 것이다. 몸이 정상인 사람이라면 '지하철 파도타기'로 균형 감각을 키우고 근육을 강화할 수 있었지만—그건 크게 울부짖는 올림픽 대회 같은 것일 것이다—굽이 높은 신발을 의족에 착용한 키 작은 아가씨에게는, 음, 차라리 잊자.

그리고 계단 문제도 있었다. 내가 사는 아파트의 계단을 걸어서 오르내리고 지하철을 네 번이나 갈아탈 때면 하루에도 600개가 넘는 계단을 오르내렸다. 계단을 성큼성큼 걸어 오를 수 없어서 계단을 오르는 게 또 다른 일이 되었고, 계단을 내려가는 일은 균형감과 리듬감을 맞추는 일종의 운동이 되었다. 매일 하는 출퇴근이 내 훈련의 일부가 된 셈이었다. 일주일에 5일, 3,000여 개의 계단을 오르내리는 사람이 스테어마스터(Stair Master 계단을 오르내리는 동작을 응용한 헬스 기구-옮긴이)를 쓸 이유가 있겠는가?

사는 게 이처럼 힘들기는 했어도 나는 여전히 행복한 소녀였다. 멋진 직업과 잘 빠진 아파트와 (빈민가 사람처럼 보이기는 하지만) 좋은 이웃 덕분에, 절반쯤은 전형적인 뉴욕의 독신 여성이 되었다. 아주 멋진 옷을 입고 '미스터 빅Mr.Big' 같은 거물 남성과 데이트를 즐기는, 「섹스 앤 더 시티Sex-and-the-City」에 나오는 독신녀 같지는 않았지만, 이해하겠지만, 정기적으로 시시한 데이트 정도는 하러 나가는 절름발이 독신녀이기는 했다. 그렇지만 그런 상황이 나만의 거물 씨를 만나러 가는 걸 막지는 못했다.

내가 좋아하는 남자 앞에서 의족을 벗고 더 편안해질 수도 있었지만, 장애 때문에 때때로 조금 어색해지기도 했다. 예를 들어, 내가 일부러 술집에서 남자를 만나 영화 같은 장면을 만들어 보려 하는 중에, 청바지를 입고 있다는 이유로 남자가 내 다리를 볼 수 없을 때 그에게 이런 식으로 말하려 하지는 않을 것이다.

"아니에요, 발목을 접질려 절뚝거리는 게 아니에요. 7살 때 다리를 절단했어요. 하지만 이제 나는 춤도 출 수 있어요. 함께 춤추러 갈래요? 어때요?"

엄마는 때때로 내 다리 때문에 나쁜 놈들이 알아서 떨어질 것이라고 말했지만, 겨우 지하철 세 정거장 거리에서 좋은 직업을 지니고 사는 멋진 사람을 만났는데도 불구하고 그 사람을 떨어져 나가게 할 이유가 있겠는가? 그럴 이유도 없고, 그럴 의지도 영원히 없을 것이다.

때때로 우연이 사람의 관계를 결정짓는다. 예를 들면, 절단 사실을 모르는 멋지고 귀여운 녀석과 데이트를 한 적이 있었다. 겨울이었지만 나는 단서를 제공할 만한 건 입지 않았고 그런 주제를 입에 달지도 않았다. 그와 함께 영화관에 가서 자리에 앉아 영화를 봤다. 그러다가 영화가 끝나기 30분 전쯤에 아래를 보니, 그 녀석의 손이 내 허벅지에서 쉬고 있었다. 내 왼쪽 다리, 내 가짜 다리 말이다. 나는 그 녀석이 얼마나 오랫동안 나를 느끼고 있었는지를 몰랐다. 그래서 어떻게 질문해야 할지 몰랐고, 언제 말해야 할지도 몰랐으며, 말해야만 할지 또한 몰랐다(이후에 내가 그날 밤의 비밀을 누설했더니 그 녀석은 웃기만 하며 얼굴을 붉혔다. 그래서 아주 좋았다). 내가 얼굴이 두껍지 않았다면 그 모든 일로 아주 크게 실망했을 것이다. 그렇지만 뉴욕에는 300만 명도 넘는 남자 녀석들이 있고, 거기에는 내 짝도 있을 것이다.

그 밖의 「섹스 앤 더 시티」 문제도 있었다. 신발 말이다. 나는 내 신발 높이에 어울리게 맞출 수 있는 환상적이고 여성스러운, '헤더 밀스Heather Mills'(살색으로 여성스럽게 꾸민 의족을 신고 다니는 여성 모델-옮긴이)처럼 화장한 다리를 갖지 않았다. 내 '공식 다리'에는 정확히 6센티미터 길이의 덜 발달된 뒤꿈치가 있었는데, 그 크기는 메이시Macy나 노드스트롬Nordstrom의 것과 같이 평범한 건 전혀 아니었다. 이런 모든 상황 때문에 나는 신발 가게에 갈 때마다 줄자를 가지고 가서는 뾰족구두 굽의 높이를 재봐야 했다. 때로는 다섯 군데, 아니면 여섯 군데, 또는 일곱 군데의 신발 가게에 가야 했다. 물론 여러 신발 가게에 가서 여러 신발을 신어 보는 게 여성들의 궁극적인 꿈이기는 하다. 그렇지만 내게는 발등에 통증만 가져오는 일일 뿐이었다. 신발을 찾는 일을 보물찾기로 여긴 후에야 나는 그 일을 싫어하지 않기로 했다.

남자와 구두 문제가 있음에도 불구하고 나는 살아가는 것이 좋았다. 뉴욕 시민이고, 직업도 있고, 텔레비전에도 출연했다. 모두 가치 있는 것들이었다. 텔레비전 프로그램 제작법도 많이 배웠고, 고등학교와 대학교의 멋진 동창들도 같은 도시 안에 살고 있으며, 지지해 주는 동료들이 사무실에 있었다. 이런 것들이 내 삶을 콧노래로 흥얼거리게 했다. 즐거운 시간이었고 좋은 곳에 있었기에 나만의 새로운 도전을 시작하기에 적절한 때라고 생각했다.

*목표 : 철인

• 1단계 – 수영하는 법을 배우라.

❈

공영 수영장이 뉴욕에 그다지 많지는 않지만, 다행히도 내가 사는 아파트에서 단 두 구역 떨어진 곳에 하나가 있었다. 그곳으로 날마다, 날마다, 날마다 걸어가서는, 2002년 초에 마침내 용기를 내어 회원으로 가입했다.

회원으로 등록한 후에 처음으로 수영하게 된 날, 물에 뛰어들기 전에 멋지게 차려 입어야 할 것 같아, '유니온 스퀘어Union Square' 근처에 있는 매장에서 수영복 한 벌을 구입했다. 열대 지방의 꽃무늬로 장식한 선수용 원피스 세트였다. 여기에 어울리는 수영 모자와 수경도 샀다. 나도 그 세트의 일부였다. 수영복을 입을 때마다 하와이를 생각했다. 그리고 수영장이 있는 건물로 걸어가면서 생각했다.

'사라 라이너첸, 귀엽고 앙증맞은 수영복과, 역시 귀엽고 앙증맞은 수영 모자 덕분에 너는 정말 멋져 보일 거야……그런데 잠깐만……수영장에서 다리를 벗어야만 하잖아. 그걸 어디에 놓아둘 거니? 사물함 속에 넣어 두면 안전할까? 누군가가 의족을 훔쳐가지는 않을까? 뉴욕이니까 아마도 그럴 수도 있을 거야. 의족에 눈을 둘 수 있는 수영장의 가장자리 가까운 곳에서 쉴 수 있을까? 의족을 젖지 않게 놓아둘 만한 곳이 있을까? 수영장은 얼마나 붐빌까? 그리고 거기 누가 있을까? 네 셔츠를 내려 보려고 하던, 엘 노선 지하철을 타는 남자를 만나지나 않을까? 장비와 회원권 구입에 돈을 쓰기 전에 왜 이런 생각을 전혀 하지 못한 거지?'

서머 샌더스나 마이클 펠프스가 이런 식으로 염려하지는 않았을 것이다. 그렇게 생각하는 동안에 나는 건물 입구에 다다랐지만 너무 미칠 지경이 돼 버렸다. 그래서 다시 집으로 돌아갔다. '벤앤제리스Ben & Jerry's에서 파는 '커피 히쓰 바 크런치Coffee Heath Bar Crunch' 아이스크림 한 통으로 마음을 달랬다.

거의 여섯 달이나 이러기를 반복했다. 수영복을 싸서 수영장으로 걸어 갔다가는 바로 집으로 걸어 돌아오는 일을 말이다. 지하철을 타고 그곳을 오갈 때마다 고통과 죄책감, 후회와 우유부단함을 느끼면서도 끊임없이 수영장으로 다시 갔다.

그러다가 달리기 훈련을 하던 중에 한 번은 스스로에게 격려하는 말을 했다.

'사라, 너는 철인이 되려는 꿈이 있어. 네가 바다로 뛰어들어 3.8킬로미터를 헤엄칠 수 있을 거라고 생각한다면, 최소한 가까운 수영장에는 뛰어들 수 있어야 해. 너라면 두려움이나 당혹감이 네 꿈을 이루는 걸 막지 못하게 할 수 있어.'

그 말을 마음에 새겼다. 다음 토요일에 명확한 목표를 새롭게 하고 기운을 내서는 수영장으로 들어갔다.

나는 멍한 마음으로 라커룸에 들어가 귀여운 수영복으로 갈아입고, 평상복을 사물함에 처넣었다. 그리고 내 보철을 착용한 채로 걸어갔다. 멀리 떨어진 벽 옆에 놓인 금속제 의자로 걸어가서는 다리를 벗고서 수영장 안으로 재빨리 다이빙을 했다. 누구도 힐끔거리지 못하게 말이다.

수영장을 두 바퀴 돌았는데 첫 바퀴의 반쯤 돌 때 이런 생각이 들었다.

'이런 제길, 바다에서 3.8킬로미터를 수영하는 게 내가 생각했던 것보다 조금 더 어려울 수도 있겠는 걸.'

하지만 그걸로 위압당하지 않았다.

3.8은 숫자에 불과했고, 그런 바보 같은 숫자가 내 목표를 낮추게 두진 않았다. 게다가, 정문을 지나 라커룸을 통과해서 수영장에 이르는 길을 모두 거쳐 물속에 뛰어들었기 때문에 3.8킬로미터 정도는 별것 아니라고 생각했다. 게다가 수영장을 두 바퀴 돈 후에 물 밖이라는 지옥으로 나와 집으로 가기까지 했으니 말이다.

다음 훈련 기간에 대비하려고 나는 데이비드 볼스리가 짜 준 계획을 따르되, 계획 자체보다는 시간에 집중하기로 했다. 지옥에 빠지든지 아니면 물에 빠지든지 둘 중에 하나였다. 다만 이 경우에는 염소 냄새 가득한 물에 빠지는 것이었다. 나는 5분 동안이나 그 지옥 같은 수영장에 있으려 했다. 한 바퀴를 돌고 나서 가장자리에서 4분 30초나 매달려 있는 것이라고 해도 지옥 같은 건 지옥 같은 것이었다. 여덟 바퀴라고 한다면 더 지옥 같은 것이었다. 그래도 숫자 때문에 바닥에 가라앉고 싶지는 않았다. 내 주요 목표는 물속에서 편안해지는 것이었다.

결론적으로 나는 바다에서 쓸 다리(아니, 생각해 보면 바다에서 쓸 다리 한쪽)로 인한 손실보다 뭔가를 더 얻어야 된다는 걸 깨닫고는 제대로 수영하는 방법을 알아내기로 했다. 나는 자유형을 할 줄은 알았지만 특별히 잘하지는 못했다. 나는 팔 힘을 최대한 써서 크게 첨벙거리도록 온 마음을 썼다. 자유형은 팔로 물을 끌어당기며 헤엄치다가 벽을 차고 뻗어 나가는 게 핵심이었지만 나는 둘 다를 잘하지 못했다. 내 동작은 너무도 비효율적이어서 힘을 엄청 써도 전진하기가 힘들었다. 벌처럼 물장구를 치는 소녀인 나와 레인을 공유해야만 하는, 이 작은 다섯 레인이 있는 수영장에 있는 불쌍한 사람들을 대단하다고 생각했다.

일이 끝난 금요일을 정기적으로 수영하는 날로 정했다. 첫째로는 주중의 다른 날보다 수영장이 훨씬 덜 붐볐기 때문이고, 둘째로는 금요일 오후에 수영장을 청소했기 때문이다. 이건 물 위로 떠다니는 오래된 반창고가 없다는 걸 의미했다. 생계 문제로 매주 가지는 못했지만, 금요일에 가지 못할 때면 주말 내내 밖에 나가지 않는 것으로 스스로에게 벌을 내렸다. 한편으로 정말로 가고 싶지 않은데도 갔다면, 내가 좋아하는 '벤앤제리스' 아이스크림으로 간단히 스스로를 보상했다(간단한 부가 정보를 알려주고자 한다. 마라톤 훈련을 하는 동안에, 나는 가끔 아이스크림 그릇을 앞에 놓은 다음에 뚜껑을 제거하고는 '하프-베이크드Half-Baked'의 통 속으로 빠졌다. 독자가 내 단점을 신랄하게 비난하기 전에 한 통이 그저 두 컵 분량에 지나지 않다는 걸 기억하기 바란다. 독자가 그걸 생각해 본다면 알겠지만 그리 많지 않은 양이다. 난 사실을 말하고 있다).

그때까지는 철인 3종 경기에 집착하지도 않았고 철인 3종 경기 마니아도 아니었다. 하지만 그게 내 인생에 계속해서 다가왔다. 『트라이애슬리트Triathlete』라는 잡지를 두 달에 한 번씩 샀고, 정기적으로 「아이언맨Ironman」 프로그램을 비디오로 봤다. 이런 나의 모습을 본 친구들은 나를 철인 3종 경기 마니아 그 자체라고 불렀다. 팀 데붐Tim DeBoom과 나타샤

배드만Natascha Badmann이 결승선을 끊는 장면을 볼 때마다 "언젠가는 나도 저렇게 될 거야."라고 친구들에게 말했다. 그들은 속으로 내가 미쳤다고 생각했지만 한편으로는 나를 지지하고 믿어 주었기에 많이 놀리지는 않았다.

단순한 반복 훈련 덕분에 수영 교습을 받지 않았는데도 실력이 조금씩 향상되기 시작했다. 많이 하면 할수록 수영을 더 잘하게 된 것이다. 무엇보다도 매주 같은 시간에 더 많이 돌 수 있게 되었다. 어느 금요일에는 10분에 10바퀴를 돌았고 몇 주가 지난 후에는 10분에 15바퀴를 돌았다. 3.8킬로미터를 수영할 예정이라면 최소한 24바퀴 정도는 수영장에서 편안히 돌 수 있어야 했기에 아직도 갈 길이 멀었다.

수영에 관한 책을 많이 읽은 덕분에 좋은 수영 자세에 대한 배경 이론을 알게 되었다. 하지만 수영장에서 실제로 실행하는 건 별개의 문제였다. 특히 직진이 문제가 되었다. 내가 종종 스스로에게 묻곤 하는 질문 중의 하나는 이랬다.

"한 다리로만 물을 차서 동그란 모양을 그리며 헤엄치려고 하는 거니?"

그러지 않겠다는 게 대답이었지만, 앞으로만 나아가려면 내게 더 많이 보상을 해야만 했다. 집중하지 않으면 이리저리 왔다갔다하게 되는 대가를 치르게 된다. 알다시피 두 지점 간의 가장 짧은 거리는 직선 모양이기에 갈지자로 움직이지 않는 게 중요한데, 이는 3.8킬로미터에 이르는 짧은 태평양의 거리를 6킬로미터의 갈지자 모양으로 왜곡되지 않게 가야 했기 때문이다. 또 내가 철인 3종 경기 잡지에서 배운 바와 같이, 달리기와 자전거 타기에 대비해 다리의 힘을 최대한 아껴 두어야 했기 때문에 수영을 하는 동안에는 최대한 팔을 쓰는 게 중요했다.

그리고 자전거에 대해 언급하자면…….

브루클린에서는 주말이면 대략 1,200개나 되는 벼룩시장이 열린다. 그러면 나처럼 저렴한 가격에 목매는 사람들이 멋진 청재킷이나, 눌어 붙지 않는 프라이팬이나, 비교적 쓸 만한 운동 기구와 같이 숨겨진 보물을 찾으려고 애썼다. 예를 들면 산악자전거 같은 것 말이다.

철인 3종 경기를 연구하면서 선수용 자전거 가격이 1,500달러 정도부터 시작한다는 걸 알게 되었는데, 아주 많이 대출받은 학자금을 계속해서 갚아 나가야 하는 중하층 방송 프로듀서의 예산으로는 맞지 않는 금액이었다. 게다가 나는 자전거를 타는 방법조차 몰랐다.

그랬기 때문에 2001년 봄, 어느 따사로운 토요일 오후에 윌리엄즈버그의 판매대가 놓인 보도에 멈추어서, 1미터 50 정도 되어 보이는 여성에게 불려 들어간 일에 신이 개입하셨던 걸로 보인다. 글쎄, 그게 왜 중요하냐고? 내 키가 약 1미터 50센티미터이었기에 그녀가 굴리고 있는 작고 앙증맞은 산악용 자전거가 내게 완벽히 맞았기 때문이다.

자전거를 살살이 살펴봤다. 흰색 프레임에 울퉁불퉁한 새 타이어가 끼워진 자전거였고, 온통 분홍색과 오렌지색과 노란색 꽃무늬 그림이 그려져 있었다. 자전거가 1980년식처럼 보였지만 그녀는 2년밖에 되지 않은 것이라고 말했다. 그리고 대학에 다닐 때 사용하기는 했지만 브루클린에서는 많이 타지 않았다고 했다. 사실 자전거가 내 몸에 맞고 앙증맞고 여성스러워 내게 완벽하게 적합했기 때문에 그런 이야기에 관심을 기울이진 않았다.

"얼마면 돼요?"

나는 친애하는 작은 몸집 아가씨에게 물어봤다.

그녀가 어깨를 들썩거리며 말했다.

"100달러 정도요?"

"75달러에 주면 안 돼요?"

그녀가 다시 어깨를 들썩거렸다.

"좋아요. 충분해요. 안 될 게 뭐가 있겠어요?"

"좋아요!"

나는 그녀에게 5달러짜리를 건네며 말했다.

"이거 계약금이에요. 가장 가까운 현금지급기가 어디에 있죠?"

자전거를 끌고 3킬로미터를 걸어와서는 내가 사는 아파트 4층 계단으로 올리는 일은 쉬운 게 아니었던 게, 산악용 자전거가 빌어먹을 만큼 무거웠기 때문이다. 부엌의 한쪽 벽에 모셔 두고는 몇 분을 주시한 다음에 큰소리로 외쳤다.

"좋아, 이건 연습용 자전거야. 이제 곧 철인에 대비해 완벽하게 준비할 수 있을 거야."

그다음 주에 자전거를 4층에서 다시 내려 옆에 있는 자전거 가게로 가져가 정비하고, 공임을 지불했다. 그리고 헬멧, 바지, 클립 페달 같은 장비도 구입하였다. 그러고는 집으로 끌고 와서 다시 위층으로 올린 다음에 부엌의 한쪽 벽에 기대어 두었는데…… 대략 1년 가까이 자전거를 거기 그대로 두고는 만지지도 않았다.

자전거가 공간이나 차지하는 귀찮은 물건이 돼 버리는 바람에 나는 커다란 걸개를 사서, 사랑스러운 뉴욕의 먼지를 엄청 모아 두고, 사랑스러운 사라 라이너첸의 음식 냄새란 냄새는 다 흡수한 부엌 천장에 걸어 뒀다. 그렇게 하니 마치 시트콤 「사인필드」에 나오는 제리Jerry의 아파트 같았다.

'정말 철인답지 않은 행동이군, 도대체 뭐하려는 거야?'

자전거는 천장에 매달린 채 실제적으로 도달할 수 없는 꿈이나 꾼다는 식으로 나에게 욕을 해 댔다.

수영을 유난히 잘하고 온 어느 날 밤에 자전거를 쳐다보며 생각했다.

'쉬지 않고 20분 넘게 수영할 수 있고 눈 감고도 마라톤 구간을 달릴 수도 있으니 이제는 이 자전거를 타고 다니는 게 좋겠어.'

2002년도 동계 대회들이 열리는 동안에 그렇게나 많은 운동선수들을 만나 그들의 올림픽을 향한 꿈을 인터뷰하면서 나는 진정으로 나만의 철인에 대한 꿈을 실현할 때라는 생각이 들었다.

두려워서 미루고 있다는 생각이 들었기 때문이기도 했다. 물론 내가 헬멧을 썼고 신발에 끼워 쓰는 클립 페달도 부착돼 있었으며 자전거 모양도 훌륭하기는 했지만, 여기는 윌리엄즈버그인지라 거리를 가로질러 가려면 택시에 압도당할 수밖에 없었다. 자전거를 이리저리 틀며 거리를 타고 내려갈 줄 모르는, 다리가 하나만 있는 43킬로그램짜리 소녀는 쉬운 표적이 될 것으로 보였다. 자전거 타기에 대한 열정과 마음을 지녔지만, 때로는 겪어야 할 모든 일에 대해 깊이 생각하지는 않는 면이 있었다.

내가 과장되게 생각하고 있다는 걸 알아차렸으면 미리 도움을 요청했어야 했다. 문제는 내가 부탁을 잘 못하고 남의 도움을 받을 줄도 모른다는 데 있었다. 그렇지만 때로는 부탁을 해야 하고 도움도 받아야만 하기에, 자전거 가게로 가서는 인상이 제일 좋아 보이는 점원에게 말했다.

"안녕하세요. 전, 사라라고 해요. 제가 하와이에서 열리는 세계 철인 3종 경기에 대비해 훈련하는 중인데요. 그런데 자전거를 탈 줄 몰라요. 혹시 누가 좀 가르쳐 줄 수 있어요?"

불쌍한 그 사람이 난처해했다.

"자전거 탈 줄 몰라요?"

"네."

그가 내 다리를 내려다봤다.

"그리고 철인이 되고 싶은 거예요?"

"맞아요."

"좋아아아아아아요. 음, 자전거는 뭐예요?"

"산악자전거요."

"산악자전거로 철인이 되려는 건가요?"

그가 눈동자를 굴려 댔다.

나도 그를 이리저리 훑어봤다.

"아니오. 뭔가를 배워야 해서요. 그러니 좀 가르쳐 주실래요? 어때요?"

"아니, 우리는 안 돼요."

그가 잠시 머뭇거린 뒤에 질문했다.

"스피닝spinning 해 봤어요?"

"스피닝이오?"

나는 무슨 말인지 알아들을 수가 없었다.

"그래요, 스피닝이오. 체육관으로 가서 고정된 자전거 중 하나에 올라타고는 한 시간 가량 바퀴를 회전시키며 훈련하는 건데, 아주 강력하죠."

물론 나는 체육관, 그러니까 '뉴욕 로드 러너스 클럽'이나 '윌리엄즈버그 육상 클럽' 같은 곳에 가입한 상태는 아니었다(나는 5명의 여자친구들과 함께 '윌리엄즈버그 육상 클럽'을 만든 적이 있었다. 하지만 그 애들과 달리려면 뇌물을 주어야 해서 "나랑 5킬로미터 정도를 달려 주고 내 철인 3종 경기를 녹화한 테이프를 100만 번만 봐 준다면 저녁 식사와 맥주를 쏠게."라고 말하곤 했다). 그나마 있는 친구들은 체육관 회원들이었지만 아무도 스피닝을 언급하지 않았다.

"좋아요. 굳이 스피닝 교실에 들어가지 않아도 돼요. 대신에 집에서 스피닝을 할 수 있게 해 줄 수 있어요."

"어떻게요?"

"실내용 훈련기 위에 자전거를 고정하면 돼요. 아파트 안에서 훈련하면서 다리를 단련시켜 믿음을 키울 수 있고, 그러다가 날씨가 좋을 때면 자전거를 주차장으로 끌어내 훈련하면 되는 거죠."

천재였다. 나는 자전거를 탈 수 있게 되었을 뿐만 아니라, 내 의족을 자전거의 발판 클립에 끼우는 방법도 알 수 있게 되었다.

"그렇게 해요."

300달러를 지불하고 30분이 지난 후에 나는 자랑스러운 '사이클옵스 CycleOps' 훈련 장비의 소유자가 되었다.

훈련 장비를 거실에 있는 텔레비전 바로 앞에 두고는 자전거를 걸개에서 끌어내려 설치했다. 설치를 끝내자 설치된 상태 그대로 남았다.

그러고는 나는 탔다.

그러고는 탔다.

그러고는 계속 탔다.

나는 아무 데도 가지 않으면서도 그렇게 180킬로미터를 향해 달렸다.

이내 자전거와 사랑에 빠졌고, 일이 끝나고 나면 거의 매일 밤마다 탔다. 달리기나 수영의 경우와 마찬가지로 얼마나 멀리 타느냐가 문제가 아니라 얼마나 오래 타느냐가 문제였다. 10분간 타기부터 시작해, 12분, 15분, 20분을 탔다. 「사인필드」 한 회분이 광고를 포함해 방송되는 내내 탈 수 있게 되었을 때 감격하지 않을 수 없었다. 곧 시트콤에서 한 시간짜리 드라마로, 다시 장편 영화로 타는 시간을 늘려 나갔다.

그렇지만 남은 뉴욕 생활 내내 그 자전거는 아파트를 단 한 번도 나가 보지 못했다.

※

2003년 초에, 거의 3년에 걸쳐 일을 한 나를 IMG가 해고했다. 경제가 어려워지자 사람들이 많이 퇴출당했다. 아무도 안심할 수가 없었고 상사와 부하 모두가 뒤통수를 맞았지만, 그들이 나를 좋게 봐 준 덕분에 나는 세 번째 퇴출 대상이 될 때까지는 살아남았다. 그렇다고 충격을 훨씬 덜 받은 건 아니었지만 그래도 그나마 형편이 나았다.

해고된 나는 이후 넉 달 동안 직장을 찾으면서 수영도 하고 자전거도 탔다. 연습이 중요했던 게, 연습 덕분에 철인이라는 목표에 집중할 수 있었기 때문이다. 게다가 일자리가 없었기에 연습을 하지 않았다면 무슨 일이 벌어졌을지도 모른다.

신체적으로는 최상의 컨디션을 유지했지만 정서적으로는 그다지 좋지 않았다. 실업자로 지내는 것은 사망이나 이혼 같은 스트레스 가득한 삶 중의 하나인 상태로 사는 것과 같았다. 상실감을 느꼈고 목적의식도 잃어 버렸다. 자존감을 직업에 결부하기는 어려웠지만 그래도 그럭저럭 지내 왔는데, 직업을 잃는 바람에 철인이라는 목표만이 나를 고정시켜 둘 수 있는 장치가 되어 버렸다.

자전거와 수영장은 내게 있어 두 개의 생명줄이었다. 내가 1시간가량 페달을 돌리고 나서 수영장에 내 슬픔을 묻어 버리면 우울한 날을 좋은 날로 바꿀 수가 있었다. 훈련 기간 중에 새 직업을 찾을 희망으로 생각할 수 있는 모든 곳에 이메일과 팩스로 이력서를 보냈고 모든 연줄을 찾아

전화를 걸었다.

하지만 2004년도 아테네 하계 올림픽이 아직 여덟 달이나 남아 있어서인지 반응이 뜨뜻미지근했다("연락처를 기억해 둘게요. 그리스에서 프리랜서를 구할지도 몰라요."). 누구도 확실하다고 하지 않았다. 두 번 정도 임시직을 얻었지만 전일제 일자리를 찾을 수 없어서 어김없이 계속해서 일자리를 찾아다녔다.

철인을 향해 진보했음에도 불구하고 다시 우울증에 빠져든 느낌이었다. 점점 더 우울증은 심해졌고 딱히 갈 곳도 없어서 아침에 일찍 일어나야 할 이유조차 없었다. 친구들 또한 모두 일하느라고 바빴기에 누구도 나에게 연락하지 않았다. 그럴수록 침대에 머무르는 시간이 많아졌다.

2003년 3월, 샌디에이고의 '장애인 선수 재단Challenged Ahtletes Foundation'에서 보낸 이메일을 여러 통 받았다—나는 지난 10년 동안 여러 직급을 거치며 장애인 선수 재단에서 일해 왔다. 또한 그들의 일거리와 관련한 고민을 존중했고 그들은 나의 고통을 존중했다—그들은 보조금과 스포츠 클리닉을 관리할 프로그램 매니저를 찾고 있었다. 재단은 비영리 조직이었기에 재벌은 아니었다. 프로그램 관리자가 전체 직원의 4분의 1이나 되어서, 그들은 그 자리를 빠르게 채워야 했다. 이력서를 보낸 지 20분이 채 지나지 않았을 때 개발부장인 타비 킹Tabi King에게서 전화가 왔다.

"사라, 정말 이 일에 지원하는 건가요?"

"예."

"정말입니까?"

"예."

"정말입니까? 음, 왜죠? 방송 일을 하고 있지 않나요?"

"더 이상은 아니에요."

나는 해고된 후 일자리를 못 구해 힘들어 하고 있고, 한편으로는 철인에 관심을 두고 있는 상황을 알려 주었다.

"왜 여기서 일하려고 하는 거죠?"

"글쎄요, 굳이 따지자면 나름의 이유가 있어요. 신문방송과 관련한 일은 아니라고 생각하지만 어쨌든 스포츠와 관련이 있고, 다른 사람들과 확실히 차별화가 될 수도 있기 때문이에요. 제가 최근에 한 일은 선수들의 이야기를 다루는 것이었는데요. 이제는 선수들을 도울 수 있다고 생각해요. 게다가 뉴욕을 떠나려고 해요. 저는 여기가 좋지만 로스앤젤레스에 있는 대학원으로 진학한 덕분에 1년 내내 훈련할 수 있었어요. 햇살과 야자수가 저를 부르는 것 같네요. 샌디에이고에는 자전거길이 있어서 밖에서 현실감을 느끼며 탈 수 있을 것 같고요. 그리고 깨끗한 수영장도 많이 있으니 수영장에 떠다니는 반창고를 더 이상 보지 않아도 될 것 같고……."

"반창고요?"

"묻지 말아 주세요."

"좋아요. 그렇지만 우리는 당신이 IMG에서 받은 만큼의 급여를 주기는 힘들어요."

"그럴지도 모르겠지만, 지금 저는 소득이 없으니까 얼마가 되든지 더 낫겠죠."

그렇게 말하자 타비가 내게 일자리를 주었다.

나는 돈도 없고 길에서 자전거를 어떻게 타는 줄도 여전히 몰랐지만, 캘리포니아로 이사하면서 하와이와 더 가까워졌다. 철인이 되는 일에도 더 가까워졌다.

*6장
이무아

  2004년, 철인 3종 경기에 대비한 12개월여의 훈련을 모두 마치자 철인에 도전할 만한 해가 되었다고 생각했다. 하지만 코나Kona(하와이의 겨울 남서풍-옮긴이)가 "안녕하세요, 저 왔어요. 언제 시작할까요?"라고 말하는 식으로 즉시 기량을 보여 줄 수준은 아니었다. 하와이 대회에 참가할 자격을 얻으려면 나는 먼저 반쪽짜리 경기부터 마쳐야 했다. 1.9킬로미터를 수영하고, 90킬로미터를 자전거로 타고, 21.1킬로미터를 달리는 경기 말이다. 그래서 그해 6월, 버팔로 춘계 레이크 하프 철인 3종 경기Buffalo Springs Lake Half-Ironman Triathlon가 열리는 텍사스의 러벅Lubbock으로 갔다.

  러벅은 코나와 같이 극단적으로 더운 곳이라 특별히 선택했다. 우리는 37도는 넘을 거라고 말했다. 코나와 마찬가지로 주최 측이 구성한 경로에는 언덕이 아주 많았다. 무척 거친 반쪽짜리 철인 경기였지만 내가 마땅히 준비해야 할 걸 준비한 느낌이었다. 강해지려면 거친 과정을 거쳐야 했기 때문이다.

모든 추적을 따돌리고 완주했다. 그러고는 참가 자격을 얻었다. 정말 좋았다.

하와이 경기를 중계하기로 한 NBC에서 나에 대한 이야기를 듣고는 '철인과 경쟁하려는 인조 다리를 지닌 첫 여성 참가자'라는 타이틀로 특별 프로그램을 내보내기로 결정했다. 그들은 캘리포니아로 와서 나의 훈련 장면을 촬영했다. 그러고 나서 코나로 나를 따라와서는 그다음 토요일에 방송할 예정인 경기의 특별한 홍밋거리가 되게 했다(철인 3종 경기는 기이이이이이일다란 경기이고—우수한 남자 프로 선수라도 주파하는 데 8시간이나 걸리고, 여자 프로 선수는 9시간에 주파한다—경기를 처음부터 끝까지 시청할 사람이 별로 없다는 걸 아는 NBC는 극적인 부분만을 편집해 90분짜리 하이라이트쇼로 구성했다).

내가 하와이에 도착한 직후에 NBC와 경기 전 사전 인터뷰를 하려고 케아우호우 비치 호텔Keauhou Beach Hotel로 갔다. 일을 마치기까지 거의 1시간가량이 걸렸는데, 촬영 종료 직전에 나는 카메라를 똑바로 보며 말했다.

"문제없어요. 나는 결승선에 도착할 거예요."

철인이 되는 데 성공하는 요소 중 50퍼센트를 정신이 좌우하기에 할 수만 있다면 자신감을 최대한 채워야 했는데, 사람들의 모든 관심이 도움이 되었다. 세상에서 가장 멋진 모습으로 남을 수도 있겠지만, 기온이 30도인 상태에서 시속 48킬로미터나 되는 맞바람을 안고 언덕을 자전거로 타고 오르려면, 근육이 '그만해'라고 외쳐 대도 몸이 앞으로 나가게끔 해야만 한다. 다행히 내게는 걷기도 하고, 뛰기도 하고, 빨리 걷기고 하고, 천천히 달리기도 한 다른 철인 3종 경기 경험이 있었고, 나는 그걸 다시

하려고 준비하는 것이었다. 나는 코나를 완주하고자 했다. 심지어 내가 줄리 모스처럼 기어간다고 할지라도 말이다.

우리 가족 전부가 하와이로 왔다. 엄마와 재혼한 남편, 아빠와 세 번째 결혼한 부인, 내 동생 피터와 친구인 헤서와 도전 선수 재단에서 온 타비였다. 동네에서 제일가는 환상적인 철인 3종 경기 마니아는 아니었지만 둘 다 달리기 선수였기 때문에 내가 겪어야 할 일에 대해 좋은 조언을 해주었다.

부모님이 이혼한 후로 의미 있는 시간을 보낸 것은 그때가 처음이었다. 하지만 확실히 무언가 모르게 긴장감이 감돌았다. 엄마가 이혼한 남편뿐만 아니라 새남편과도 함께 있었기에 그런 게 없을 리가 없었다. 내 말은, 아빠와 계부를 포함해서 우리 8명이 복층 콘도를 빌려 함께 썼다는 것이다. 어색함이란 어떤 것일까? 내 앞에서는 서로가 아주 예의 바른 척들 하셨지만 내가 없을 때 무슨 일이 벌어지는지 어떻게 알겠는가? 다행히 그분들은 모두 나를 안심시키기 위해 한 팀처럼 보이려고 애썼다. 사실을 말하자면 가족을 한 팀처럼 보이게 하려고 그러는 것이었다. 그래서 경기가 열리는 날, 밝은 녹색의 꽃무늬 셔츠를 모두 다 입게 했다. 그 덕분에 관중들 속에서 가족들을 쉽게 찾아낼 수가 있었다.

아침 7시에 경기를 시작하기로 예정돼 있었다. 하지만 콘도가 출발선에서 떨어진 길에 있었고 출발선에 도달하는 길이 하나뿐인 데다가 1차선이어서 나는 새벽 4시 30분에 깨어나야만 했다. 검은색이 더해진 복숭아빛 여명만이 비추었고 아직 해가 떠오르지 않았음에도 날씨가 더웠다. 우리는 27도가 넘을 거라고 말했는데, 습기로 끈적이기까지 했다. 나는 방에 있는 작은 부엌으로 터벅터벅 걸어가서는 그릇에 담긴 오트밀과 작은 바나나를 함께 꺼내서는 사이토맥스Cytomax라는 전해질 음료와 함께

게걸스럽게 먹어 댔다(철인 3종 경기 선수를 열망하는 모든 사람을 위한 간단한 참고 사항을 들어 보겠다. 아침을 너무 많이 먹지 말아야 하는 건, 수영할 때 음식이 바위 덩어리처럼 위에 들어앉기 때문이다. 하지만 어쨌든 힘을 좀 내야 하니까 뭔가를 먹기는 해야 한다. 경기를 하는 동안에 배가 고파질까 염려하지 않아도 되는데 자전거를 타는 동안이나 마라톤을 시작하기 전에 음식을 접할 수 있기 때문이다. 내 비밀스런 음식 무기는 프링글스Pringles다. 너무 짠 음식이기는 하지만 이런 짠맛 덕분에 물을 마셔 수분을 보충할 수밖에 없게 된다. 땀을 엄청 흘리기 때문에 소금을 최대한으로 섭취해야 한다).

타비와 나는 출발점이자, 하루 전에 자전거와 보급용 배낭을 두고 온 장소인 킹 카메아메아 호텔King Kameamea Hotel의 주차장으로 차를 몰고 내려갔다. 하지만 주차할 데라곤 한 군데도 남아 있지 않았다. 그곳에 2,000명이나 되는 선수와 그들의 친구들과 가족, 그리고 자원봉사자와 대회 관계자들이 있었다. 그래서 나는 주차요원 쪽으로 차를 세우고는 의자 밑으로 손을 뻗어 장애인 주차권을 꺼냈다. 그리고 그걸 세차게 휘저으며 말했다.

"죄송하지만, 선생님. 장애인 주차 구역을 사용할 수 있을까요?"(철인 3종 경기 참가자가 장애인 주차 구역을 달라고 말하는 역설이 모두에게 통했다).

우리가 자리를 낚아채자 타비가 내 자전거와 마라톤용 다리를 거머쥐었다(내가 그걸 옮길 수는 있었겠지만, 16시간이나 가야 하는데 9킬로그램 정도나 나가는 다리를 옮기는 데 힘을 낭비할 이유가 뭐란 말인가?).

우리는 해야 할 일을 이것저것 했다. 철인 3종 경기에서 첫 번째로 한 일은 몸에 표지를 다는 것이었다. 자원봉사자들이 식별칩을 발목에 달아 주고, 팔과 다리에 반영구적인 잉크로 참가번호 도장을 찍어 주었다. 종이로 된 번호판을 물속에서 달고 있을 순 없었기 때문이다(내 번호는 187

번이었는데, 우연히도 로스앤젤레스 경찰이 살인 사건을 가리킬 때 쓰는 부호였다. 좋은 징조였는지 아니었는지는 아직도 모르겠다). 대부분의 선수가 베이지색 번호를 달았지만 몇 사람은 오렌지색 숫자를 달았다. 오렌지들은 NBC 방송국에서 쫓아다닐 사람들이었다. 나는 오렌지였다.

이때 촬영 담당자들이 내 번호를 알아채고 갑자기 다가와서는 조명을 준비해 올렸다. 하지만 여전히 어두웠다.

'쇼를 보여 줄 시간이야. 멋지게 보여야 해. 용기를 내, 우아하게 보여.'

카메라 앞에 서는 데 익숙하기는 했지만 그럼에도 조금 겁에 질려 있었던 건, 이전에 해 보지 못했던 뭔가를 막 하려고 했기 때문이기도 했고, 뭔가가 잘못될 수도 있는 위기감이 계속 느껴졌기 때문이기도 했다. 또한 누구도 방송이 나가는 동안에 계란으로 맞는 걸 원치 않기 때문이기도 했다. 그래서 너무나 진중한 상황이 되었다. 물론 카메라가 나만을 비추려고 한다거나 한 장면만을 위한 건 아니었다. NBC의 카메라맨은 모든 순간을 포착하려고 했다. 어쨌든 그 순간부터 카메라와 거의 모든 시간을 보냈다.

완전히 밀착 취재를 하는 카메라맨에게 경기 전 장면을 찍게 해 주려고 다시 한 번 자전거가 있는 쪽으로 갔다. 그러기를 정말 잘했다고 생각하는 건 밤새 온도가 내려가는 바람에 타이어가 최적 수준인 120기압이 아니라는 걸 알게 되어서였다. 수영을 마치고 순조롭게 출발할 수 있을 만큼 자전거가 양호하고 원활한 장비로 남아 있는지를 확인하고서 물병을 채우고는……,

갑자기 아무 생각도 나지 않았다.

나는 로봇처럼 되어 버렸다. 그건 의도한 건 아니었다. 우연이었다. 나는 여전히 제 할 일을 다했지만—다른 선수들에게 행운을 빌어 주며 두 사람 또는 몇 사람에게 "알로하Aloha"라고 말한 걸로 기억한다―그저 말뿐이었다. 유체 이탈을 한 것 같았다. 몸 밖으로 빠져나와 그 장면을 지켜보는 것 같았다. '난 여기 있어. 하와이 철인 3종 경기에 왔어. 여기에 있어, 여기 있다고.'라는 생각을 멈출 수 없었다.

팻보이 슬림Fatboy Slim(영국의 전자음악 디제이-옮긴이)이 튜닝한 (비공식적인) 철인 사운드트랙「바로 여기야, 바로 지금이야Right Here, Right Now」가 음향 시스템을 통해 솟구쳐 올랐다. 에너지와 미디어에 대한 열광이 증폭되었다―하늘에서는 카메라맨을 잔뜩 실은 헬리콥터와, 바다 쪽을 촬영하는 잠수부와, 거의 100명이나 되는 구조요원과 서핑 보드와 패들 보트가 경기 구간의 양편에 있었다―하늘의 어두움이 가시며 점점 더 밝아져 왔다. 프로선수들이 수영을 시작할 시간인 6시 45분이 되었다. 작은 총소리가 아닌, 굉음에 가까운 대포 소리가 터지자 바다가 흰 거품으로 흐려졌다. 그리고 그다음으로 아마추어들이 물로 뛰어들 시간이 되었다.

하와이 레이스에는 '물속 출발in-water start'이라는 방식이 있었는데, 모래사장에 서 있다가 대포가 발사되면 바다로 뛰어드는 다른 대회 방식과는 대비되었다. 물로 들어가려면 모래를 한참 동안이나 뛰어야만 하기 때문에 해변에서 출발하게 되면 엉덩이가 큰 고통을 받게 된다. 부드러운 모래 위를 달리다 보면 다리가 모래에 빠지게 되어 더 힘들게 뛰어야 한다. 그러면 지쳐 버릴 수가 있기에 모래에서 출발하지 않는 게 내게는 더 나았다. 또한 물속에서 출발하게 되면 내 자리까지 수영해서 간 다음에 다른 모든 사람이 그러는 것처럼 대포 소리가 울릴 때까지 서 있을 수가 있었다.

힘을 아끼려고 타비가 가져온 접이식 의자에 앉았다. 경기를 관람하는 사람들이 점점 모여들자 인조 다리를 벗어서 타비에게 주고는 그녀에게 작별 인사를 했다. 서로의 몸을 떼어내자 마치 누군가가 내 탯줄을 자른 것 같았다. 하루 중 남은 시간을 거의 혼자서 보내야만 한다는 사실을 비로소 깨달았다. 물론, 어디에서나 선수, 카메라맨, 대회 관계자 등을 만나겠지만 실제로는 나는 혼자다.

일단 물에 들어가 마음속으로 로봇처럼 강인한 팔을 휘저으며 수영하기에 충분히 깊은 데까지 바다 쪽으로 살금살금 다가가는 상상을 했다. 뜀을 뛰면서 가지 않고 주로 헤엄쳐 출발 자리로 다가섰다. 너무 자주 뜀을 뛰면 물속을 들락거려 내 좋은 다리를 완전히 망칠 수가 있었기 때문이다. 크게 흥분한 선수들이 출발선을 향해 100미터를 천천히 수영해 가는 걸 보면서, 다짐했다.

'훈련했잖아. 잘될 거야.'

나는 '움직이는 걸 멈추지 말라'는 뜻을 지닌 하와이 사람들 말인 이무아i'mua를 반복하며 속으로 되뇌었다.

'이무아……이무아……이무아……이무아.'

나는 무리에서 조금 뒤로 떨어져 있었다. 내가 수영을 잘하기는 했지만 저쪽 편에 있는 강인한 사람들에는 실력이 한참 뒤지기에, 엘리트 선수들처럼 수영을 1시간 안에 마치지는 못할 것이라는 걸 잘 알았다. 1시간 45분이라는 시간을 정해 둔 게 문득 떠올랐고, 덕분에 모두의 뒤편에 내가 서 있는 것도 알아챘다. 나는 좋은 자리를 차지하려고 난타전을 벌이려 하지 않았다. 승리하려 하지 않았다. 상금에도 관심을 두지 않았다. 그저 완주하기를 원했다.

내 가까이 있던 사람들 대부분이 미친 듯이 물속으로 걸어 들어갔다. 마치 펌프질하는 다리들로 가득 찬 바다 같았다. 반면에 나는 뒤로 누워 힘을 빼고 10여 분 동안 하늘을 응시했다. 평화와 고요의 순간이었다. 그리고 정확히 오전 7시에 대포가 발사되었다. 평화는 끝났다. 고요함도 끝났다. 이번에는 내가 수영할 차례였다. 시계의 시작 단추를 누르고는 박차고 나갔다.

하지만 처음부터 문제가 생겼다. 수영을 하던 어떤 사람이 실수로 내 얼굴을 걷어찬 것이었다. 그 바람에 수경이 살짝 벗겨져 괴로웠다. 구조요원에게로 수영해 가서 그가 탄 서핑보드를 움켜쥐고 잠시 동안 숨을 고른 다음에 들이마신 소금물을 내뱉었다. 그러고는 다시 수영하는 사람들의 본류로 합류했다. 한 번 차인 걸로 충분했기에 발을 피하려고 애썼다.

수영을 시작하고는 인내심이 필요할 것이라는 걸 알아차렸다. 거의 2시간에 걸쳐 수영을 해야 했는데 그건 엄청나게 긴 시간이었다. 말하자면 그건 「불의 전차」를 시청하는 시간과 비슷했다. 그래서 더 낫고 편안한 영역을 빨리 찾으려고 노력했다. 그리고 나서는 교과서대로 수영하기로 했다. 물을 차 내고, 오른편으로 고개를 돌려 숨 쉬고, 차 내고, 왼편으로 고개를 돌려 숨 쉬고, 차 내고, 오른편으로 숨 쉬고, 차 내고, 왼편으로 숨 쉬었다. 다음으로 할 일은 1.9킬로미터를 더 가야 하는 것이었다. 원래 자리로 되돌아오는 것 말이다.

쉽게 만나기 힘들 귀빈들과 경기를 후원하는 사람들로 가득 찬 배를 돌아 육지 쪽으로 가려고 했다. 배에 있는 사람들은 블러디 메리Bloody Marys(보드카와 토마토 주스를 섞은 칵테일-옮긴이)와 맥주를 마시면서 선수들을 응원했다. 헤엄칠 때 오른쪽으로만 숨을 쉬면서 그들을 계속 보았다. 나 따위는 모를 테고 나도 그 거물들을 알진 못하지만 어쨌든 그들은 내게 대단한 감동을 주었다.

이내 정신을 차리고 배 쪽을 떠났다. 하지만 더 어려운 상황이 나를 기다리고 있었다. 조류와 큰 파도가 매우 거칠게 바다 쪽으로 흘러 나갔다가는 엄청 거칠게 되돌아왔던 것이다. 고개를 왼쪽으로 돌려 숨을 쉴 때면 파도에 항상 뺨을 맞았고, 그 바람에 한 모금에서 세 모금 정도의 짠물을 들이마실 수밖에 없었다. 그렇게 너울거리는 큰 파도 때문에 멀미 같은 걸 느꼈다.

육지 쪽을 향해 몸을 밀고, 밀고, 또 밀었지만 부두는 가까워지지 않았다. '세상에나, 저길 언제나 도착하지?'라고 생각이 들었다. 1시간 반이나 걸려 왔는데 신체적으로만 피곤해진 게 아니었다—수영하다가 지친 셈인데 굳이 비유하자면 태평양 병sick of the Pacific이라고 할 수 있을 것 같았다—그때 경로를 바꾸는 게 좋겠다는 생각이 스쳐 지나갔고, 나는 파티를 열던 그 배 쪽으로 진로를 바꿔 가서는 음료수 두 잔을 마셨다.

그건 그렇다 치고, 다음 단계에 가까워졌기 때문에 마음을 추슬러야 했다. 자전거를 타는 일과 마라톤 구간을 달리는 일이 남아 있고 그 일을 마쳐야 해서, 어떻게든 정신을 차리고는 똑똑하게 페이스를 유지해야 했다. 오른발로 너무 강하게 물을 차 내지 말아야 한다는 걸 기억해야 했는데, 그렇게 하면 직선 코스에서 벗어날 수 있었기 때문이다. 할 수만 있다면 물속에서의 규칙과, 부드러움과, 균형을 유지해야 했기에 A) 지나치게 경로를 수정하거나 물 위에 떠 있으려고 하지 않았고 B) 자전거를 타고 달릴 만한 다리 힘을 계속 충분히 남겨 뒀다. 수영은 팔을 제대로 사용해야 하는 유일한 운동이다. 물론, 달리는 동안에 팔을 휘저을 수도 있고 자전거를 탈 때도 팔로 몸을 지탱해야 하지만 나는 그런 것에는 관심을 두지 않았다. 다리가 관심사였다. 그래서 멀리 해변을 바라보며 생각했다.

'힘 내, 사라, 한 번 더 빠르게 차. 팔을 써. 자전거를 타는 동안에 팔은 회복될 수 있어. 이……수영을……끝내……버리자.'

그때 갑자기 한 남자가 서핑보드를 타고 내 오른쪽 편으로 와서는 응원하고, 소리치고, 용기를 불어넣어 주었는데 그것이 큰 도움이 되었다. 또 수백 미터 떨어진 해변에서 관중들이 외치는 소리가 들려왔다. 나는 사실 그걸 원했다. 물을 차면 찰수록 관중들의 포효 소리가 크게, 더 크게, 아주 더 크게 들려왔다. 그건 확실히 나를 환영하며 물 밖으로 나를 불러내는 동시에, 철인이 되기 위한 길 위에서 내가 세 번째라는 사실을 굳히는 유혹의 노래siren song 같은 것이었다.

육지로 돌아가는 데 쓰이는 선착장은 보트 램프보다 작은 부두였다. 그리고 구경꾼들과 대회 관계자 24명이 거기에 줄 지어 서 있었는데, 그들 중 2명이 나를 부두로 끌어당기고는 내게 목발을 주었다(기억하겠지만 내가 긴 하루를 남겨 두고 있었기에 될 수 있으면 뜀을 뛰지 않으려고 했다). 나는 부두의 끝 편에 있는, 샤워기가 설비된 천막을 향해 목발을 짚고 가서는—신의 가호가 함께 했는데, 태평양이라는 소금물에서 2시간을 보낸 다음에 나는 엉망진창이 되었지만…… 몇 분 만에 소금기가 말라서 그렇게 엉망진창인 것만도 아니었다—린스를 엄청나게 써 가며 몸을 헹구어 냈다.

사람들이 나를 위해 부두의 끝에 있는 천막 뒤편에 의자를 설치해 주어서, 샤워를 끝낸 후에 의자에 앉아 그 위에 다리를 올려놓았다. 다리가 젖어 경주 구간에서 나와 있는 동안에 녹슬 수가 있었기 때문에 그것을 정비한 후에 올려놓으려고 했다(99퍼센트의 다른 철인 3종 경주자와는 달리 나는 그처럼 작은 일들에도 늘 신경을 써야 했다). 의자는 전혀 편하지 않았다. 오히려 다행이었다. 만일 의자가 편안했다면 다시 일어서지 못했을지도 모르기 때문이다.

그래서 달리기용 다리를 최대한 재빠르게 아무렇게나 착용하려고 했지만 그다지 빠르게 하지는 못했다. 우리 집의 침대에서 일어날 때면 다리를 착용하는 데 20초 정도가 걸렸지만, 수영 후에 착용 시간이 더 걸렸던 건, 내 손가락이 다 곱은 데다 무척 흥분되고 긴장했었기 때문이다. 달려 나가기를 원했고 그래야 했지만 내 손이 더듬거렸다. 마치 슬로모션으로 움직이는 것처럼 느껴졌다. 게다가 바다에서 다리를 쓰는 바람에 생긴 문제도 있었다. 거의 2시간 동안 물속에서 타격을 받았기 때문에 내 하체는 거의 젤리 같은 상태가 되었다. 불쌍한 줄리 모스가 비극적이고 용감한 달리기 끝에 다리에 느낀 것에 비하면 그런 문제가 아주 하찮은 것일 수도 있었지만, 어쨌든 나빴다.

부두의 꼭대기로 가서는 187번 번호가 적힌 내 가방을 챙겨 여성 탈의실로 향했다. 나는 새 의상을 준비하지 못했다. 그래서 어쩔 수 없이 바다에서 입었던 것과 같은 흰색 상의와 자전거용 바지를 입은 채 자전거를 탔다. 그리고 자원봉사자들의 도움을 받아 새 양말과, 자전거 전용 신발을 신고는 SPF30 등급의 자외선 차단제를 듬뿍 발랐다(입술보호제를 바르는 걸 잊는 치명적인 실수를 했다. 내 입술이 햇볕에 심히 타는 바람에 다음 날에는 말하기조차 힘들었다). 그러고 나서 자전거를 받으려고 200미터쯤 떨어진 주차장을 향해 달렸는데—기억하겠지만, 2,000명이나 되는 선수들의 자전거가 불쾌한 교통 체증의 원인이 될 수 있기 때문에 그것들을 모두 부두 끝에 둘 수 없었다—자원 봉사자들이 내 자전거 전용 다리와 의자를 가지고 기다리고 있었다. 달리기용 다리를 급히 찢어 내고 자전거용 다리를 대충 착용한 다음에 페달에 몸을 붙인 채 모두에게 감사 인사를 하고는 굴러 나왔다.

그리고 주차창의 모퉁이를 돌아 푸알라니Pualani를 향해 돌진했다.

푸알라니는 도시 밖으로 향할 수 있게 하는 잔인하게 가파른 언덕이었다. 거칠었다—우리는 그 둘레를 돌아야 했는데, 실제로는 두 번 돌아야 했다—그 순간에 나는 밝은 녹색 꽃무늬 티셔츠를 입고 있는 일단의 사람들을 흘끗 보게 되었다. 음, 내 가족과 친구들을 본 덕분에 언덕이 더 완만히 느껴졌다. 푸알라니를 지난 후에는 약 16킬로미터라는 짧은 거리를 시내로 통과했는데 거리에 줄을 서서 박수를 보내 주는 관중들 덕분에 힘이 났다. 어느새 수영이 추억이 된 것만 같았다.

이어 '퀸 케이 하이웨이Queen K Highway'로 떠났다. 그곳이 반환점이었다.

퀸 케이는 코나의 유일한 주 도로였지만 달 표면과 같이 황량했다. 35도보다 더 덥게 느끼게끔 태양 빛을 반사해 대는 고속도로의 양옆으로 현무암 지대가 있었다. 당신, 길, 태양, 열, 그리고 그것. 74킬로미터를 갔다가 74킬로미터를 돌아오는 것 말이다. 포장된 도로에서 올라오는 열기를 제외하고는 아무것도 볼 수가 없었다. 잔디도 없었고, 나무도 없었고, 그늘도 없었다. 정말 아무것도 없었다.

보통 내게는 자전거를 타는 것이 일종의 명상 체험 같은 것이었다. 이상적인 상태에서는 순항하는 것처럼 느껴지게 하는 몰입을 체험할 수 있었다. 철인 도전자는 아이팟을 착용하지 못하도록 규정되어 있어서 때때로 혼자 노래를 불렀다. 마돈나Madonna의 「레이 오브 라이트Ray of Light」나 사이먼과 가펑클Simon and Garfunkel이 부른 「시실리아Cecilia」, 비틀즈Beatles 노래, 물론 철인 3종 경기를 위한 축가인 블랙 사바스Black Sabbath의 「아이언 맨Iron Man」도 불렀다. 노래방에서 노는 것 같은 시간이었다. 일종의 정신적인 믹스 테이프mix tape라고 할 수 있을 것이다. 어쨌든 모든 게 나를 행복하게 하는 것이었다. 모든 게 내가 앞으로 나갈 수 있게 하는 것이었다.

'이무아……이무아……이무아……이무아.'

내가 다른 선수들 대부분과 충분히 거리를 두고 있다고 할지라도 항상 진공실 같은 상황만 지속된 건 아니었다. 가끔 휴가를 즐기는 몇 사람이 리조트 진입로의 끝 부분으로 와서 박수를 치며 응원을 해 주곤 했다. 때로는 사진작가가 내 앞으로 오토바이를 몰며 사진을 몇 장 찍기도 했다. 그리고 때로는 NBC 직원들이 나를 따라 움직이며 내 상태를 묻기도 했다.

퀸 케이를 1시간가량 달렸을 때 고맙게도 오아시스 같은 두 번째 물 보급소를 만났다. 보급소에서는 물 이외에도 이온 음료와 바나나, 에너지바 등을 제공했다. 힘을 채우고 도로로 돌아왔을 때, NBC 촬영 차량이 내 옆으로 미끄러져 왔고, 조수석에 앉아 있던 남자가 외쳤다.

"괜찮아요, 사라?"

그는 훈련을 하는 동안에 나를 촬영했던 남자 중 한 명이었다. 이에 큰 소리로 대답했다.

"데이브Dave, 아주 좋아요! 제가 지금 하와이에 있는 건 알죠? 아름다운 바다 풍경과 용암으로 형성된 바위를 보았는데, 그건 정말이지 최고였어요! 여기서 거의 32킬로미터를 달린 것 같은데, 그나저나 코나에 언제 바람이 불지 궁금해요."(코나란 말이 폴리네시아인의 말로 '바람 불어 가는 쪽'이라는 뜻이고, '바람 불어가는 쪽'이라는 건 '나쁜 순풍'을 뜻하는 항해 용어라는 걸 언급해야겠다. 이건 위험한 돌풍을 겪어 본 사람들이 도시의 이름을 지었다는 걸 의미한다).

내 입에서 바람 그 자체를 일절 언급하지 말았어야 했을 것 같다. 하와이 사람들이 바람의 신이라고 부르는 '로노Lono'가 내 말을 들을지도 몰랐기 때문이다. 내 말이 분명 로노를 화나게 했다.

8킬로미터를 더 달리자 맞바람이 불기 시작했다. 그때 나는 꾸준히 시간당 약 30킬로미터의 속도로 달리고 있었는데, 그건 내가 훈련을 하는 동안에 익힌 수학에 근거한 것으로, 충분히 여유 있게 코스를 빠져 나올 만한 속도였다. 그렇지만 바람이 힘을 발휘하면서 속도가 반으로 줄었고, 게다가 철인들이 나타났다가 사라지는 것만 같은 가벼운 환각을 느꼈다. 알다시피 철인 3종 경기는 그저 수영을 하는 것이나, 자전거를 타는 것이나, 달리는 것이나, 메달이나, '나는 철인이다'라고 새겨 넣은 공식 티셔츠를 착용하는 것만은 아니다. 정해진 시간 내에 경주를 마쳐야만 한다. 하와이 철인의 경우 2시간 15분 내에 수영을 마쳐야 한다. 2시간 15분 30초에 들어온다면 끝난 것이다. 자전거를 탈 기회나 마라톤을 할 기회도 받지 못하고 그저 킹 카메아메아 호텔로 되돌아가야만 한다. 마찬가지로 나는 11시간 내에 자전거 타기를 마쳐야 해서 평균 시속을 23킬로미터로 유지해야만 했다.

그때의 속도가 시속 23킬로미터에 이르자 다시 기분이 좋아진 나는 직전보다 느려지기는 했어도 신경 쓰지 않았다. 역풍이 지나갔으니 순풍이 되돌아올 것이고, 그러면 속도를 더 낼 수 있어서 좋아질 것이라는 게 내 생각이었다.

56킬로미터 기록 지점, 소위 해위Hawi라고 불리는 언덕 위 마을에 있는 반환점을 기준으로 대략 16킬로미터쯤 떨어진 지점에서도 여전히 맞바람의 방해를 받았다. 그래도 스트레스를 받지는 않았다. 그게 그거라고 생각했다. 철인 경기에서라면 으레 있을 만한 일이었다.

'해위로 이어지는 큰 언덕을 오를 때를 대비해 다리를 아껴 두어야 해. 언덕을 오르는 걸 마치고 음식을 보관해 둔 천막에서 프링글스를 꺼내들면 내리막길로 달리는 동안에 바람이 등 뒤에서 밀어줄 거야. 그러면 정말 멋질 거야. 이무아……이무아……이무아……이무아.'

해위를 향해 오를 때, "왼쪽으로!"라고 외쳐대는 사람들이 많았는데, 그러면 나는 힘을 전부 오른쪽으로 옮겼다. 그러고 나면 그들 모두가 한쪽에 선 것처럼 보였다. 그렇지만 어쨌든 내가 시간 배분을 잘한 것으로 보였기 때문에 모든 게 좋았다. 계산을 해 보니 시간 내에 도착하려면 결코 멈추지 말아야 한다는 걸 알아차렸다. '결코'라는 말은 말 그대로 화장실에 가는 걸 포함해 무엇이든지라는 걸 의미했다. 그리고 그건 달리는 동안에 소변을 보아야만 한다는 걸 의미했다. 시간을 맞추기 위해 물 보급소를 지난 직후에 자전거 위에서 그대로 소변을 보았다. 물 한 컵을 머리 위에 붓고는 엉망진창인 상태로 일을 보았다. 나중에 그 상황에 대해 부끄러워하지 않아도 되었는데, 아주 많은 사람들이 그런 식으로 소변을 봤다는 걸 알게 되었기 때문이다.

마침내 해위 언덕에 도달했지만 그곳에서 이미 선수들의 절반이 도시 쪽으로 돌아 나오고 있었다. 나는 여전히 언덕을 향해 오르고 있는 소수의 낙오자 중 한 사람이었다. 시계와 속도계를 보았다. 5시 30분에는 자전거에서 내릴 수 있어야 했다. 그런데 거의 2시 30분이나 되었다. 3시간 만에 약 90킬로미터를 주파해야만 했다. 인생을 태워야 했다.

바로 그때 뭔가가 좋아 보이지 않았다. 언덕을 오르는 중이었는데 맞바람이 포착되었다. 그 때문에 시간당 6킬로미터 속도로만 항속하게 되었다. 평상시에 식료품 가게로 걸어가는 속도만큼이나 느리게 말이다. 그렇지만 더 빨리 달릴 수가 없었다.

다행히 반환점이 시야에 들어오자 행복감이 느껴졌다. 내 '특별용품 special needs' 가방이 수 분 거리에 있었기 때문이다. 나는 가방에 온갖 종류의 재미난 물건을 채워 두었다. 음식이나 갈아입을 셔츠를 포함해 철인 3종 경기 규칙에 어긋나지 않고, 남은 거리 동안에 도움을 받을 수 있는 것이라면 무엇이든지 말이다. 경기를 시작하기 전날 아침에 다시 점검했고, 주최 측은 해위 언덕으로 그걸 가져다주었다. 가방은 거기서 나를 기다리며 자신을 집어 들어 줄 때를 기다렸다. 프링글스, 구미 베어gummi bear(곰 모양으로 된 젤리의 일종-옮긴이), 레드 바인스 리코라이스Red Vines licorice(감초맛이 나는 젤리의 일종-옮긴이)뿐만 아니라 물과 카보프로Carbo-Pro를 섞어 채워 둔 배낭 형태의 수낭이 갈급했다. 음료에 칼로리를 추가한 카보프로에는 향은 없지만, 내가 훈련하는 중에 힘을 잘 내려면 시간당 100에서 200칼로리 정도를 소모해야 하는데 그때 카보프로가 도움이 되었다. 고마워, 카보프로.

가방에서 몇 가지 맛난 것들을 꺼내 들고는 내리막을 향했다. 그 후로 수백 미터를 싸워 가며 생각했다.

'얘, 너는 여기서 여전히 무척 힘들게 페달을 밟고 있잖니. 반환점을 돌기 전에 그렇게 빨리 달리지는 못했잖아. 이 내리막길의 경사도 생각한 만큼 가파르지는 않은 것 같아.'

속도계를 봤다. 시속 약 13킬로미터였다. 물론, 내가 언덕을 오를 때에 비하면 속도가 두 배나 늘었지만, 여전히 목표 속도의 절반에도 이르지 못한 상태였다. 바람과 경사를 고려하면 시속 32킬로미터 안팎으로 속도가 나야 했는데도 말이다.

그때 무슨 일이 일어났느냐 하면, 바람의 방향이 바뀌었다. 그러고는 불어왔다. 그러고는 방향이 바뀌었다. 그러고는 불어왔다. 힘든 맞바람에서 소용돌이치는 옆바람으로 바뀌었다. 순풍은 없었다. 젠장, 로노.

경주로 위에 남아 있는 사람이 거의 없었다. 어쨌든 이게 세계 대회인지라 뛰어난 사람들은 너무나 뛰어나서 모두가 멀리 가 버렸다. 실제로 거기에는 쫓아갈 만한 토끼 한 마리조차 없었다. 젖 먹던 힘까지 내고, 집중력과 강인함을 유지해야만 했다. 언덕 하나와, 반환점 하나와, 가로등 하나를 동시에 도달해야 할 지경이었다.

오후 3시경 옆바람이 안정되었지만, 코나의 오후면 늘 그래왔듯이 무역풍이 불어왔다. 다시 정신을 잃을 지경이 되었다. 내가 기대했던 지점에서 더 멀리 벗어나 있었기에, 카보프로를 더 들이붓고 싶었다. 결국 시간당 350칼로리를 섭취했는데 과다 복용한 셈이 되었다. 120킬로미터 구간쯤에 도달했을 때 내 몸이 칼로리를 거부해 구토를 하기 시작했다. 조금 마시고는 토했고, 조금 더 마시고는 또다시 토했다. 탈수가 염려되었다. 내가 땀으로 빠져나간 만큼을 채우지 않으면 수분을 유지하지 못하게 된다. 40킬로미터나 더 가야 했고, 그 동안에 몸의 수분을 유지해야 했다. 특히 자전거에서 내린 다음에도 수분을 다시 채울 수가 있다면 조금 더 달릴 수 있을 것이었다.

다섯 번째로 토하고 나자마자, 간판에 경기 상황을 표시하여 알리고 다니는 푸른색 스포츠 차량이 나를 따라잡으면서 내 옆으로 다가왔다. 그들은 나를 쫓도록 돼 있는 타비와 레이스 스포터race spotter(경기의 불법 행위를 감시·관찰하는 사람-옮긴이)였다. 두 사람이 한마음으로 내게 말했다.

"이봐요. 사라, 어때요? 아주 잘하고 있어요, 계속 가요, 포기하지 말아요. 힘내요 사라!"

퀸 케이에는 내가 운전하는 동안에는 눈치 채지 못했던 완만한 언덕이 있었고, 게다가 맞바람이 분 단위로 더 심해지는 상황이어서, 내 속도가 시간당 13킬로미터에서 23킬로미터 사이를 왔다 갔다 했고…… 나는 전혀 시간당 23킬로미터대를 깰 수가 없었다. 그렇게 할 수 없었다. 그런 일이 일어날 수 없었다. 시계를 (다시) 쳐다보고는, 속도계를 (다시) 본 후에, 타비를 잠깐 바라보고는 말했다.

"제시간에 맞추지 못하고 있어요. 철인이 되기는 글렀어요. 할 수 없어요."

타비가 창밖으로 몸을 내밀고는 말했다.

"사라, 할 수 있어요. 잘하고 있잖아요. 꽉 붙잡아요. 계속 타요. 페달을 계속 밟으라고요. 다른 선수들을 만나 본 다음에 당신에게 필요한 걸 알아볼게요."

그러고는 그들이 달려 나갔고 나는 다시 홀로 남았다.

울고 싶었지만 그러기에는 탈수 상태가 심각했다. 대퇴사두근quads(대퇴의 앞쪽에 있는 강하고 큰 근육-옮긴이)이 비명 소리를 질러 댔지만 나는 듣지 않았다. 그저 페달을 밟으며 노래를 불렀다. 앞으로 끝없이 펼쳐지는 지평선을 보면서 힘들어하지 않으려고 내 바로 앞의 땅에만 시선을 집중하려 했다.

5분 후에 그들을 따라잡았다. 내 페달질을 멈추지 않게 하려고 그들이 내 옆에서 천천히 달렸다. 타비가 말했다.

"좋아요, 사라. 이렇게 해 봐요. 목표를 달성하려면 여기서부터 결승선까지를 시간당 평균 26킬로미터로 달려야 해요. 당신은 그렇게 할 수 있어요. 그리고 그렇게 할 거예요."

훈련하면서 지속적으로 시간당 26킬로미터를 달성한 적이 있어서 그렇게 할 수 있다고 생각했다. 그러자 믿을 수 없을 정도로 기분이 나아지는 것 같았다.

'그렇게 되길 원하잖아. 그렇게 할 수 있어. 나는 그렇게 할 수 있어.'

다시 속도계를 보고는, 내가 할 수 있는 한 최대한으로 페달을 밟고 또 밟고 또 밟았다. 힘을 다했다. 철인 3종 경기 구간 중에 자전거 구간을 달릴 때면 보통 1퍼센트의 기록을 앞당겼다. 그렇게 절약한 시간은 달리는 데 쓸 수가 있었다. 그렇지만 척척 해내지 못하고, 모든 걸 쏟아붓지 않는다면, 달릴 일도 없을 것이었다. 그래서 나는 엄청나게 분투했다.

내내 속도계를 보면서 좀 더 페달을 힘껏 밟았다. 19······21······ 22······. 때때로 26킬로미터를 맞췄지만 계속 그러지를 못했다. 나는 랜스 암스트롱과, 투르 드 프랑스와, 한 달 내내 매일 160킬로미터 거리에 해당하는 페달을 밟을 수 있었던 사람들과, 그들의 고통과, 그들의 대퇴사두근이 얼마나 손상될 수밖에 없었는지와, 스위스의 알프스 산악 지대의 미친 언덕들을 그들이 어떻게 지났는지를 생각하기 시작했다. 그리고 그들이 그걸 할 수 있다면 나도 할 수 있다고 생각했다. 힘을 한 숟가락이라도 더 퍼내려고 정신적, 신체적 도구를 최대한 사용했다.

속도를 다시 높여서 23에서 26킬로미터 정도를 왔다갔다하는 중에, 갑자기 왝하고 다시 토했다. 타비와 스포터가 차를 세우고는 쾌활하게 말했다.

"아주 멋져 보여요, 사라! 괜찮죠? 강해 보여요!"

내가 말했다.

"예, 좋아요. 그렇지만 문제가 있어요. 토할 때마다 자꾸만 느려져요. 속도를 유지하면서도 토해 내는 방법을 연구하는 중인데 조금 문제가 있긴 하네요."

그들은 서로를 쳐다본 다음에, 타비가 씩 웃고는 말했다.

"좋아요! 사라가 다시 말짱해졌네요!"

그렇지만 실제로는 그러지 못했다.

나는 희망을 포기한 적이 없었다. 시계를 보는 대신에 태양을 따라가기 시작했다. 그렇지만 태양이 지고 있었다. 빠르게 말이다. 타비와 스포터가 내가 남은 시간을 너무 많이 쓴 바람에 5시 30분까지 갈 수 없다는 걸 나보다 먼저 잘 알아냈다.

시내에 더 가까워지면서 곧 탈락하게 될 것이라는 걸 마침내 인정했다.

그런 와중에 '어쩌면 텔레비전 방송 때문에라도 그 사람들은 나를 더 달리게 해 줄지도 몰라. 아마도 그렇게 해 줄 거야, 마치 5분간의 배려 시간 같은 것 말이야. 어쩌면 난 여전히 괜찮을 거야.'라고 생각하기 시작했다. 하지만 내심으로 그런 일이 벌어질 일이 없다는 걸 알았기에 화가 났다. 수영장에 가기 위해 아침 5시부터 일어나 일한 다음에 밤에 체육관으로 간 게 몇 날이었던가? 그 모든 노력이 이 일에 도움이 되지 않았다.

'사라, 넌 할 수 있어.'

프로 철인들이 1시간 전에 경기를 모두 마치고는, 호텔로 가서 휴식하며 맥주를 마시고 있다는 걸 알게 되었다. 물론 꽤 많은 아마추어들이 여전히 경기하는 중이라는 것도 알았다. 그렇지만 일부 선수들이 마라톤 구간을 달리는 것을 힐끗 본 순간 내 마음이 침울해졌다. 두 다리가 있는 그들은 달리기를 하고 있었고 나는 여전히 자전거를 타고 있어서 제시간에 맞추는 건 어려워 보였다. 다른 선수에게서 희망과 긍정적인 느낌을 받으려 했다. 그 선수들은 너무나 뛰어났다. 그들은 이런 식으로 크게 외쳤다.

"계속해요, 자전거 선수! 당신이 해냈어요. 이봐요, 187번 선수! 할 수 있어요! 계속 가요!"

그런 소리가 나를 덜 힘들게 했다. 그렇지만 그다지 큰 도움이 된 건 아니었다.

바로 그 순간에 카메라가 나를 따라잡았고, 그제야 처음으로 시계를 봤다. 5시 35분이었다. 끝나버렸다.

카메라가 나를 쫓아다니는 동안에 표정을 감추려고 애썼다. 울지 않으려고 했다. 또 토하지 않으려고 했지만 불행히도 한 번은 토할 수밖에 없었다. 다행히, 텔레비전 방송 필름이 다시 토하기 직전에 잘려졌다.

자전거에서 달리기로 바꾸는 바꿈터에 도달했을 때, 엄청난 관중들이 나를 기다리고 있었다. 가족들도 녹색 셔츠를 입은 채로 거기 있었다. 캐논데일Cannondale에서 온 내 후원자 3명은 도로 한가운데에서 무릎을 꿇고는 손을 머리 위로 올린 다음에 내게 절을 해 대며 말했다.

"오, 웨인즈 월드Wayne's World시여"(미국 코미디 영화 「웨인즈 월드」의 두 주인공이 방송 출연을 위해 애쓰는 상황을 빗댄 것-옮긴이).

이걸 보고 내 상황과 상관없이 웃음이 나왔다. 그들이 내 노력을 기리는 행위는 좋았지만, 노력이 수포로 돌아간 사실이 바뀌지는 않았다.

철인이 되기를 바랐다. 수년간 훈련하고 일하면서 자신을 믿어 왔음에도 15분이 모자랐다.

자전거에서 내려 도전자들이 특별히 나를 위해 준비해 둔 접이식 의자에 앉는 것으로 완전히 실패했음을 자인했다.

타비가 달려와 말했다.

"당신이 해냈어요. 훌륭해요! 해냈다고요, 사라! 자전거 타기를 해냈단 말이에요!"

그렇지만 최종 결승선의 시끄러운 소리만을 들을 수 있었다. 누구나 결승선을 끊을 때면, 철인 경기의 공식 대변인인 마이크 라일리Mike Reilly는 "존 스미스John Smith, 당신은 철인입니다!"라는 식으로 말했을 것이다. 하지만 내가 생각할 수 있는 것이라고는, 젠장뿐이었다. 그가 "사라 라이너 첸, 당신이 철인입니다!"라고 말했어야 했다.

몇 분 후에 친구인 밥 바비트Bob Babbitt가 와서 하와이식 꽃목걸이를 내 목에 걸고는 안아 주었다. 하지만 대회 관계자가 곧 와서는 축하의 말도 없이 이렇게 말했다.

"시간 기록용 칩을 수거해야 해서요. 지금 발목에서 칩을 벗어 줄 수 있으시죠?"

그가 칩을 떼어 냈고, 그게 다였다. 나는 공식적으로는 경주를 마치지 못했다. 치사했다.

내가 의도한 대로 된 게 전혀 아니어서 충격을 받았다. 아연실색했다. 우리 가족도 아연실색했다. 내 친구도 아연실색했다. 결국, 모두가 너무나 오랫동안 늘 나의 승리를 가정하는 바람에 확률을 무시했다. 나도 그랬으니까. 자신에 대한 기대가 너무 컸다.

또 너무도 당황스러웠다. 전 시간 내내 카메라가 바로 옆에 있었다. 울고, 땀에 젖고, 토하는 것과 아마도 소변을 지리는 것까지 기록했을 것이다.

내가 너무 여러 번 토하는 바람에 의료진 쪽으로 옮겨졌고, 그들은 내 몸을 회복할 수 있도록 간호하면서 거기에 20분간 앉아 있게 했다. 그들은 내가 수분을 충분히 보충한 다음에야 가족에게로 갈 수 있게 해 주었다. 가족들은 나를 안아 주며 힘을 내게 했다. 가족이 거기 없었다면 내가 어떻게 됐을지 모른다.

우리 모두는 결승선으로 가서 철인이 된 다른 사람들을 지켜보았지만, 그렇게 하는 게 내게는 힘들었다. 몇 분 후에 엄마에게 말했다.

"우리 이만 가요. 전 집으로 가야겠어요. 지금요."

오늘 이 시점에서는 솔직히, 당시에 경주를 마치지 못한 게 내게 일어났던 가장 좋은 일 중의 하나였다는 걸 믿는다. 실패를 통해 가장 좋은 교훈을 배우게 된다는 걸 지금은 안다. 물론 첫 도전에서 철인이 되지 못한 것에 실망했지만, 내가 타락할 수 없다는 걸 알았다. 나는 거기까지 갔고, 이전보다 더 꿈에 가까워져 있었다. 그때 멈출 이유가 전혀 없었다. 그러나 그 순간에는 끔찍했다.

내가 할 수 있었던 일이라고는 아무것뿐이었다.

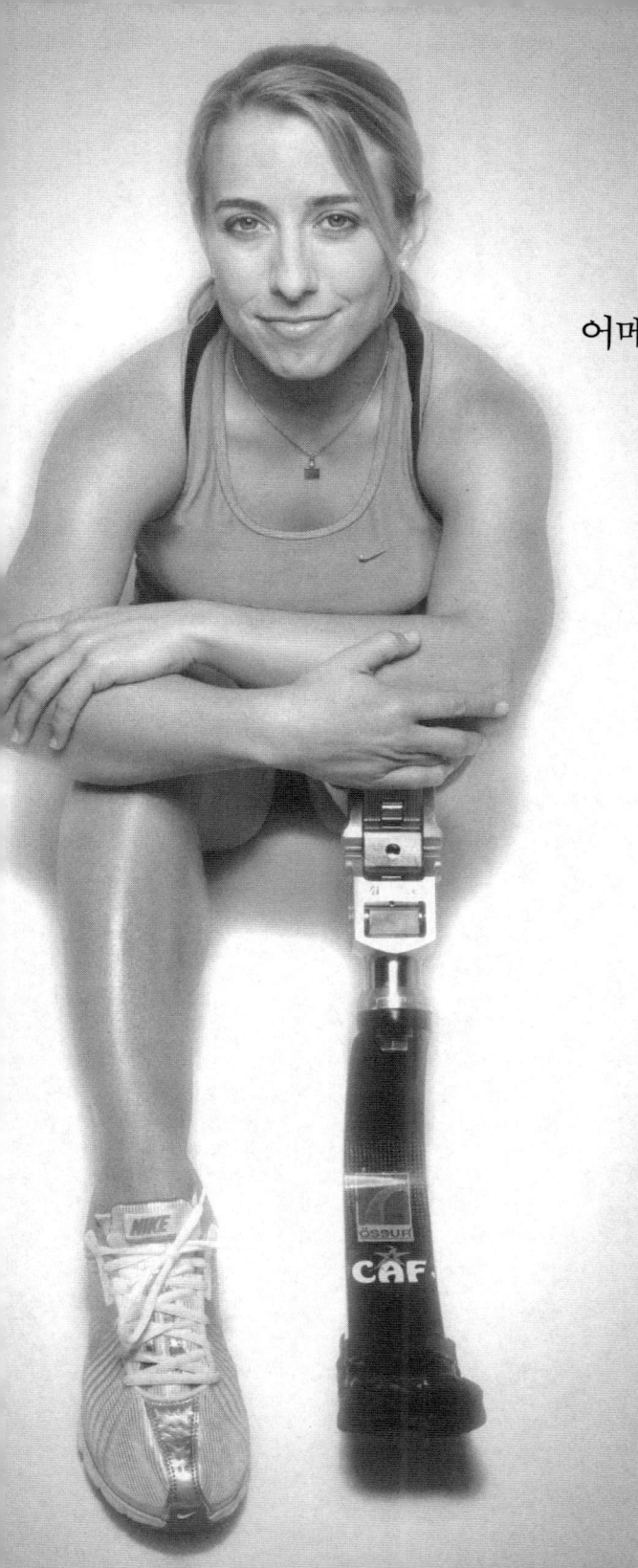

*7장

어메이징 레이스

 피터 하쉬와 나는 1999년에 열린 샌디에이고 철인 3종 도전 대회에서 만났다. 그는 첫눈에 내 관심을 끌었다. 피터는 보철 제조 면허가 있어서 우리 같은 절단 장애인에게 다리를 만들어 주는 사람이었다. 뿐만 아니라 나와 마찬가지로 철인 3종 경기 선수이기도 해서 아주 오랫동안 하와이에서 열리는 철인 대회에 참가할 꿈을 꾸어 왔다. 그는 잘 생기고 키가 컸을 뿐만 아니라 운동선수로서 외모 관리까지 신경 쓰는 도시형 남자였지만 생계를 위해 인조 다리를 만들었다.
 보철 기술자라는 사실이 큰 매력이기는 하지만 내가 그것 때문에 매력을 느낀 건 아니었다. 내 말뜻은, 내가 신는 신발마다에 맞는 다리를 만들어 줄 수 있는 남자와 데이트를 하는 게 그렇게 멋진 일만은 아니라는 말이다. 그는 달리기용이나 자전거용뿐만 아니라 등산용이나 파도타기용 같은 스포츠용 다리들을 다양하게 만들 수가 있었다. 게다가 내가 보아 온 다른 보철 기술자들과는 달리 주름살도 없었다.

2005년에 나는 오렌지카운티Orange County로 이사했다. 그리고 다시 회사라는 세계로 들어가서는, 보철과 부목과 보조기구들을 제조하는 '오서노스 아메리카Ossur North America'에서 마케팅 관리자로 일하게 되었다. 그런데 오서사의 서부 지역을 담당하는 임상 보철 기술자가 누구였는지 아는가? 바로 피터 하쉬였다.

사무실 동료로서뿐만 아니라, 그는 그 지역에서 훈련을 하기 위한 좋은 장소를 제공해 줄 수 있는 자원이기도 했다. 나는 우리 둘이 좋은 짝이 될 수 있다는 희망을 지니게 됐다. 그렇지만 내가 혼자일 때에 그는 늘 여자친구가 있는 것처럼 보였고, 그 반대도 마찬가지였다. 아마도 별자리가 적절히 (아니면 다르게) 맞춰졌다면 우리는 짝이 될 수도 있었을 것이다. 그렇지만 늘 그런 식이었기에, 우리는 일하는 중이나 일과 상관없이도 친구로만 지냈고 그 후로도 그래야만 했다.

'마이크와 함께 수영하기'에서 사귄 오랜 친구 존 시실리아노는 뛰어난 운동선수였고, 내가 아는 한 가장 강인한 절단 장애인이었다. 그는 로스앤젤레스에서 배우로 활동하면서 10킬로미터와 하프 마라톤에도 수없이 참가했다. 게다가 존은 데이비드 볼스리와 함께 훈련했는데, 충실한 볼스리와 연습하려면 강인해져야만 했다. 그가 언제나 모험을 즐겼기에 「어메이징 레이스」와 같은 무대에는 완벽한 후보였다.

존과 그의 여자친구인 브리짓Bridget은 CBS의 리얼리티 쇼 시즌 10회에 참가 신청을 했다. 그리고 관료적인 형식주의로 점철된 긴 시간을 뚫고서 힘든 선정 과정을 거쳐 쇼에 게스트로 초대되었다. 하지만 불행히도, 브리짓의 직장 상사는 그녀가 쇼에 참가할 시간을 주는 걸 아까워했다. 그래서 제안을 수락한 지 겨우 일주일 만에 브리짓과 존은 쇼에서 손을 뗐다.

그래도 존은 여전히 참가하고 싶어 했다. 그렇지만 함께 참가할 사람이 있어야 했다. 그리고 기왕이면 프로듀서의 관심을 끌 만한 재미난 막후 이야기를 지닌 사람이어야 했다. 아마도 가능하다면 또 다른 절단 장애를 지닌 운동선수여야 한 걸로 보였다.

나 또한 그 쇼를 좋아해서 신청했지만 지난 2년 동안 헛발질을 해 왔기에, 존이 나를 불러 「어메이징 레이스」에 참가하는 걸 생각해 보라고 말한 그때는, '일어나야만 했던 순간happen moments' 같은 것이었다. 내가 하고 싶다고 말하자, 존은 극소수만이 할 수 있는 중요한 질문을 던졌다.

"수동 변속기가 있는 차를 운전할 줄 알아?"

우리 둘 합쳐서 다리가 셋밖에 없었기에, 계산할 줄 안다면, 수동 변속기를 다루는 데 다리가 몇 개 쓰이는지는 중요한 문제였다. 쇼가 펼쳐지는 나라들에서 달리는 자동차들에는 대부분 자동 변속기가 없었기 때문이다. 지난 10년 동안에 수동 변속기로 운전해 보지는 않았지만 할 만하다고 생각했기에 그에게 말했다.

"물론이지! 쉬워! 문제없어!"

조금 둘러댄 것뿐이었다.

다음 날, 존과 나는 쇼의 제작진과 함께 전화 인터뷰를 했는데 그들이 우리 이야기를 듣고 좋아했던 것으로 보였다. 왜냐하면 대면해서 회의할 수 있게 로스앤젤레스에 있는 사무실로 운전해 와 줄 수 있느냐는 요청을 받았기에…… 즉시 말이다. 2시간 만에, 사라 라이너첸의 공식 보도 자료철과, 다양한 경기와 텔레비전 방송에 출연한 영상을 촬영해 둔 DVD 몇 개와, 철인 3종 경기 사진 몇 장으로 무장한 채, 존과 내가 「어메이징 레이스」를 어떻게 요리해 줄 것인지를 상상하면서 할리우드를 관통하는 101번 도로를 따라 북쪽으로 운전해 갔다. 나는 우리 팀이 강할 것이라고 생각했다. 왜냐하면 강력한 달리기 주자이자 자전거 주자인 데다가 내가 스페인어를 잘했기 때문이었다. 수동 변속기 따위는 부차적인 문제라고 생각했다.

그러고는 그렇게 「어메이징 레이스」를 제작하는 사무실에 도착했다. 배역 배정에 통달한 나탈리Natalie는 내가 모아둔 것과 사진을 유심히 살펴보고는 미소를 지으며 말했다.

"그럼 당신과 존 시실리아노는 얼마나 오랫동안 낭만적인 관계를 끌어왔나요?"

내가 말했다.

"무슨 말씀을 하시는 거죠? 우리는 사귀지 않아요. 여러 해 동안 존은 브리짓하고만 사귀었고요, 우리는 그냥 친구일 뿐이에요."

"아, 우리는 당신들이 사귀는 줄 알았어요."

나탈리가 말했다.

"다른 모든 배역이 배정돼서 우리는 연인을 구하는 중이에요."

그녀가 내 사진첩에서 사진 한 장을 꺼냈다.

"이 남자는 누구죠? 귀엽네요."

"아, 피터 하쉬예요."

내가 덧붙여 말했다.

"이제야 함께 참가할 만한 사람을 찾았네요. 우리는 모두 철인 3종 경기 선수인데 같은 회사에서 일하고 있어요. 경기를 하는 동안에 내 다리를 고칠 수 있는 기술을 그 사람이 가지고 있는 데다가 좋은 친구 사이니까 좋은 팀이 될 수 있어요."

"둘이 사귀나요?"

그녀가 물어봤다.

"어, 사실은 아니에요."

"사실은 아니라는 게 무슨 뜻이죠?"

"음, 우리는 늘 사귀기를 바랐지만, 그렇지만, 음, 상황이 한 번도 허락되지 않았어요. 하지만 지난 두 달 동안 같은 사무실에서 일했어요."

그리고 나서 나는 최대한 알랑거리는 미소를 지어 보이며 말했다.

"그래서 선을 넘을 일이 벌어질지 누가 알겠어요?"

내 연기가 비열한 면이 있고, 피터와 내가 어느 정도는 서로 관계가 없다는 걸 프로듀서가 눈치 챘음을 직감으로 느꼈다. 하지만 나탈리가 "피터가 관심이 있다면 볼 수 있겠냐?"고 나에게 물어볼 만큼 우리 각자의 선수라는 배경이 충분히 매력적이었다. 그들은 거기서부터 진행을 했다.

피터는 텍사스로 출장 중이었다. 할리우드에서 집으로 가는 길에 피터에게 전화했는데, 그는 엉망이었다. 여자친구와 막 깨졌다고 했다(이런 기가 막힌 타이밍이 다 있나?). 몇 분 동안 전화기 너머로 울도록 놔둔 다음에 내가 말했다.

"네 기분을 좋게 해 줄 사실이 있어."

"무슨 일인데?"

"나와 함께「어메이징 레이스」에 참가해 보는 게 어때?"

"뭐라고?"

"너하고 내가「어메이징 레이스」에서 파트너가 되는 거야. 다음 시즌에 말이야. 그렇지만 문제가 있어. 방송국에서는 우리가 연인이라고 생각해. 그러니 내일 인터뷰할 때 오스카상을 받을 만한 수준으로 연기를 해야 할 거야."

"내일?"

그가 물어봤다.

"그래, 내일. CBS가 널 로스앤젤레스로 날라다 줄 거야. 그러니 공항으로 가서 로스앤젤레스로 온 다음에는 나랑 사귀는 것처럼 꾸며."

다음 날 아침, CBS 본부에 도착하자 접수 담당자가 우리를 회의실로 안내했다. 거기서 CBS의 중역들과 있을 최종 회의를 기다렸다. 피터와 나는 큰 방에 앉았는데, 거기에는 라스베이거스에서 온 양쪽 다리를 절단한 여자와 그녀의 남자친구로 구성된 팀도 함께 있었다(확실히「어메이징 레이스」측은 무슨 일이 있어도 팔다리를 잃은 사람을 쇼에 집어넣을 것으로 보였다). 나는 사교 모임 같은 걸로 생각해 같은 절단 장애인에게 친하게 인사말을 하려고 했지만 CBS의 직원들이 그러지 못하게 했다. 그래서 우리는 20분 동안 조용히 앉아 있다가 다른 회의실로 갔다. 그곳이 '사라와 피터에게 투표를Vote for Sarah and Peter' 호소하는 곳이었다.

CBS의 중역들에게 2분 안에 우리를 설명해야 한다는 주의를 미리 받았기에, 피터와 나는 안전하게 30초씩만 자기 자랑을 떠벌이기로 약속했다. 큰 직사각형 모양의 방 안에 놓인 둥그런 의자들에 앉아 떠벌일 시간을 기다렸다. 그리고 잠시 후 우리를 응시하는 다양한 남성들과 여성들을 마주 대하며, 한쪽 끝에 놓인 소파에 앉았다. 우리가 한마디 말을 꺼내기도 전에 CBS 임직원 중 한 명이 말했다.

"좋아요, 여러분. 우리는 자리 하나를 남겨 두었고 그걸 채워야 해요. 어제처럼 말이죠. 이 모험이 다음 달에 시작되니까요. 그런데 우리가 두 분을 꼭 보내야 하는 이유가 있을까요?"

나는 우리 두 사람이 이 경주에 얼마나 적합한 참가자인지와, 이런 기회를 얻으려고 아주 오래 훈련해 왔다는 점과, 철인으로서 이런 도전에 대비해 얼마나 준비되었는지 등을 말했다. 또한 피터가 경주 구간에서 내 다리를 고칠 수 있기에 최적의 동료라는 것도 언급했다. 그러자 피터가 이런 도전을 하는 데 내가 무척 적합한 절단 장애인이라거나, 나와 함께 보내며 새로운 방식으로 나의 모든 걸 알 수 있는 이런 기회를 갖게 된 걸 자랑스럽게 여기고 있다는 식으로 맞장구를 쳤다. 우리는 절반 정도는 미리 작성해 둔 간단한 홍보 문구를 거의 완벽히 전달했다.

이후 중역 중 몇 사람이 또 다른 질문을 해서 나는 좋은 징조라고 여겼다(우리에게 관심 없는 것처럼 보이려고 "고맙습니다. 곧 연락드리죠."라는 식으로 말했던 것이다). 우리는 아주 잘했고 좋은 인상을 심어 주었다는 걸 확신하면서 방 밖으로 걸어 나왔다. 피터와 나는 복도에서 손바닥을 높이 들어 마주쳤다. 그리고 오렌지카운티에 있는 집으로 돌아오는 동안 내내 흥분했다. 그렇지만 신중하기로 했다. CBS가 아직 우리를 선발한 것도 아니고, 최종 결론이 날 때까지 작성해야 할 경주 활동과 관련한 서류 작업이 무척이나 많이 남아 있어서였다.

확답을 받기 전까지 몇 단계 관문을 더 통과해야만 했다. 우리 둘은 각자 개인 의사와 CBS 측이 지정한 의사에게 두 번에 걸쳐 건강검진을 받았고, 심리검사와 인성검사 결과를 제출했으며, 신원조사도 받았다. 또 혈액검사와 소변검사를 받았고, 여행에 대비해 최신 예방 접종(A형 및 B형 간염 백신과 일본 뇌염 등)을 맞아야 했다. 그들이 우리가 세계를 모험할 만한 건강한 육체와 건전한 정신을 지녔는지를 확인하고자 했기에, 피터와 나는 모든 검사를 꾹 참아 내면서 배역 담당 사무실의 판단을 기다렸다.

5일 후에 트레이더 조Trader Joe라는 가게에서 식료품을 담고 있을 때 전화가 울렸다. CBS 배역 부서의 누군가가 전화한 것이었다. 그녀가 말한 것이라고는 "합격했어요."라는 말뿐이었다.

바로 그 순간 나는 내 뒤로 네 사람이나 줄을 선 계산대 중간에서 외쳤다.
"야호! 내 인생이 달라져 버렸어요. 지금 마침 두유와 사과를 사는 중인데요, 늘 똑 같은 거지만, 모든 게 달라졌어요!!!"

유명 인사가 된다는 데 관심이 있어서가 아니라, 이렇게 황당하고 생애 한 번뿐인 국제적인 모험을 하게 된다는 점에 전율했다. 이건 내가 진짜로 상상해 본 것을 모두 뛰어넘는 것이었다. 그리고 이제부터 이런 일이 막 일어나려 하는 것이었다. 나는 트레이더 조에서 유유히 나왔다.

「어메이징 레이스」를 철인 3종 경기처럼 여겼기 때문에 연습을 많이 하려고 했다. 불행히도, 준비할 시간이 한 달밖에 남지 않은 상태에서 쇼에 관한 정보가 전혀 없어서, 대부분의 시간을 기본 중의 기본을 준비하는 일로 보내는 것말고는 어찌 해 볼 도리가 없었다. 이전에 경주에 참가한 사람들이 했던 일이라고는 무거운 배낭을 메고 도시 거리를 여기저기로 달리는 것뿐이었다. 그래서 매일 일하러 나가기 전 아침마다, 배낭을 가져다가 빨래할 옷으로 가득 채워 어깨에 메고는 동네를 빠르게 돌아다녔다. 이웃 사람들은 내가 철인 연습을 하는 걸 봐 왔기에, 내가 엉덩이를 치켜들고 거리를 따라 오르내리는 것을 보고도 놀라지 않았다. 누군가가 내게 "왜 배낭을 메고 여기저기 뛰어다니느냐?"고 물어보면 이렇게 대답하곤 했다.

"노스캐롤라이나에서 경기가 있는데 모험 경주라 그걸 준비하는 거예요."(그 경기는 실제로 존재했다. 하지만 내가 「어메이징 레이스」에 참가할 것이라는 걸 누구에게도 말할 수 없는 상태였기에, 적당히 둘러댈 이야기로 생각해 낸 것이었다).

아마도 내 훈련 중의 가장 중요한 부분은 연구와 관찰이었을 것이다. 이전 시즌들을 촬영한 「어메이징 레이스」 DVD를 두 개씩 구입하고는 피터에게 연락했다.

"이것들을 우편으로 보내 줄게. 그걸로 공부해 봐. 경주에 참가한 사람들이 입은 걸 살펴봐. 그리고 조금이라도 도움이 될 말과 방법을 살펴봐. 또 심리적 우위에 설 수 있는 방법을 알아내. 그리고 이 임무를 간과하지 마. 이렇게 하면, 제대로 할 수 있을 거야."

피터가 말했다.

"좋아. 하지만 고백할게."

"뭔데?"

"쇼를 본 적이 없어."

내가 한숨을 쉬었다.

"정규 방송은 잊어 버려. 내가 페덱스FedEx를 불러 DVD를 보내줄게. 내일 아침이면 받을 수 있을 거야. 우리는 2주 뒤면 시애틀로 떠나야 하고, 넌 준비가 돼 있어야 하는 게, 우리가……이겨야만……하기……때문이야."

그에게 아첨하는 게 아니었다. 우리는 운동선수다운 강인함과 거리를 알아보는 능력과 결단력을 지녔기에, 솔직히 100만 달러 상금을 타 낼 수 있는 팀은 다름 아닌 바로 나와 피터 하쉬라고 믿었다.

'이봐요, 여러분. 제 말이 옳아요.'

※

내가 중국의 만리장성을 오른 후로, 경주 참가자 모두는 형편없는 식사를 제공받았다. 그런 다음에 호텔로 태워 보내져 조언을 들었다. 한낮인 오후 2시라고 하더라도 잠을 자 두어야 했던 게, 저녁 식사를 10시에 하고 한밤중에 다음 과제로 진행해야 할 수도 있었기 때문이다(참고적으로 몇 마디 덧붙여 보겠다. 「어메이징 레이스」가 시청자들에게 매력적인 이유가, 대인 드라마라는 점과, 참가자들이 더 피곤해하고 더 의기소침해 할수록, 현실 세계에서는 감추어 왔던 자신의 진짜 모습을 드러내기 때문이어서, 방송국 담당자들은 우리가 잠자는 걸 방해하고서는 그런 연기를 끝낸 후에야 음식을 주었다).

다음 도착지는 울란바토르Ulaanbaatar였다. 그곳은 몽골의 수도이기는 했지만 아주 외진 곳이었기에 모래 외에는 아무것도 보이지 않는 광막한 고비 사막을 36시간 넘게 불편한 싸구려 기차를 타고 갔다.

침대차를 받은 덕분에 몸을 뻗고 쿨쿨거리며 잘 수 있기는 했지만, 4인실이 휴식하기에는 도움이 되지 못했다. 특히 모래 바람이 부는데 밤새 창문을 열어 놓았을 때면 더욱 그랬다. 아침에 깨어나 보니 피터와 나뿐만 아니라 모든 장비가 모래로 덮여 있었다. 그 사막 먼지 때문에 재채기를 해 댔다. 피터의 머리카락이 지푸라기처럼 보였고 내 의족은 눈보라에서 살아남은 것처럼 보였다.

기차에는 음식이 없었는데—점심거리를 판매하는 '암트랙Amtrak'(미국 대륙을 횡단하는 열차의 한 종류-옮긴이)을 말하는 게 아니다—문제는 마지막 식사거리였던 밥 한 그릇이 중국의 기차역에서 날짜를 하루 넘겨 버린 것이었다는 사실이다(기차역에서 밥을 먹은 후에 피터는 우리가 맥주를 마실 자격이 있다면서 역에 있는 가게에서 하나를 구입하기로 결정했다. 나는 맥주를 사는 데 돈을 낭비하는 게 신중하지 못하다고 생각했다. 우리가 경주 후반에도 돈을 써야 할 것이라고 생각했기에, 나는 항의하는 뜻으로 맥주를 많이 마시지를 않았다. 그렇지만 벌써 구입해 버렸기 때문에 그건 바보 같은 행동이었다. 내가 지루한 기차를 타기 전에 그 알코올을 꿀꺽꿀꺽 마셔 대지 않은 걸 후회했다).

그렇지만 이런 게 좀 답답하다. 이런 일은 텔레비전에 하나도 방영되지 않았다. 어느 누구도 우리가 다른 참가자 한 쌍과 함께 작은 침대 차량에 구겨 넣어진 것을 발견해 내지 못했고, 밤새 기차의 창문을 열어 두는 바람에 주위 사람 모두가 한가득 모래를 뒤집어 쓴 채 깬 것을 전혀 알아차리지 못했다. 멀리서 보는 사람이라면, 우리가 중국에서 몽골로 타고 가는 게 기차가 아니라 바람이었는지 알았을 것이다. 일반 시청자들은 참가자들의 수면 부족이나 영양 부족 상태를 알아차리지 못했다. 내가 카메라 앞에서 눈물을 흘릴 때면, '약한 척하는 울고보첸 여사Ms. Sarah Softie Whinertsen'여서가 아니라, 영양실조에 걸려 지쳤기 때문이란 걸 아무도 몰라주었다.

마치 3,000억 년쯤은 흐른 것처럼 보일 때서야 우리는 울란바토르에 도착했다. 주어진 과제는 이랬다.

'낡은 자동차로 뛰어들어서는 테레지Terelj로 90여 분을 운전해 간다.'

쉬워 보이네, 안 그런가? 틀렸다. 몽골어는 내가 다뤄 본 언어와 공통점이 전혀 없어서, 유용한 도로 표지판이 진짜로 하나도 없는 상태에서 도시를 통과해 달린다는 게 큰 문제가 되었다.

몽골어를 할 줄은 몰랐지만, 지역 주민들에게 희롱을 당한다거나, 자동차를 탈취당한다거나, 습격을 당한다거나 하는 일이 벌어질까 두려워하지는 않았던 건, 우리 뒤를 봐 주는 감춰진 안전망이 있었기 때문이다. 참가자 중 누구라도 리얼리티 쇼를 증오하는 몽골인에 의해 납치돼 몸값을 요구받는 상황이 벌어질까 염려한 CBS는 퇴역한 전직 군인을 경호원으로 채용해 쓰는 국제적인 경호업체 '컨트롤 리스크스Control Risks'에서 보안 요원 2명을 파견받았다. 그리고 컨트롤 리스크스사의 직원은 전직 특수 부대원이자 소말리아나 파나마, 중동 등의 세계 각지에서 은밀한 작전을 펼친 비밀 요원들이었다. 두 사람 모두 아주 멋졌고 든든한 배경이 돼 주었다.

언어 장벽과 혐오스러운 자동차에도 불구하고 우리는 마구간에 처음으로 나타난 팀이었다. 거기에는 말이 가득했다. 많고 많은 말들 말이다. 질문을 돌려서, 4킬로미터 정도 말을 타고 다음 도전 장소로 가는 게 뭔 재미가 있는가? 그게 쉽겠는가? 다시 할 수 있을 만한 것이겠나? 글쎄, 진짜 쉽지는 않았지만 말을 타고 시골을 돌아다니는 게 좋기는 했다.

일단 말에서 내리자 우리는 두 과제 중에 하나를 선택하라는 말을 들었다. 몽골식 오두막을 철거한 후에 오두막을 두른 모직 담요를 밧줄을 이용해 낙타에 묶어서 싣거나, 교통수단으로 야크yak를 사용해 물을 담은 주전자를 이리저리 옮기라는 것을 말이다. 「어메이징 레이스」의 이전 방송분을 보면서, 나는 야생 동물이 믿을 수 없고 예측할 수 없다는 걸 파악했기에 낙타와 함께 일하려면 더 나은 감각을 발휘해야 한다고 생각했다. 역시 생각한 대로 낙타는 이곳저곳으로 움직이려고 하지 않았다.

어떤 면에서 보면 낙타를 다루기는 그다지 어렵지 않았다. 오히려 피터를 다루기가 더 어려웠다.

내가 자라면서 아빠의 행동 방식을 봐 왔기에 불안정한 알파맨alpha man(수컷의 우월성을 과시하는 행동을 하는 남성을 일컫는 말-옮긴이)을 능숙하게 다룰 수가 있다. 하지만 피터는 처음부터 나를 강아지처럼 여기고 내게 박수를 치거나, 내가 차분해지지 않으면 함께 할 수 없을 것이라고 말했다. 게다가 입을 닫고 일에 집중하라는 식으로 심하게 나를 야단쳤다. 그럴 때마다 나는 반대로 행동했다. 피터가 가려고 하는 감정 지대 모두를 너무나 잘 알았지만, 그곳으로 끌려가지 않았다. 그 동안 나는 남의 지시를 받으며 살지 않았다. 특히나 언제든 인출할 수 있는 100만 달러가 눈앞에 놓여 있다면 더욱 그랬을 것이다.

　나름 방송의 생리를 잘 알고 있었던 나는 언제나 카메라와 마이크가 늘 우리 앞에 놓여 있다는 걸 신경 쓰면서 카메라 앞에서는 피터에게 감정을 쏟아내지 않았다. 대신에 제작진과 카메라가 없는 호텔에서만 감정을 표출했다. 피터가 텔레비전에서 떨어졌을 때만 감정을 표출하는 기교를 부릴 줄 몰랐다고 해도 그건 그의 문제일 뿐이라고 생각했다. 그래서 될 수 있는 한 피터의 입을 닫게 하고서 낙타에 담요를 싣는 일에 착수했다. 하지만 그 일이 너무 어려워서 이내 야크 과제로 전환했다. 나는 과제를 바꾸는 게 싫어서 화가 났다.

　불행히도 야크가 뿔난 것처럼—피터가 야크를 흥분케 했을 수도 있다—우리가 하려고 했던 일을 야크가 완강히 거부했다. 그런 사실을 알기도 전에 벌써 우리는 최하위 팀이 되어 버렸다. 그래서 다시 낙타로 돌아갔지만 그게 나를 더 열받게 했다. 하지만 이번에는, 피로와 배고픔으로 현기증이 난 상태에서 낙타 침으로 범벅이 되면서도 그만두려 하지 않았다. 우리는 그 빌어먹을 담요를 빌어먹을 낙타에게 묶느라 총 6시간을 허비했다. 낙타들을 따라다니면서 돌봐 주는 몽골인 목동들이 내가 겪는 일을 지켜보기만 했기에, 그들에게 좀 미안해하라고 말하려고도 했다. 사실은 내 자신에게 미안해졌지만 말이다.

　해가 저물 무렵에야 모든 불만이 풀렸다. 왜냐하면 짜증나는 자동차와 미친 야크와 신경질 부리는 낙타에도 불구하고, 경주의 이번 구간에서 우리가 승리했기 때문이다. 피터 덕분이었다. 다음 과제에서 피터는 자신의 내면에 감춰져 있던 로빈 후드Robin Hood라는 인물로 변신해서는 1,000억 미터쯤은 떨어진 걸로 보이는 아주 작은 표적을 향해 불붙은 화살을 정확히 쏘아 비로소 명예를 완전히 회복했다. 그때 아주 잠깐 동안 나는 피터가 강에서 한 행동을 용서했지만, 기회만 있다면 바로 그 즉시 바보 상태로 돌아갈 수도 있는 피터라는 걸 확실히 잊지는 않으려고 했다.

실제로도 잊을 수가 없었던 건, 피터 하쉬가 남들은 따라 하기조차 힘든 방식으로 내 기억을 되살려 주었기 때문이다.

그리고 하노이Hanoi로 갔다. 우리 주머니 속에는 달랑 33달러만 남았다. 그래서 베트남에 도착하면 쓸데없는 물건(즉, 맥주)을 사지 말자고 피터에게 다짐받았다.

처음으로 머무른 '호아 로Hoa Lo' 감옥, 일명 하노이 힐튼Hanoi Hilton 호텔은 베트남인들이 수백 명의 전쟁 포로들을 가둬 뒀던 곳이었다. 지금은 존 매케인John McCain(베트남 전쟁 영웅이자 미국의 대통령 후보였던 사람-옮긴이)이 갇혔을 때 입고 있던 낙하산 복장 같은 기념품을 전시하는 박물관이 되었다.

우리에게 주어진 다음 과제는 힐튼 호텔 어딘가에 숨는 것이었다. 하지만 그날 있었던 많은 문제 중의 첫째는, 박물관이 그때까지 열지 않았다는 점이었다. 두 번째 문제는 공산주의 국가에서는 거리에서 빈둥거리거나 자는 게 불법이라는 말을 곧바로 전해 듣게 되었고 그 즉시 숙소로 출발할 수밖에 없었다는 점이었다. 세 번째로는, 얼마간의 휴식을 취하며 음식을 먹을 수 있을 것이라고 전해 들었던 그 숙소에 두 개의 주요한 물건이 빠져 있었다는 점이다. 참가자들을 위한 침대와, 오래된 빵이나 따뜻한 물이 아닌 음식 말이다.

우리는 그 숙소의 안마당 쪽으로 열린 큰 방 마루에서 잠을 자게 되었다. 그곳에는 주먹 크기만한 바퀴벌레가 바닥을 가로질러 잰걸음으로 돌아다녔다. 게다가 나는 오래된 빵 말고는 아무것도 먹지 못했다. 더군다나 우리 참가자 18명 모두가 하나뿐인 공용 욕실을 함께 썼다. 그곳은 교도소 같았다. 고마워, CBS(이따위 교도소에 있는 물건들 중 어느 것 하나도 텔레비전에 나오지 않았다는 걸 언급해야겠다. 말하자면, 내 생각에는 교도소 같은 환경에 우리가 있게 된 게 그날의 핵심 중의 핵심이라는 건데, 존 매케인의 낙하산복처럼 단서를 감추고는 우리가 매케인 상원의원이 겪었던 맛을 경험하기를 원했던 것이다).

하노이 힐튼 호텔의 직원들이 하노이 중앙에 있는 꽃 시장을 가리켰고, 거기서 우리는 더 어리석은 일을 벌였다. 꽃을 파는 일 말이다(「어메이징 레이스」의 시즌 초반에는 참가자들이 아주 넓은 밀밭에서 석상을 장식하는 잔디를 찾아야 했다. 말할 것도 없이 그런 방식은 더 어리석었다). 할 수 있는 한 최대한으로 손님을 끌어 모았지만 겨우 미화 3달러에 해당하는 베트남 화폐 1,100동만을 벌 수 있었다. 그렇지만 다음 과제가 기다리는 곳으로 가서 과제를 수행하기에는 충분했던 게, 다음 과제는 진흙을 사용해 벽돌을 만들고는 그걸로 새장을 짓는 것이었기 때문이다. 피터와 나는 나중에 몹시 뒤처졌다. 우리가 그 일을 마지막으로 끝낸 팀이었다.

'우리가 한 팀으로 계속 작업을 해 나갈 수 있을까?'라는 질문을 하고 싶은 순간이었다.

※

하노이의 논을 기어 다니던 그날 이후로 나는 편안히 잠잘 수 있기를 열망했다. 하지만 이게 말 그대로 어메이징 레이스, 즉 놀라운 경주답게 그런 일이 벌어질 것 같지는 않았다. 그날 밤에 쓴 임시 담요가 감옥 같은 호텔의 그것보다는 더 나았지만, 솔직히 말하면 라마다Ramada 여관 같은 곳에 머무는 게 더 나았을 것이다. 우리 호텔은 싸구려여서 바닥에 먼지가 한가득인 데다가, 침대에 머리카락이 뒤얽혀 있었지만…… 최소한 푹신하기는 해서 나쁜 것만은 아니었다. 교류 전원 따위는 없었다.

그렇지만 그날 할 일을 알게 되었을 때는 분노의 아드레날린이 치솟고 말았다. 인도양을 향해 솟아난 바위투성이의 굽이진 절벽을 오르면서 촬영당하는 일 말이다. 만리장성은 멋지고 부드러웠지만 그건 나빴다. 이 바위 덩어리들을 오르기가 10배나 더 어려웠다. 나는 몹시도 무서워서 지금까지와는 달리 집에서 너무 멀리 떨어져 있다는 느낌이 들었다. 철인 3종 경기 대회에서 불성립(철인 선발 경기에서 철인이 되지 못한 일)을 겪은 걸 제외한다면, 사는 동안에 가장 힘든 일을 겪은 날이었다.

우리 팀이 절벽에 네 번째로 도달하는 바람에 나는 처음부터 손해를 봤다. 장성에서는 조금 앞서나가 잠시 휴식을 취할 수 있었지만, 이번에는 처음부터 엉덩이를 절벽 위로 올리도록 강요당했다. 그리고 멋진 다리 하나와 터져 나간 의족 하나로 절벽을 오른다는 건 쉽지 않았다.

경주 중 처음이자 마지막으로 갑자기 무서워졌다. 다만 만리장성에 오르는 일은 땅 위에서 벌어졌지만 이 일은 바다 위에서 벌어지는 덕분에, 굳은 땅 위로 쿵하는 소리를 내며 충돌하는 것보다는 물로 찰싹하는 소리를 내며 떨어지는 게 훨씬 더 안전할 것이라는 생각에 다소 안심할 수가 있었다. 그렇다고 하더라도 절벽은 훨씬 더 높았다. 너무너무 높았다.

땀에 젖어 끅끅 소리를 내며 조용히 혼잣말로 저주하면서 팔만 사용해서 밧줄을 잡아 당겼다. 마이크가 켜져 있었기에, 발판에서 떨어지지 않으려고 한 다리로 필사적으로 노력하면서 질러 대는 비명을 황금시간대에 텔레비전을 보시는 할머니가 듣게 되시리라는 생각이 들자 마음이 좋지 않았다. 꼭대기에 도달하기가 장성에서 한 것보다 정말로 더 어려웠지만 결국 도달하는 데 성공하였다. 신체의 힘으로가 아니라 정신력으로 성공한 것이었다. 짐작하겠지만 나는 그 과제를 달성하는 데 주어진 시간을 넘기지 않았다.

'넌 할 수 있어, 사라. 괜찮을 거야, 5분 정도 안에만 올라가면…… 4분 남았어. 필사적으로 4분 안에, 그러면 다시는 절벽을 올라야 할 일은 없는 거야. 3분, 이건 일반적인 기록……2분……1분……해냈다.'

마음이 물질을 이겼다. 정신이 절벽을 이겼다.

절벽의 다른 쪽으로 밧줄을 타고 내려오는 일은 믿을 수 없을 만큼 달콤해서 거의 철인 3종 경기를 완주할 때의 느낌을 받는 것 같았다. 그러고 나서 도착한 다섯 번째 장소는 전혀 나쁘지 않았다. 우리가 본토로 되돌아가는 보트를 타는 내내 피터가 "……장애인증을 쓰면 승리에 도움이 될 거야."라는 식으로 말하며 시간을 보낼 때도 내 흥분이 가라앉지 않았다. 물론, 그가 내 흥분을 조금은 가라앉힐 수도 있었겠지만, 그 당시에는 피터가 뭐라고 말하든 어떻게 행동하든 개의치 않았다.

우리에게 주어진 과제가 너무나 다양했고 이 나라에서 저 나라로 이동하는 게 일종의 악몽 같은 행위와 비슷했지만, 경주는 거대한 도전이 되었다. 첸나이Chennai에 있는 마드라스Madras 농원에서 악어를 막아 내고, 쿠웨이트에 있는 탑을 오르고, 아랍에서 퍼즐을 푸는 모든 기억이 다 흐려졌다. 우리의 도전 과제는 매번 달랐지만 거의 비슷했다.

힘든 일정 때문에 우리 팀의 감정과 정신 상태가 지속적으로 악화되었다. 단편적이기만 한 피터의 행동과, 자신이 옳다고만 하는 그의 확고한 믿음에 화가 났다. 바비 팀 중 반쪽인, 금발 염색을 한 더스틴 콘즐맨에 대한 피터의 호감 말이다. 피터가 더스틴하고만 있으려는 것을 막을 방도가 없었다. 어쨌든 내가 피터와 데이트하지 않을 것을 신께서는 아시겠지. 그렇지만 피터가 우리가 함께하는 일에 초점을 맞추지 못한다는 건 문제였다.

그 문제가 모두 쿠웨이트에 일어났다.

우리 과제는 아주 간단한 것처럼 보였다. 쿠웨이트 낙타 레이싱 클럽 Kuwait Camel Racing Club이라고 불리는 장소로 이동하는 것 말이다(또 낙타라니, 어이구). 몽골에서와 마찬가지로 도로 표지판과 지도에 적힌 글자가 내가 쓰는 영어와는 영 딴판인 데다가, 피터와 나는 철인 3종 경기 선수일 뿐 언어학자가 아니었다. 아랍어를 독해하는 건 넘기 힘든 문제였다.

마법 같은 신탁을 내보일 만한 여자 접객원 정도라면 지역 사정을 잘 알 것이라고 가정하면서, 우리는 4성급 호텔인 트리오trio에 멈춰 서서 어디로 가야 하는지를 물어봤다. 하지만 그 장소를 아는 사람이 아무도 없었는데, 아마도 대체로 그 장소에 대한 아랍어 이름이 없었기 때문인 것 같았다.

그 장소에 익숙해 보이면서도 영어로 말할 줄 아는 누군가를 찾으려고 거리를 배회한 후에, 그 클럽이 어디 있는지 안다고 말하는 호주 신사를 만났다.

"아, 그래요, 그래요. 난 항상 거기에 가곤 했어요."

그가 이렇게 말하고는 내 어깨 너머를 가리켰다.

"길을 따라 똑바로 2킬로미터 정도 간 다음에 왼쪽으로 돌아 조금만 더 가면 왼쪽 편에 그곳이 있어요."

나는 눈을 굴렸다. 그곳은 우리가 막 지나온 곳이었기 때문이다. 다시 돌아가려고 온갖 힘을 썼지만, 운전하면 할수록 우리는 더 길을 잃었다. 해가 질 무렵, 8시간이나 돌고 또 돈 다음에, 태양이 바위처럼 떨어지는 걸 보며 나는 모든 희망을 잃고서는 울음을 터뜨렸다. 지금까지는 「어메이징 레이스」를 자랑스러워 했는데 잘못된 지시와 빈약한 정보를 담은 지도 때문에 이제 더 이상 그렇게 되지 않았다. 피터는 나보고 울지 말라고 거칠게 말했다. 멋진 녀석 같으니라고.

내가 희망을 품고 피터와 다시 마음을 합치려고 들어선 주차장에서 익숙한 얼굴을 보았을 때, '잠깐만, 우리가 어쩌면 그 장소에서 가까운지도 몰라.'라고 생각했다. 아니었다. 그 사람들은 경주를 위해 고용한 컨트롤 리스크스사의 보안요원들이었다. 친숙한 얼굴을 보는 게 좋았지만 좋은 정황으로 볼 수는 없었다. 방송국 측에서 군대를 보내 우리를 돌보게 했다는 사실이 우리에게 무언가 심각한 문제가 있다는 걸 대변했다.

그때, 카메라맨의 휴대 전화가 울렸다. 「어메이징 레이스」의 프로듀서인 버트람 반 뮌스터Bertram van Munster가 건 전화였다. 카메라맨이 내게 전화기를 건네주었다.

"안녕하세요. 사라 양."

"안녕하세요, 버트람 씨."

"당신 친구는 괜찮아요?"

"음, 우리가 길을 조금 잃은 것 같아요."

"조금이오?"

"아니, 많이요."

"좋아요. 그거 알아요? 거의 다 왔다는 걸요. 계속 가요. 잘하고 있어요.

포기하지 마세요."

나는 쉽게 포기하지 않는 사람이었지만 「어메이징 레이스」가 그렇게 만들고 있었다.

"좋아요. 뭐라고 하든지요."

사실, 버트람은 우리가 어디 있는지를 알려주지 않았다. 그 문제에 관한 한 제작팀의 어느 누구도 우리가 어디 있는지 알지 못했다. 하지만 쿠웨이트가 작은 곳이기에, 그들이 결국 우리를 찾아낼 것이라고 나는 확신했다.

한밤중에 텅 빈 거리에서, 우리는 방향을 물으려고 해당 지역에 사는 신사 앞에서 다시 멈춰 섰다. 그는 자신의 자동차인 낡아 빠진 붉은색 1974년형 캐딜락을 가리키며 말했다.

"당신들이 가야 할 곳을 알고 있어요. 함께 가요. 거기로 모셔 드리죠."

그래서 우리는 그와 함께 갔다. 선택의 여지가 거의 없었다.

10분 후에 우리는 어두운 광장에 있게 되었다. 작은 오두막 같은 곳에서 흘러나오는 불빛이 유일했다. 차를 주차한 후에 우리의 새 친구가 경비원들에게 이야기를 하자는 손짓을 했다. 두 쿠웨이트 남자가 1분 정도 왔다가 가니, 캐딜락 씨는 우리가 아마도 잘못된 곳에 있는 것 같다고 말하고는…… 누군가가 1시간 전에 이곳에서 처형당했다고 말했다.

끔찍했다. 내가 그에게 물어봤다.

"왜 이걸 우리에게 말하는 거죠?!"

그가 말했다.

"저 사람은 당신네들이 그 일을 취재하러 온 사람들인 줄로 생각했대요."

그때 컨트롤 리스크스사의 보안요원이 난데없이 나타났다.

"차에 타세요."

그는 나와 피터를 향해 소리를 질렀다.

"즉시요. 운전만 해요. 여긴 '카멜 클럽Camel Club'이 아닙니다."

분노한 채로 내가 대답했다.

"그곳이 어딘지 알려줄 수 없나요? 농담 아니에요. 이건 말도 안 돼요."

그는 단호히 고개를 저었다.

"그렇게 할 수 없습니다. 그렇지만 걱정하지 마십시오. 거의 다 왔으니까요."

나는 피터를 보며 말했다.

"제기랄, 배고파. 뭣 좀 먹으러 가자. 쿠웨이트 타워로 돌아가면 '루비 튜스데이Ruby Tuesday'라는 레스토랑이 있을 거야. 어쨌든 탈락한 것 같으니까 돈을 써도 될 거야."

컨트롤 리스크스사의 요원이 한숨을 쉬더니 말했다.

"좋습니다, 차에 타세요. 저는 두 분이 지랄맞은 루비 튜스데이에서 식사하는 동안에 제작팀을 본부에만 머무르게 할 수가 없습니다. 갑시다. 따라 와요."

나는 그게 100퍼센트 확실히 끝난 순간이라는 것을 알아챘다. '카멜 클럽'에 가까이 가 본 적이 없다는 걸, 그리고 결코 '카멜 클럽'에 가까워져 본 적이 없다는 걸 알았다. 창밖으로 펼쳐지는 풍경에 전혀 관심을 두지 않았다. 그러지 않아도 되었다. 내가 어디로 가는지를 알든지 모르든지 간에 문제되지 않는 상황이 되어 버렸다.

※

「어메이징 레이스」의 카메라 앞에서 마무리 인터뷰를 하면서 내가 받은 질문 중의 하나는 피터와 내가 관계를 지속할 건지 말 건지에 관한 것이었다. 피터가 내게 그다지 중요한 사람이 아니어서 굳이 대답하지 않아도 된다고 생각했지만, 이게 텔레비전이고 나는 여전히 게임을 하고 있다는 걸 상기했다. 황금시간대의 미국 시청자를 위한 내 마지막 말이 '무언가에 마음을 기울이고, 열심히 일하고, 모든 성심을 다해 믿는다면, 방해되는 게 있어도 성공할 겁니다'라는 게 아니고, 오히려 한 가지 태도만 고수하는 얼빠진 놈과 데이트를 지속할 건지 말 건지에 대한 것이어서 실망스러웠다. 하지만 CBS는 세상에 실수를 비춰 주길 원했는데, 그건 내가 '존중하고 좋아한다'고 말해야 한다는 의미였다. 특히나 「어메이징 레이스」를 시작한 지 얼마 되지 않았기에, 결국 나는 세상을 향해 '아주 특별하고 마법 같은 관계라고 생각한다'고 말했다.

8장
끝나지 않은 사업

　2004년도 철인 3종 경기 대회에서 불성립을 선언받은 후에 나는 지칠 대로 지쳐서 바로 욕조로 기어가 6시간 정도 자고 싶었지만, 경주를 통과한 전사에게 경의를 표하기 위해 결승선으로 발을 절며 갔다. 아나운서인 마이크 라일리가 결승선을 통과한 모든 사람에게 '철인'이라고 선언하는 것을 듣고는 속으로 흐느끼며 아주 조용히 눈물을 떨어뜨렸다. 관중들이 둘러싼 의자에 앉은 채 말이다. 진실을 말하자면, 내가 질시하는 것만큼 상처를 많이 입지는 않았다. 나는 그들 중 한 명이 될 줄 알았다. 철인이 될 것이라고 생각했다. 훈련을 많이 했고, 이 대회를 준비하는 데 많은 시간을 바쳐 왔기에, 이게 이런 식으로 끝나지 않을 것이라고 생각했었다.
　선수들이 기쁜 웃음을 지으며 사랑하는 사람의 품에 안기는 것을 보며 엄마에게 말했다.
　"계속해서 이 일을 할 거예요. 다시 시도해 볼래요. 그리고 기다리지 않을 거예요. 내년에는 여기로 다시 올 거예요."

그렇게 될 줄 알았다. 그걸 해낼 줄 알았다.

그러자 엄마가 말했다.

"그러지 않아도 된다. 이걸로 충분해. 우리 모두 너를 사랑하니까, 문제 될 게 없어."

콘도로 다시 걸어 돌아올 때 다시 말했다.

"이런 식으로 나갈 수는 없어요. 이렇게 끝내지도 못하고 이걸 떠나보내고 싶지는 않아요. 철인이 되고 싶어요. 몇 년 동안 엉덩이가 빠지도록 훈련했어요. 그게 쓸데없는 일이 되도록 하지는 않을 거예요."

나는 기초 체력을 다져 두었기에 다시 2년 또는 3년, 아니면 5년을 기다리기를 원하지 않았다. 하지만 하루하루 사는 인생에서 무슨 일이 벌어질지 누가 알겠는가? 내가 철인이 되든지 말든지 관심을 두지 않는 상사가 있는 직장에 다니게 된다면 어떨까? 내가 사랑에 빠져 아기를 갖고 프랑스로 이사한다면 어떻게 될까? 논리적으로만 보면 매주 30시간에 이르는 훈련 시간을 어떻게든 낼 수 있을 것처럼 보였지만 미래는 알 수 없는 것이었다.

다음 날 아침, 「유에스에이 투데이」 기자가 내게 '딕타폰Dictaphone(구술을 녹음하고 재생하는 기계-옮긴이)'을 들이대며 전반적인 의견을 물어봤다. 나는 이렇게 대답했다.

"여기 코나에서 하는 사업이 끝나지 않았어요. 전 다시 돌아올 거예요. 더 강해져서 돌아올 거예요."

그때 이후로, '끝나지 않은 사업'Unfinished Business은 내 좌우명이 되었을 뿐만 아니라 기운을 불러내기 위한 다짐도 되었다. 나는 일을 하지 않을 때면 훈련을 하러 나갔고, 이 끝나지 않은 사업을 준비하는 데 모든 자유 시간을 썼다. 의지를 굳히려고 차에 선언문을 붙였다. 실망감을 잊지 않으려고, 그리고 지친 날에도 힘을 내려고 철인 선발에 실패한 사진을 냉장고에 붙여 뒀다.

캐논데일Cannondale(미국의 최대 자전거 브랜드-옮긴이)의 누군가가 「유에스에이 투데이」 기사를 읽고는 나만을 위한 맞춤용 자전거를 만들기 시작했다. 나처럼 작은 사람에게 맞는 철인 경주용 자전거가 많지 않았기에, 그들 디자이너들은 내게 잘 맞는 무언가를 생각해 내고자 했다. 그들이 나를 공장으로 초대하고는 말했다.

"우리는 당신을 머리끝부터 발끝까지 잰 다음에 맞춤 프레임을 만들고는 거기에 모든 걸 조립해 붙일 겁니다. 우리는 당신이 결승선을 끊는 데 도움을 줄 수 있는 일이라면 뭐든지 할 겁니다."

펜실베이니아에 있는 캐논데일의 본사로 향하면서 나는 '왜 내가 이렇게 특별한 대접을 받는 거지? 이건 랜스 암스트롱이 매일 느낀 것 같은 걸 거야.'라고 생각했다. 공장에 도착했을 때 '캐논데일은 사라 라이너첸을 환영합니다. …… 2005년 코나에서 끝나지 않은 사업을 위해'라고 적힌 큰 현수막을 걸 정도로 크나큰 환영을 받았다. 게다가 그 현수막에는 전 직원의 서명이 적혀 있었고, 건물에 있는 모든 사람은 '끝나지 않은 사업'이라고 적힌 티셔츠를 입고 있었다. 캐논데일 사람들이 여러 모양으로 넘치게 부어 주는 사랑에 압도당했다. 또한 그들이 무얼 생각해 낼 건지로 기대가 부풀어 초조해지기까지 했다.

집으로 돌아와서는 훈련을 계속했고, 훈련을 하지 않을 때면 주당 50시간씩 오서사에서 일을 했다. 심지어는 회의나 무역 전시회를 위해 여행할 때에도 그랬다. 그 모든 여행은 나의 두 번째 철인 훈련 3분의 2에 해당하는 관문이었다. 나는 어디서든 그럭저럭 달릴 수 있었지만, 자전거를 타는 것이나 수영하는 건 완전히 다른 문제였다.

호텔로 자전거를 옮기려면 비행기에 자전거를 싣거나 UPS(미국의 물류 배송업체-옮긴이)로 배달해야 했기 때문에 각 도시로 자전거를 가져가는 게 가장 귀찮았다. 그것만으로도 충분한 건 아니었다. 각 나라 안의 많은 도시들이 자전거를 타기에 적합하지 않거나, 겨울에 자전거를 타기 좋은 날씨가 아니었기 때문이다. 그렇지만 자전거 타기를 멈춰서는 안 되었기에, 나는 실제로 자전거 훈련을 하는 것처럼 작동하는, 컴퓨터 하드웨어로 된 멋진 물건인 '콤퓨 트레이너Compu Trainer'를 구했다. 그걸 노트북에 연결하면 소프트웨어가 실제 자전거 주행 구간의 언덕을 흉내 내어 훈련자의 긴장을 가감해 주었다. 멋졌다. 코나를 포함한 다양한 경주 구간이 프로그램화 돼 있어서, 워싱턴 D.C.의 호텔 방에서도 하와이에 있는 것처럼 달릴 수가 있었다. 불행히도, 수영 연습을 위한 '콤퓨 스윔Compu Swim' 같은 것은 없어서, 늘 수영장이 있는 호텔에 머물러야 했다. 호텔에 수영장이 없는 경우에는, 수영 교실이나 일일 요금을 지불하고 사용할 수 있는 왕복 훈련용 수영장을 지닌 지역 체육관을 인터넷으로 찾았다. 세계에서 가장 열심인 철인 훈련자일 것이라고 감히 말할 수 있었다.

이 모든 물건이 말도 안 되게 비쌌고 그걸 나르느라 엉덩이에 통증까지 느꼈지만, 너무도 미친 듯이 집중했기에 신경 쓰지 않았다. 훈련을 하는 동안에 비자카드와 마스터카드를 긁어 댔다. 비싸건 말건 무엇이든 산다는 식으로 그렇게 했다. 코나 구간에서 벌어질 만한 다양한 변수가 꽤 있었다. 미칠 듯이 부는 바람이라든가, 타이어에 구멍이 난다든가, 아프다든가 하는 것 등인데, 그래서 내가 관리할 수 있는 건 무엇이든지 관리할 수 있어야 했다. 바람이 강하다면 더 강해져야 했다. 날씨가 덥다면 더 열정적이어야 했다. 무엇에든 대비하고자 했다. 철인이 정상에 도달하는 데에는 여러 해가 걸린다. 최고 기량을 지닌 선수들이 대체로들 30대 중후

반인 데는 다 이유가 있다. 나는 이제 겨우 2년을 지내왔기에 아직 여유가 많았다. 내가 경주를 완성하지 못하게 되더라도 적어도 내가 할 수 있는 일은 무엇이든 해내야 한다고 생각했다.

다시 철인이 되려면 당연히 다시 자격을 얻어야 했고, 하와이의 도로에 대한 경험도 더 쌓아야 해서, 참가 자격을 얻기 위한 경기를 코나에서 하기로 결정했다. 피터도 경기에 참가하기로 했기 때문에 우리 둘은 코할라 Kohala 해변으로 함께 갔다―그리고 기억하겠지만, 이게 「어메이징 레이스」 이전에 벌어진 일이라, 그때만 해도 피터는 여전히 멋진 남자였다― 경기는 차질 없이 개시되었고, 나는 2005년도 세계 철인 선수권 대회 출전권을 얻었다. 캘리포니아로 돌아오는 비행기에서 피터에게 말했다.

"이번 여름이 지나면 주말에 코나로 가서 훈련할 거야. 자전거 구간 전부를 자전거로 달려 보려고 해."

그가 말했다.

"좋은 생각이야. 나도 같이하지."

큰 경기가 8주 남았을 때, 피터와 나는 우리만의 소규모 훈련을 하기 위해 노동절 주말이 지난 다음에 코나로 다시 날아갔다. 이에 나는 크게 흥분했다. 철인 경기에 대비하는 가장 좋은 방법은 실제로 자전거를 타 보고, 구간을 달려 보고, 태평양에서 수영해 보는 것이라고 생각했다. 나는 열기와 습기를 느껴 보고, 무역풍을 타고, 퀸 케이 고속도로의 언덕을 굴러 보고, 바다의 파도 주기를 알고 싶었다.

피터와 나는 엉덩이가 빠지도록 훈련했다. 하루도 빠지지 않고 어김없이 아침이면 코나의 부두 밖으로 나가 수영을 했고, 오후에는 자전거를 오래도록 탔으며, 오래도록 달리기를 했다. 그 사이사이에 우리는 영양가 있는 식사를 하고 오래도록 목욕을 하며 원기를 회복했다. 우리는 훈련했다. 아니, 엄청나게 했다. 우리 몸과 마음이 효율성의 꼭대기에서 흥얼거리는 느낌이었다.

그 주말의 내 주요 목표는 180킬로미터 거리 전부를 자전거로 주파하는 것이었는데, 그걸 나는 물병을 채우려고 여러 번 멈춰 선 것을 포함해 8시간 30분 만에 끝냈다. 역량을 멋지게 입증한 시간인 셈이었는데, 그런 능력을 경기하는 날에도 그대로 발휘할 수만 있다면 달리기에도 적용할 수 있을 테고, 그건 내가 결승선을 끊을 수 있다는 걸 의미했다.

철인 3종 경기에 관한 인생을 놓고 봤을 때 그때가 너무나 소중한 순간이었다. 그리고 더 소중했던 건, 내가 단 에반스Dan Evans를 만난 날이어서였다.

흰 피부에 스포츠머리를 하고 빼빼 마른, 호주 출신의 귀염둥이인 단과 나는 '바이크 웍스Bike Works'라는, 단이 일하는 코나의 자전거 수리 전문점에서 우연히 만났다. 철인 대회를 준비하려고 먼저 섬에 와 있던 단은, 훈련에 쓸 자금을 마련하려고 그 가게에서 일하고 있었다. 그는 바로 나를 알아보았는데, 나중에 알게 된 사실이지만, 코나 경기에 대비해 단이 작년 철인 경기 대회 동영상을 2억 5,000만 번쯤은 봤다고 했다(어디서 많이 들어본 소리 같지 않은가?). 나와 피터도 철인 대회를 준비하고 있다고 단에게 말하자, 우리가 자전거 타기를 연습하는 곳으로 단이 따라왔다. 나는 단에게 우리와 함께해도 좋다고 일부러 말해 주었다.

피터와 내가 차를 탔을 때 피터가 너무나 단조롭게 말했다.

"그 녀석이 너를 좋아해, 단이 널 좋아한다고."

"말도 안 돼! 그 사람이 그럴 리가 없어! 그 사람이 그럴 거라고 생각해? 다른 인조인간 중 누군가도 귀엽기는 마찬가지야."

고등학교에서나 있을 법한 장면 같았지만, 그걸 넘어서 지나치게 많이 생각하지는 않았던 건, 내 사업을 돌보는 데 집중해야 했었기 때문이다.

다음 날, 우리는 자전거 가게에서 단을 만나서 퀸 케이로 향했고, 자전거 타기 훈련을 시작했다. 단과 피터가 나를 앞서 나갔다. 우리가 함께 자전거를 탈 때면 피터는 늘 씩씩하게 나보다 앞서 나아갔지만 그걸 문제 삼지는 않았다. 왜냐하면 피터의 자전거 연습 속도가 나로 인해 느려지는 일로 늘 죄책감을 느껴왔기 때문이었다. 도로를 따라 몇 킬로미터를 내려갔을 때, 단이 피터에게 물어봤다.

"우리가 사라를 기다려 줘야 하지 않아?"

"아니, 사라는 늘 그런 식이야."

그러자 단이 말했다.

"사라가 그런 식에 익숙하다는 이유로 그렇게 해도 되는 건 아니잖아."

단이 되돌아온 덕분에 약 16킬로미터 지점에서 내가 단을 따라잡을 수가 있었고, 이후 그는 자전거를 타는 내내 나와 함께했다. 단은 9시간 9분 만에 철인 경기를 끝내는 사람이었는데—도움이 되는 관점을 제공하자면, 루크 반 리어드Luc Van Lierde(역대 3종 철인 경기 최고 기록 보유자-옮긴이)가 기록한 시간은 8시간 4분이었다—우리가 함께 가며 걸린 시간은 대략 16시간 정도였다. 단은 내게서 떨어지지 않으려고 속도를 3분의 1로 줄였을 뿐만 아니라, 몇 가지 훌륭한 자전거 타기 기술도 알려 주었고—그는 코스의 어디가 오르막길이고 내리막길인지를 알았고, 평탄해 보이지만 완만히 경사진 길과, 언제 어떻게 변속을 해야 하는지와, 어디에서 가장 속도가 나는지를 말해 주었는데, 모두가 다 굉장히 도움이 되었다—우리는 수다를 떨며 시시덕거렸다. 그는 때때로 피터가 남자친구냐고 내게 묻곤 했고, 나는 아니라고 말하며 피터의 여자친구가 캘리포니아에 있다고 했다. 자전거를 타는 동안에 우리가 철인 3종 경기 이외에도 서로의 관심사가 많이 비슷하다는 것을 알게 되었다. 예를 들면 피터도 음악광이었고—그는 멜버른의 클럽들에서 디제이로 일하며 하우스 뮤직house music(전자 악기로 연주하는 비트가 강하고 템포가 빠른 디스코 음악-옮긴이)을 틀고는 했다—춤추는 걸 좋아했으며 채식주의자였다. 게다가 피터는 별난 호주식 유머 감각을 지녀서, 180킬로미터 내내 나를 계속 웃게 만들었다. 정말 멋진 날이었고, 멋진 자전거 타기였다.

그렇지만 완전한 주말이라고까지는 말할 수가 없었다. 다음 날, 피터와 내가 스펜서Spencer 해변 공원으로 가서 수영과 자전거 타기를 하다가, 가장 큰 언덕이 있고 바람이 가장 심하게 부는 구간인 해위의 마지막 결승 구간에 도착했다. 해위는 우리가 머무는 곳에서 80킬로미터도 넘게 떨어진 곳이었고, 그곳에서 자전거용 신발을 안 가져온 걸 알아차렸다. 단지 신발 때문에 콘도로 돌아설 만한 곳도 아니었고, 신발 없이 자전거를 탈 수 있는 곳도 아니었다. 2분간 머리에 망치를 맞은 기분을 느낀 후에 피터에게 말했다.

"있잖아, 함께 수영을 한 다음에 너는 자전거를 타고 나는 달리기를 하면 돼."

자전거 타기 훈련을 해야 했지만 잘 달리게만 된다면 최소한 완전히 손해보는 것만은 아니라고 생각했다.

수영하는 게 좋았고—따뜻한 태평양에서 45분이나 있지 않을 이유가 있겠는가?—내 달리기 실력 역시 최상의 상태에 있었다. 내가 베이스캠프로 돌아왔을 때, 피터가 모든 통신수단을 사용해 보낸 음성 메시지가 한가득 기다리고 있었다.

"오, 이런 맙소사. 바람이 너무 심해서 오토바이를 타고 있을 수조차 없어. 차를 끌고 와 줘야겠어. 지금 어디야?"

"경주하는 날에는 언제든지 바람이 미치게 불어 댈 수도 있으니까, 네 행동에 책임을 지고 자전거 타기나 마쳐."라고 말할 수도 있었겠지만, 그런 극단적인 날씨 속에서 자전거를 탈 때면—바람의 속도가 시간당 100킬로미터쯤 된다고 여겼다—수확체감의 법칙이 딱 맞게 된다. 그때 피터를 찾으려고 차가 있는 쪽으로 가고 있는데 그가 주차장으로 자전거를 타고 들어섰다. 마치, 음, 마치 토네이도 근처에서 자전거를 탄 것처럼 보였다. 피곤한 모습의 피터가 발끈하며 말했다.

"네가 자전거를 타지 않기로 해서 너무 기쁘다, 사라."

나도 물론 기뻤다. 피터는 철인 3종 경기를 10시간 이하로 완주하는 사람이기 때문에, 그가 바람이 좋지 않다고 말한다면 말 그대로 바람이 좋지 않은 것이었다. 내가 도로로 나갔다면 내 마음을 부서트릴 수 있는 상황 때문에 자전거 타기를 마치기도 전에 되돌아왔을 것이다.

그런데 굳이 밖으로 나갈 필요도 없이 내 마음이 무너졌다. 내 일에 쏟아붓는 시간이 계속 늘어나고 있다는 점과, 내가 어떻게 해야 하는지에 대한 불확실성과, 바람이 경기 당일에 심하게 불 수 있다는 두려움과, 생활의 압박이 쫓고 있었다. 겨우 피터에게 말했다.

"경기를 할 수 있을지 모르겠어. 경기를 할 수 없다면 어떻게 될까? 훈련을 하는 동안에는 일할 수도 없어. 못 해, 몰라. 어쩌면 무단결근을 해야 할 수도 있어. 많은 사람들이 지켜보고 있는데, 그 사람들을 실망케 할 수는 없어. 실망하게 하고 싶지 않아. 오서, 캐논데일, 오클리, 그 밖의 후원자들 모두와, 내 가족과, 또……."

피터가 끼어들었다.

"무단결근이라니 멋진 생각이군. 오서 측은 그 정도쯤은 괜찮게 여길 거야. 젠장, 네가 이 레이스에서 받을 수 있는 세계적인 소득이 거기서 몇 주 동안 있는 것보다 훨씬 가치가 있는 거야."

피터가 핵심을 찔렀다. 내 눈물이 갑자기 멈췄다.

월요일에 나는 상사의 사무실로 쳐들어가서는 말했다.

"좀 결근해야겠어요."

그분이 말했다.

"좋아. 얼마나……."

"거의 한 달 정도요."

"한 달 내내?"

상사가 조금 충격을 받은 표정으로 보며 천천히 말했다.

"음, 왜?"

"철인이 되려면 훈련을 해야만 해서요."

"아, 그렇게 할 수 있을 것 같군. 9월에 열리는 라스베이거스 무역 전시회에서 사라 대신에 일할 사람을 찾아 준다면, 문제될 게 없을 거야."

그리고 아무런 문제도 없었다.

※

2004년에는 대회가 열리기 나흘 전에 코나에 도착했었는데 경기에 대비해 몸과 마음을 준비하는 데는 충분한 시간이 되지 못했다. 그래서 2005년도에는 열흘 앞서 가 있기로 작정했다. 그건 좀 정신 나간 결정이었지만—섬에서 주말을 더 보낸다는 건, 내가 갖지 못한 돈, 바로 그 돈을 엄청 더 많이 써야 한다는 걸 의미했다—기회를 조금이라도 놓치고 싶지 않았다.

철인 3종 경기의 두 번째 체험을 위해 하와이에 가는 게 전년도와는 사뭇 달랐다. 경기 전 예행연습이 더 쉬웠다거나 덜 치열했다고 말하지는 못하겠지만, 뭔가 쉬운 면과 거의 모든 걸 순조롭게 해 주는 편안함은 있었다. 작년도의 철인 경기와 전지훈련을 통해 코나의 지형을 배워둔 게 내게 큰 도움이 되었다. 코나가 내게 더 친숙하게 다가왔다. 미칠 듯이 부는 바람에도 불구하고 거의 집처럼 느껴졌다. 이웃 사람들과 몰래 주차할 곳과 예쁜 레스토랑을 알게 되었다. 그리고 경기에 대비해 몸과 마음을 충분히 준비하려면 무얼 해야 하는지도 확실히 알게 되었다.

우리 가족과 친구들은 작년에 머물렀던 콘도를 여러 채 빌렸다. 그리고 작년 대회 때와 마찬가지로, 엄마 아빠는 각자의 두 번째 배우자들과 거칠 것 없이 함께 있었다. 다만 이번에는 신실한 분위기였다. 누군가와 친해지려고 일부러 노력하지 않아도 될 걸로 보였다. 친절하고 긍정적인 대화와 관계가 일주일 내내 자연스럽고 천연덕스럽게 흘렀다.

엄마와 새엄마는 함께 나들이를 다니시며 식료품과 옷을 샀고, 아빠와 새아빠는 '사라야 힘내!'라는 플래카드를 만드는 데 쓸 재료를 사려고 철물점에 함께 갔다. 그건 성대하고 재밌는 가족 파티였다. 즉 1992년경의 붕괴되고 질질 끄는 치료 기간 중에는 상상할 수조차 없었던 종류의 파티였다. 내 어린 시절에 부모님이 폭력을 행사하고 화를 냈던 과거에 비해 현재 얼마나 변화되었는지를 생각해 보면 정말 짜릿했다. 모두가 함께 할 수 있어서 너무나 기뻤다. 그래서 10년 만에 처음으로 진짜 가족이 된 느낌이 들었다.

동지들(일명 '끝나지 않은 사업'팀)은 일주일 내내 기름칠한 기계처럼 일했다. 엄마는 텔레비전과 잡지의 쇄도하는 요청에 일정표를 만들었고, 타비는 각종 매체에 대한 연락을 담당했다. 특히 내 주위를 따라 다니는 「나이트라인Nightline」, 폭스 TV, NBC 사람들뿐만 아니라 기타 3개의 신문방송사 사람들에게 누군가는 "예, 충분히 인터뷰할 수 있을 테니까 좀 참고 기다려 보세요."라는 식으로 말해야 했기에 타비가 하는 일이 중요했다. 타비는 그들 모두를 특정 구역에만 머물도록 했지만 그들이 설치해 둔 카메라는 도처에 있었다. 그건, 무척 우연히도, 「어메이징 레이스」를 하는 동안에 나를 쫓아다닌 성미 급한 사람들을 다루게 되었을 때 아주 큰 도움이 되었다.

타비는 때로는 블도그bulldog처럼 행동했는데, 특히 경기가 열리기 전날에 언론에 대한 감정이 폭발하였다. 철인 3종 경기 대회의 규모나 형태, 비중에 상관없이 늘 항상 그렇듯이 선수들은 대회가 열리기 전날 밤에는 자전거를 점검해야 한다. 금요일 점검 때, 카메라맨 중 한 명이 내 앞에 섰고, 그 밖의 사람들이 바로 그 뒤에 서고, 기타 등등해서 17명이나 되는 사람이 모두가 내 사업을 연구하려고 했다. 약간 성가셨지만, 카메라를 무시하며 자전거를 점검했다. 타비가 군중들을 헤치고 들어와 손을 들고 말했다.

"워, 워, 워, 워, 워. 이봐요, 모두 좀 편해지자고요. 사라가 자전거를 다룰 수 있게 하면 촬영분을 모두 얻을 수 있잖아요. 하지만 모든 인터뷰는 사양해요. 사라가 내일 하루 종일 경기해야 하기 때문에 빨리 자리를 떠야 해요. 그걸 존중해 주세요."

그래서 담당자들 모두를 달래고, 각 텔레비전 방송국이 깨끗한 장면을 얻을 수 있도록 바꿈터의 선반에 자전거를 몇 번이나 다시 넣어야 했다. 아, 그 방송이란…….

어디에나 있는 기자들만 아니라면 두 번째 철인이 된다는 게 마치 결혼이라도 하는 것처럼 긴장되었다. 사랑하는 사람들 모두 나와 함께 특별한 여행을 했고, 모든 관심사가 신부(아니면, 그런대로 기대되는 철인)에게 집중되었으며, 모두가 행사에 대비해 멋지게 차려 입었다. 하지만 정장이 아닌 '끝나지 않은 사업'이라는 문구를 앞에 새긴 밝은 오렌지색의 티셔츠를 입었고, 내 후원자도 모두 등에 문구를 새겼다.

이 사람들이 비행기를 타고 하와이까지 날아와서는, 내가 물속으로 뛰어들었다가 나오는 장면과, 자전거를 타고 빠르게 바람을 가르는 장면과, 고속도로를 달려 나가는 장면과, 그리고서는 (희망적으로) 결승선을 가로지르는 장면을 잠깐이라도 보려고 새벽 5시에 일어나 거의 밤까지 지키고 있다는 것에 크게 감동했다. 이 사람들은 16시간 중에 6분 정도만이라도 나를 보려고 1만 달러를 쓴 것이었다. 그래서 생각해 보면, 결혼과 아주 흡사한 것이었다. 하지만 진짜 신부와는 얼마나 많은 시간을 보낼 수 있을까?

나는 시간을 내기 힘들었다. 하지만 그들은 개의치 않았다. 그들은 나를 사랑했고, 티셔츠를 입고 나를 응원하는 걸로 만족한다고 생각했다. 그리고 그 점에 나도 만족스러워 했다.

※

경기 당일, 새벽 3시 30분에 발작을 일으키듯 깨어났다. 하지만 3시간 동안 편히 잠을 잔 상태였기 때문에 기분은 괜찮았다. 엄마가 첫 번째 아침 식사를 준비해 주었다. 경주가 7시까지는 시작되지 않기에 그 사이에 위장이 배고프다고 난리칠 가능성이 커서였다(참고로 두 번째 아침 식사는 바나나 1개와 밀폐 용기에 담은 프링글스였다. 프링글스는 이제 철인들이 즐겨 찾는 과자가 되었다).

'끝나지 않은 사업'팀에게 나처럼 새벽 4시에 일어나지 말고, 출발 대포 소리가 울릴 때 와도 된다고 말했지만, 그들은 듣지 않았다. 그들이 두 차례나 안고, 뽀뽀하고, 행운을 빌어 주었다. 그런 다음 내 의족을 옮기는 책임을 맡은 타비가 나를 해변으로 실어다 주었다.

선발 주자들과 그곳에 함께 섰다. 그리고 몸에 표지를 달았는데, 작년의 187번과 달리 이번에는 180번을 달게 되었다. 두 숫자가 달라 흥분했다는 걸 믿어 주길 바란다. 소금기 나는 공기를 들이마시고 하늘을 바라보면서 내 얼굴을 건드리는 바람을 즐겼다. 태양이 그때까지 떠오르진 않았지만 따뜻하고 편안한 아침이었다. 하지만 일단 태양이 떠오르기만 하면 하와이식 열기가 제대로 위력을 발휘할 것이라는 걸 잘 알았다. 출발 장소가 벌집처럼 북적였지만 이런 것이 오히려 코나의 어둠 속에서 평화로운 느낌이 들게 했다.

이런 상황에서 NBC 직원들이 내게 카메라 불빛을 비췄을 때 조금은 부자연스러웠다. 카메라 렌즈가 내 코끝 바로 앞에서 돌아가자 나는 다시 한 번 엄청난 압박을 느꼈다.

'세계가 지켜볼 거야. 지금부터 2시간 뒤면, 나는 물속에 있게 될 거야.'

'라이트 켜고, 카메라 준비하고, 액션.'

그렇지만 문제가 있었다. 나는 모든 시선을 개의치 않았고 아주 엄청난 곳에 있었다. 바로 그 순간 갑자기 조용해지면서 신경이 날카로워졌고 흥분되었다. 물론 당장이라도 물로 뛰어들어 태평양의 엉덩이를 차 주고 싶었다. 하지만 그 순간을 경기보다 더 중요하게 여겨야 한다는 생각이 들었다. 그 순간이 내 인생의 분수령 같은 순간이었고 내가 앞으로 살아가야 할 세상이었다.

이윽고 MP3 플레이어가 장착된 아주 멋진 선글라스인 '오클리 텀프스 Oakley Thumps'를 착용하였다. 그리고 경주가 시작되기 전인 새벽 6시에 부두로 향하면서 블랙 아이드 피스Black Eyed Peas의 「시작하자Let's Get it Started」와 비스티 보이즈Beastie Boys의 「멈추지 마Don't Stop」, 포스탈 서비스Postal Service의 「정말 대단한 정점Such Great Heights」, 블랙 사바스의 「철인」 등이 저장된 음악 앨범을 틀어 들었다. 선글라스에 색이 들어가 있어서 태양을 똑바로 응시하며 활기를 띠어가는 하늘을 볼 수 있었다. 카메라가 나를 둘러싸는 동안, 타비가 내 옆에 서 주었고, 많은 선수들이 내게 행운을 빌어 주며 길을 비켜섰다. 내가 사람들과 계속해서 부대꼈음에도 나는 평화로운 '사라만의 세계Sarahworld'에 있었다. 바로 그 순간은 내가 원한 그대로였고 그래야만 하는 순간이었다. 7시에 가까워져 태양이 더 높이 떠오를수록 더 흥분되었다. 복식 호흡을 하면서 긴장을 풀려고 했지만 내 몸이 그걸 받아들이지 않았다. 그……시간이……되었기……때문이다.

프로 선수들이 6시 45분에 먼저 수영을 시작한 후에, 나는 수영 모자와 수경을 착용하고는 물로 뛰어들어 배영 자세를 취했다. 그리고 그저 흘러갔다. 선수들 대부분은 선 채로 물을 차 내는 방식으로 출발하기 위해 출발선으로 다가섰지만, 그렇게 물밑 땅을 밟으며 나가는 대신 바다에 떠서 출발선으로 다가섰다. 효과가 있었다.

사실, 정말 효과가 좋았는지 몰라도 출발 대포 소리가 울리자 깜짝 놀라기까지 했다.

'깜짝 놀랐잖아요! 전 여기서 돌아서는 중이라고요.'

그리고 돌아섰다.

'이번 수영에서는 굳이 생각하지 말고 그저 하면 돼. 차고, 차고, 왼쪽으

로 호흡. 차고, 차고, 오른쪽으로 호흡. 거품을 일으키고, 헹구고, 다시 반복.'

　머리끝부터 발끝에 이르기까지 팔과 다리와 뇌와 영혼의 경이로움을 느꼈다. 중간 지점에 도착할 때까지는 시계를 보지 않았지만 거기에 40분 만에 들어선 걸 알게 되었다. 1년 전의 기록은 45분이었다. 5분 정도를 줄였다. 멋졌다. 그렇지만 계속 가야 했다. 작년처럼 될 수는 없었다. 나는 더 잘 해내야 했다. 해내야만 했다.

　해안 쪽으로 방향을 바꿔 멀리 떨어져 있는 해변과 건물들을 보았을 때 내 몸에 전율이 흘렀다. 시간을 확인해 보지는 않았지만 역대 최고로 수영을 잘하는 중이라는 걸 알아차렸다. 잘할 수 있을 때 더 잘해야 하기 때문에 더 분발하였다. 내 팔에 불이 난다고 해도 문제될 건 없었다. 자전거를 타는 동안에 팔이 충분히 쉴 수 있을 것이었다. 될 수 있으면 빨리 물에서 벗어나야 한다는 강박관념에 사로잡혔다. 차고, 차고, 왼쪽으로 호흡. 차고, 차고, 오른쪽으로 호흡.

　마침내 해변에 도달했다. 내가 마른 땅을 향해 걸어갈 때 대회 관계자들이 다가와 도움이 필요하냐고 물어봤다.

　"아니오. 괜찮아요. 해냈어요."

　내가 무언가를 입증하려고 그렇게 해낸 것이 아니었다. 그저 이전의 나 자신보다 더 빨리 나아가려 했던 것이었고 느려지기를 원치 않아서였다. 또한 1시간 26분에 맞춰 수영하려고 맹렬한 속도로 나아간 사실이 시간에 제대로 반영되기를 원했기 때문이기도 했다. 대기석의 계단으로 뛰어가서 내 머리의 소금기를 없애려고 물을 조금 들이부었다. 그러고는 의족을 착용하고 탈의실 쪽으로 달려갔다. 그리고 자외선 차단제를 두텁게 바른 다음에 입술 보호제를 조금 바르고는(이번에는 기억했다!), 오클리 선글라스를 착용하고 나서 자전거용 신발을 재빨리 신고, 내가 선호하는 달고 끈끈한 에너지 보충제인 GU 한 방을 쏘아 넣고는 '끝나지 않은 사업'이라는 정상을 향해 달려 나갔다.

불덩이처럼 뜨거운 자전거를 타고 바꿈터를 나와 페달질을 하는 동안에 마치 내가 '뚜르 드 프랑스'에 참가하고 있다는 생각이 들었다. 관중들이 도로 옆쪽에 네 줄로 서 있었는데, 팬들이 직접 만들어 온 플래카드와 다양한 경주 후원자들의 역동적인 광고판들 사이로 알록달록한 현수막이 모든 면을 차지할 것처럼 걸려 있었다. 친구들과 가족들, 그리고 나를 지지하는 철인 3종 경기 마니아들이 크게 외쳐 대는 소리에 독특한 슈트 밖으로 화염 방사기 같은 웃음이 터져 나왔다. 그러고는 혼잣말을 했다.

'랜스 암스트롱인 것처럼 타자.'

자전거 타기 구간 중 2킬로미터쯤에서 복잡한 관중들 틈에 선 동료들을 보았는데, 모두가 '끝나지 않은 사업'이라고 적힌 노란색 티셔츠를 입은 채 모두가 목이 터져라 외쳐 대며 플래카드를 흔들어 댔다. 내 마음은 부풀어 올랐고 얼굴에는 미소가 지어졌다. 고속도로에서 외로워질 걸 알았기에 사랑스런 친구들과 가족에게 눈을 맞추며 그들의 지지하는 마음을 빨아들였다. 그러고는 퀸 케이 고속도로에서 상황이 나빠질 때를 대비해 그걸 내 뒷주머니에 챙겼다.

일단 고속도로에 도착하고서는 일종의 진짜 재고자산이라고 할 수 있는 지지자들의 응원을 상기하면서 아주 좋은 느낌을 받았다. 그렇지만 기이한 부분이 있었다. 좋은 느낌이 오히려 두려워지기 시작한 것이었다. 바람이 해위 언덕으로 몰아 불 때나, 위장이 꿀럭거릴 때나, 쥐가 날 때보다 훨씬 더 압박감을 느꼈다. '부정적인 태도만 지닌 사람들의 나라'에서 온 건 아니었지만, 주의하긴 해야 할 것 같았다. 불운한 상황이 일어나기도 한다. 그럴 때는 받아들이면 된다. 그리고 자기만족감에 빠지는 것이 정말, 정말로 나쁜 생각이라는 걸 알았다. 그래서 좀 더 힘차게 페달을 밟으며 큰소리로 외치기 시작했다.

"힘 내, 사라. 페달을 계속 밟아, 움직여! 그렇게 해."(나만 혼잣말로 외쳐대며 말한다고 되는 건 아니었다. 스스로에게 격려하는 말을 중얼거리는 건 철인에게는 일상적인 일이다).

나를 완전히 의기소침하게 할 건더기가 전혀 없었던 게 고속도로를 오르내리는 동안에 다른 선수들이 기운을 북돋아 주었기 때문이다. 최소한 2킬로미터 정도에 한 번씩은 나의 친애하는 철인 지망생들이 "이번 해에는 끝낼 수 있을 거예요, 사라." "이봐, 좋아 보이네."라고 외쳐 주었다. 그 중에서 "당신 이야기를 듣고 이 경기에 참가하게 되었어요. 결승선에서 볼게요."라는 말이 가장 와 닿았다.

자전거를 탄 선수들 거의 모두가 나를 스쳐 지나갔지만—나는 물속에서는 경쟁력이 있었지만 한 다리로 페달을 돌려야 하는 자전거 타기에서는 잘 해내기가 어려웠다—이 코스를 열심히 훈련하며 얻은 지식에 대한 확신, 코스를 잘 다룰 수 있다는 확신, 제시간에 그 바꿈터로 되돌아가게 될 것이라는 확신으로 마음을 계속해서 채워 나갔다. 처음으로 철인 경기에 참가해 본 사람이라면 전혀 느끼지 못할 편안함이 느껴졌다. 그걸 2004년에 알고 있었더라면 그 당시에 철인 명단에 들지 못했다 하더라도 나를 그렇게까지 자책하지는 않았을 것이다.

그렇게 32킬로미터 정도를 더 갔다. 그리고 나의 철인 인생 중 최고로 흥분된 바로 그 순간에, 방송 차량이 굴러 왔다. NBC 기자가 나를 따라잡았다.

"지금 어때요, 사라?"

그에게 귀까지 걸리는 웃음을 지어 보였다. 그러고는 호흡을 중단하지 않고 시간당 약 29킬로미터를 유지한 채로 외쳤다.

"굉장해요, 여러분! 저는 지금 하와이에 있고, 이 구간도 잘 알고 있고, 날씨는 아름답고, 해위에 도착하는 데 걸릴 시간보다 더 앞서서 달리고 있어요. 아무튼 엄청 멋진 날이에요!"

뭔가 방송 담당자들을 기쁘게 해 주기 위해 계속해서 미소를 지었다. 내 철인 도전 역사를 고려하면 내가 불안해하고 상처받을까 봐 그들이 염려하고 있다는 걸 알았기 때문이다(누군가는 불안과 상처가 TV 방송에 오히려 득이 될 것이라고 말할 수도 있겠지만, 나는 사람들이 대체로 건강한 웃음을 더 좋게 여길 것이라고 생각한다).

예정대로 가고 있는지를 확인하려고 주기적으로 시계를 보기는 했지만, 마감 시간을 지나치게 걱정하지는 않았다. 자전거 타기를 잘 마쳐 그 다음 종목인 달리기 자격을 얻는 게 내 유일한 목표였다. 물론, 그게 진실의 전부는 아니었다. 지난해 내내 나는 '16:05'라고 새긴 열쇠고리를 들고 다녔다. 내 친구는 "네 호텔 방 열쇠 번호야?"라고 물어봤다.

나는 아니라고 말했다.

"내가 계산을 좀 하는 중인데, 그 숫자를 철인에 대한 내 꿈의 시간과 결합하는 중이야."라고 대답했다. 내가 16시간 이내에 결승선을 지날 수 있다면 좋겠지만 그보다는 결승선에 도달하는 게 중요했다.

16시간 5분을 달성하려면 자전거 타기를 8시간대에 마쳐야 했다. 1년 전에 9시간이나 걸렸던 걸 생각하면 전혀 현실적이지가 않았다. 소요 시간을 1시간이나 줄일 수 있는 방법이 전혀 없어 보였다. 그렇게 되기 힘들다고 생각했다. 정말 그렇게 하기 힘들다고 생각했다.

내가 옳았다. 그렇게 되지 않았다.

실제로 그렇게 된 일은, 기존 기록과 대비해 1시간 반을 잘라낸 것이었다. 7시간 34분을 말하는 것이다.

'여러분, 7시간 34분이라고요!'

그리고 나서부터 매 순간이 즐거웠다. 하와이에 오르는 게 재밌었다. 내 용품 가방에 넣어 두었던 구미베어를 오물거리는 것도 재밌었다. 어떤 녀석이 차를 세우고는 우리 같은 선수들을 위해 틀어 주는 댄스 음악을 듣는 것도 재밌었다. 대회 자원봉사자들과 웃으며 농담하는 것도 재밌었다. 방송국 직원들에게 참견하는 것도 재밌었다. 너무 세차게 부는 맞바람이 아니라 내 얼굴로 달콤한 향내를 실어다 주는 미풍 같은 바람을 느끼는 것도 너무 재밌었다. 자전거 타는 걸 멈추지 않으면서 오토바이를 훔쳐보는 일 또한 이상하게 재밌었다. 시간당 56킬로미터의 속도로 내리막길을 가는 일도 말도 안 되게 재밌었다. 그래도 노란색 티셔츠를 입고 바꿈터에서 나를 기다리는 친구들과 가족들을 보는 게 내 인생에서 경험한 일 중에 가장 재밌었다.

흥분된 마음을 주체할 수 없었다. 나는 자전거에서 뛰어내려서는 달리기용 다리를 재빨리 착용하였다. 그런 다음에 바지를 갈아입으면서, 길거리에 아직 가로등을 켜지 않은 시간에 달리기를 시작하게 되었다는 점과, 그런데도 전혀 고통스럽지 않다는 점에 깜짝 놀랐다.

도로를 달려가는 그 시간에 9시간여 만에 경기를 마쳐 공식 철인이 된 단이 길옆에서 나를 기다려 주었다. 그를 보니 감격이 밀려왔다. 너무 행복한 순간이라고 느낀 나는 단을 안고 뽀뽀하기 위해 멈춰 섰다. 단은 달아나며 그의 별난 호주식 억양으로 외쳤다.

"뭐하는 짓이야? 지금 경기하는 중이잖아! 계속 가, 가, 가라고!"

내가 말했다.

"왕자님, 최고로 멋진 순간이에요. 여기 철인이 있는데요. 나는 이 사람에게서 벗어나는 걸 즐기고 있고요, 벗어나는 걸 계속 즐기려고 하고 있어요."

단과 뽀뽀를 마치자마자 해가 졌는데, 섬의 역사상 가장 아름다운 석양이었다. 붉은색, 푸른색, 분홍색, 오렌지색과 내 친구들의 티셔츠 색과 똑같은 노란색이 펼쳐졌다. 코나의 해질녘이면 늘 항상 그랬듯이 공기 냄새가 꽃향기 같았다. 하와이는 진짜로 캘리포니아 대부분을 쓰레기장처럼 보이게 한다.

갑자기 어둠이 깔렸지만 누구도 놀라지 않았던 건, 코나에서 해가 지면 놀라움도 사라지기 때문이다. 달리기 구간에 가로등이 너무나 적어서 불편했다. 검붉게 물든 하늘 아래서 달린다는 게 위험하다는 것을 안 대회 주최 측이 우리에게 형광막대 모양의 목걸이를 주었다. 이론적으로 보면 괜찮은 아이디어이기는 했다. 하지만 현실적으로는 질색이었던 게, 그걸 목에 두르면 뛰는 내내 가슴에서 출렁거렸다. 그게 내 속도를 낮추지는 않았지만 성가셨다. 게다가 형광 목걸이는 피쉬Phish의 콘서트를 생각나게 했는데, 나에게는 피쉬와 철인이 전혀 어울려 보이지 않았다(내게는 다행히도 넣어 둔 음악들이 있었고 내 길을 때때로 카메라가 다가와 비춰주기도 했다. 형광막대는 바보막대 같았지만 나에게는 텔레비전 담당자가 있었다).

마지막 직선 코스에 다가설 때 텔레비전 방송 차량이 나를 둘러싸자 점점 더 흥분하기 시작했다. 게토레이Gatorade(미국 스포츠 음료의 브랜드-옮긴이)를 마시자 금세 방광이 꽉 차 버렸다. 카메라가 20미터 정도 떨어져 있었기 때문에 자전거에서 오줌을 싸도 문제될 것이 없었다. 그렇지만 지금은 그들이 내 얼굴을 바라보고 있었다. 절박해진 난 방송국 경호원들을 불러냈다.

"좋아요, 여러분. 앞장서서 가 주세요. 내가 쪼그렸다가 뛰어야 할 것 같아요. 끝나지 않은 사업을 돌봐야 하거든요."

다행히도 그들은 무릎 위를 절단한 사람이 길옆에서 소변을 보는 게 텔레비전 방송에 도움이 되지 않는다는 걸 모두 알아차리고는 속도를 내어 먼저 갔고, 나는 마지막 구간에 대비해 방광을 비웠다.

피곤을 느끼기 시작하면서 달리기만 하지 않고 걷거나 조금 느리게 뛰는 동작으로 바꿔 속도를 줄였다. 데이비드 볼스리와 훈련하며 그가 '얼마나 빨리 달리느냐를 걱정하지 말고 얼마나 멀리 달리느냐를 걱정해.'라고 한 말이 떠올랐다. 아슬아슬하게 입은 유럽 남자가 내 옆에서 달렸는데, 그도 걷거나 천천히 뛰는 방식으로 경기를 운용해, 우리는 서로 교대하며 뛰게 되었다. 내가 걸으면 그가 뛰었고 그가 걸으면 내가 뛰었다. 경기의 끝자락에 가까워질수록 그가 더 빨리 가려 했다. 다리가 하나밖에 없고 발가락이 5개인 소녀에게 지면 비난받을 수 있었기 때문이리라.

어쨌든 자신의 중요 부위만 가리는 아슬아슬한 속옷을 걸친 놈을 앞지르는 것 외에는 달리 방법이 없어 보였다. 그래서 나는 페이스를 정비하여 '빠른 양반'을 먼지 속에 남겨 둔 채로 오르막길을 오른 다음에 내리막길을 내달렸다. 800미터쯤 떨어진 곳에 거대한 조명등들이 켜져 있는 게 보였다. 그것은 결승 지점으로 나를 확 잡아끄는 전송 장치 같았다.

대회를 몇 달 남겨 놓지 않았을 때, 내가 철인이 될 수 있다면 그 순간을 즐기려고 결승선을 걸어서 넘을 것이라고 친구들에게 말하곤 했다. 하지만 그 순간의 혜택을 누릴 수 있을 것 같기는 했지만 걸을 수는 없었다.

빠르게 걸을 수가 없었다.

천천히 뛸 수도 없었다.

전력 질주만 할 수 있었다. 내가 12년 동안 꿈꿔 왔던 순간이었다. 그런 순간을 달성하자 공중 부양을 한 것처럼 느껴졌다. 관중들은 박수를 치며 소리를 질렀다. "어서 사라, 어서 가!"라는 환호성도 질러 댔다(대회 초창기부터 아나운서 역할을 해 온 마이크 라일리는 나중에 나에게 이렇게 말했다. "사라, 나는 철인 대회의 결승선에 서 있던 그런 관중들을 결코 본 적이 없어. 정말 멋졌어.").

어쨌든 내가 달리기를 시작한 지 5시간 51분 만에 그 노란 티셔츠들이 쓸모 있게 되었다. 하와이에서의 내 사업이 종결되었다. 철인이 되면 울 것이라고 생각했다. 어쨌든 나는 사라 울보첸Sarah Whinertsen이니까. 그렇지만 마이크 라일리가 "사라 라이너첸, 철인!"이라고 확성기로 외친 후에 너무 우쭐해졌다. 그리고 한 방울 눈물을 흘리기도 힘들 정도로 탈진해 버렸다.

최종 기록은 15시간 5분이었다. 내가 목표했던 시간보다 정확히 1시간을 빠르게 들어온 것이었다. 내게는 이것이 일종의 돌발 상황 같은 걸로 다가왔다. 내가 16시간을 깨뜨릴 수 있다는 생각을 하려면 대담해져야 했는데, 거의 정확히 1시간이나 그걸 혼자서 깨뜨린 것이었다.

결승선을 넘어선 나는, 미친 듯이 팔을 저으며 괴성을 질러 대는 엄마를 제일 먼저 껴안았다. '사라! 사라! 사라!'를 외치는 관중들을 보며 미소를 짓고는 엄마의 가슴을 빠져나와 아무에게나 말했다.

"누가 의자 좀 가져다주실래요? 정말 앉고 싶어서요."

내 목소리가 관중들의 외침 속에 묻혀 버리는 바람에 그냥 땅바닥에 털썩 주저앉아 햇볕을 쬤다—마사지를 받고, 마이 타이mai tai(럼에 큐라소·과즙 등을 섞은 칵테일-옮긴이)를 마시고, 샤워를 하는 걸 꿈꾸면서—그리고 마음속으로 계산하기 시작했다.

어디 보자, 수영에서 1분을, 자전거를 탈 때도 1분을, 달릴 때에도 1분을, 종목을 바꾸는 순간마다 1분을 더 빨리 마쳤다면 15시간대도 깰 수 있었을 텐데. 젠장! 조금만 더 빨리 움직였다면…….

※

철인 3종 경기는 우리 가족의 치유에 헤아릴 수 없을 만큼 많은 역할을 했다. 가족은 나를 위해 의견 차이를 일단 접어 두었다. 2004년 경기로 끝냈더라면 나는 아마도 "한 번으로 충분해요, 하와이까지 와 주셔서 감사해요, 여러분."이라고 말했을 것이고, 엄마 아빠는 "휴, 이제 한시름 놓아도 되겠군. 둘 중에 한 아이가 결혼하기 전까지는 그 아이들을 만나지 말았으면 좋겠네."라고 생각하며 섬을 떠났을 수도 있었기 때문이다.

하와이 대회가 없었더라면 우리 가족은 오래도록 부러진 실체로 남았을 것이다. 하지만 철인 3종 경기에 대한 꿈을 실현함으로써 다시 도움을 받았다. 그 점에서 나에게도 큰 도움이 되었다. 물론 여전히 나는 일부는 동물로, 일부는 기계로 살아가겠지만, 코나를 정복한 게 이 두 부분을 만족스러운 단일체로 융합하는 데 도움이 되었다는 걸 알면서 살아갈 것이다.

좋다. 완전히 만족스럽지는 않을 수 있다. 뭔가 만족스럽다고만 하자. 달려볼 만한 대회들은 늘 열릴 것이고, 그 대회들을 모두 완결 지을 때까지 완전히 만족하지는 못할 기회가 있을 것이기 때문이다.

*나가며

*1981년 5월의 롱아일랜드.

확실히 콜드 스프링 하버Cold Spring Harbor 지역의 축구 리그가 미래의 월드컵 선수를 키워 내는 온상은 아니었다. 스탠포드 빌Stanfordville에서 맨체스터 유나이티드Manchester United로 이적하는 사람의 확률은 희박하다고 봐야 했다. 교외에서 온 소년 소녀들 한 무리가 방과 후나 주말에 함께 모여 달리고 공을 찰 수 있는 일종의 리그일 뿐이었다. 대단한 단체는 아니었다.

6살 때, 이웃 아이들 모두가 축구를 하려고 가입해서 나도 그러고 싶었다. 내 동생 피터와, 이웃에 사는 가장 친한 친구인 크리슨Kristen과 존이 멋진 유니폼을 입고는 토요일마다 축구장으로 가는 모습을 보면서 돌발적으로 축구에 대한 열망이 끓어올랐다. 나를 다른 아이들과 똑같이 대우해야 한다고 주장해 왔던 엄마는 내가 그 리그에 참가하는 걸 당연하다고 여기고는 나를 리그로 내몰았다.

그렇지만 기꺼워하지 않는 사람도 있었다.

온전한 다리 하나와 익숙지 않은 다리 부목 때문에, 다른 대부분의 축구 팀원과 다르기는 했다. 하지만 난 개의치 않았다. 스파이크가 박힌 가죽으로 된 축구화를 신고, 정강이 보호대를 붙이고, 작은 하얀 바지를 입고, 노란색 축구단 유니폼을 걸치니, 내가 마치 시내에서 가장 예쁜 아이가 된 것만 같았다. 밖에서 조별 운동을 한 첫 체육 수업 시간에 나는 내 다리가 몇 개든지 상관없이 운동장을 뛰어다니며 내 쪽으로 온 공을 가리지 않고 차려고 했다. 연습을 하든지 경기를 하든지에 상관없이 내가 계속해서 저지jersey(운동선수용의 메리야스 스웨터-옮긴이)를 입고 있다는 점에서 아주 멋지다는 생각을 했다. 저지는 내가 정상적인 아이임을 입증해 주었고, 아무도 그걸 잊지 않기를 바랐다.

우리 집에서 몇 분 정도 떨어진 거리에 있는 콜드 스프링 초등학교에서 훈련을 했다. 혼성 리그라고는 했지만 팀 속에 여자라고는 쉐일라Sheila와 나, 두 명뿐이었다. 첫 연습에서 쉐일라는 훌륭한 축구 선수라고 말할 수 있었다. 왜냐하면 내가 그녀와 친해지자마자 바로 주저하지 않고, 나에게 관심을 눈곱만큼도 보이지 않는 대부분의 남자애들보다 더 많은 동정심을 보여 주었기 때문이다.

시합에서 많이 뛸 것이라고 기대하지는 않았지만, 연습이든 집에서든 열심히만 한다면 더 많은 기회를 갖게 될 것이라고는 생각했다. 단단한 부목으로 공의 방향을 바꾸는 방법을 배운다면 말이다. 하지만 불행히도, 얼마나 열심히, 얼마나 많이 뛰든지에 상관없이 내가 목표로 하는 걸 달성할 수 없었다. 그건 아마도 내가 4살 먹은 애 정도밖에 크지 않았고 가짜 발을 지닌 6살이었기 때문일 것이다. 심지어 내가 옷을 벗고 뛸 만한 21살짜리였을지라도 구식 의족으로 공을 다루는 게 여전히 어려웠을 것이다. 드리블은 말할 것도 없었다.

내가 경기 종료 전 5분 정도만을 뛸 수 있었던 이유이기도 했다. 물론 누구에게나 잘생긴 의사이자 아빠 같았던, 우리가 콜드 스프링 감독님이라고 불러 드렸던 분은 내게 수비만 맡겼다.

내가 좋아한 건 중간 휴식 시간이었는데, 그때 우리는 과자를 먹었다. 내가 축구부의 일원이라는 걸 느낀 유일한 시간은 우리가 함께 버그 주스bug juice(벌레들이 좋아해서 꼬일 만큼 맛있다는 뜻의 주스의 한 종류-옮긴이)를 마실 때였다. 축구라는 게 모두, 출전을 못하고 홀로 앉아 있는 일과, 완전히 자리를 잡지 못하고 지켜보고 뜀뛰기나 하는 그런 일이 돼 버렸다.

시즌을 보내면서 뛰는 시간이 사라졌을 뿐만 아니라, 콜드 스프링 감독님은 매주하는 연습 시간에도 점점 덜 참여하게끔 했다. 다행히 준비체조에는 참여할 수 있도록 허락을 받았다. 하지만 그게 끝나면 콜드 스프링 감독님은 이렇게 말했다.

"좋아, 사라. 이 공을 가지고 저리로 가거라."

그러고는 학교 쪽을 가리켰다.

"그리고 너희들은 저리로 가라."

그러고는 축구장 쪽을 가리켰다.

그래서 팀원들이 모두 드리블과 패스 연습을 하거나 본격적으로 연습 경기를 뛰는 동안에, 나는 축구장에서 100미터 떨어진 곳에서 학교 벽을 향해 공을 차고 또 차기만 했다. 그들의 시야에서 벗어나게 되면서 관심도 멀어졌다.

코치님은—산타클로스의 좋은 형제처럼 보였고, 콜드 스프링 감독님보다 더 굉장히 참을성이 있는 분이었다—때때로 나에게 뭔가를 지시하거나 용기를 주는 말을 해 주었다. 그럴 때가 아니라면 나는 완전히 외톨이가 되어 공을 차고는 다시 돌아올 때까지 연습 시간 내내 거듭해서 기다리기를 했다.

나는 매주 콜드 스프링 감독님을 찾아가 팀원들과 함께 단 몇 분이라도 운동할 수 있게 해 주거나 원뿔 모양의 장애물 사이로 드리블을 할 기회를 달라고 졸랐지만 매주 실망만 해야 했다. 그런 일 덕분에 운동장에 나가게 되면 공을 잡고 말없이 벽으로 향하곤 했다. 나는 그렇게 프로그램화 되어 갔다.

학기 말이 가까워졌을 때, 엄마가 식료품을 사시고 시리얼 코너를 둘러보는 동안에 누군가가 엄마의 어깨를 짚었다.

"실례지만 사라의 엄마이신가요?"

"그런데요."

"저는 콜드 스프링 부인이라고 해요. 콜드 스프링 감독의 아내예요."

엄마의 경계심이 발동했다.

"도울 일이 있나요?"

"음, 사라가 일을 잘 맡아서 열심히 하기도 하지만, 글쎄요, 남편과 이야기를 해 봤는데, 우리 생각에는 아마도 뭔가 더, 음, 사라에게는 축구보다 적합한 활동이 있다는 걸 말하고 싶었어요."

엄마가 말했다.

"콜드 스프링 부인, 아이가 이제 겨우 6살이에요. 이건 월드컵이 아니에요. 남편 분께 우리 애가 공을 찰 수 있도록 말씀해 주세요. 그리고 우리 아이와 무슨 상관이 있다고 그런 말씀을 하시는 거죠?"

그러고는 엄마는 카트를 끌고 말도 없이 앞장서서 걸어 나갔다.

그때가 내가 마지막으로 축구를 한 때였다. 그때가 팀 스포츠의 마지막 기회였다.

*2008년 2월의 뉴욕.

2년간 내 신발을 후원하기로 한 나이키는, 헤럴드 광장에 있는 메이시 Macy(미국 뉴욕에 본사를 둔 세계 최대의 백화점-옮긴이)에서 사인회와 팬들과의 미팅을 갖도록 캘리포니아에서 나를 날아오게 했다. 그리고 그걸 홍보하기 위해 「뉴욕 타임즈」 4분의 1면을 써 가며 대대적으로 광고했다. 어쨌든 그 행사는 휴가는 아니었다. 그저 '시시한 이야기 마라톤schmooze-a-thon' 같은 것이었다. 여하튼 거기서 거물급 사람들과 미팅하고 근사한 저녁 식사를 먹었다. 미국 올림픽에서 금메달을 따던 날에 먹은 조제식품으로 가득 찬 식판과는 너무나 비교도 되지 않을 정도였다.

메이시 백화점에서는 나를 2층에 자리 잡게 했는데, '나이키 온 투Nike on Two'라고 이름 붙여진 나이키의 여성용 신발과 의상으로만 채워진 거대한 장소였다. 그들은 나이키 현수막이 이곳저곳에 걸려 있고, 내가 달리는 모습이 나오는 동영상 화면이 있고, 당황스러울 만큼 커다란 내 사진이 걸린 곳에 무대를 크게 세웠다. 무대에는 두 개의 감독용 의자와 마이크 한 대가 있었다. 온통 난리법석이었다.

기대했던 것보다 훨씬 더 많은 사람들이 왔다. 「어메이징 레이스」의 팬들과, 철인 3종 경기 선수들과 그들의 가족, 메이시 백화점 소속의 마라톤 팀원들과, 친구들과, 친구들의 친구들과, 친구들의 친구들의 친구들이 왔다. 우리는 모두 합해서 75명이나 되는 사람들과 이야기를 나눴다.

한겨울이었지만 일부러 반바지를 입었던 건, 나이키 용품을 파는 건 별개로 하더라도, 나와 같은 사람이 무언가를 할 수 있다면 누구라도 그렇게 할 수 있다는 걸 모든 사람들이 알아차리도록 하는 게 내 방문의 목적이었기 때문이다. 내 의족을 누구나 볼 수 있도록 세상에 드러내지 않는

다면 그런 메시지가 감소될 수 있었다.

인사말을 짤막하게 끝내고 나이키의 지역 대표와 잠시 이야기를 나눈 후에 질문을 받을 수 있게 무대가 개방되었다. 나이키의 멋진 옷들과 테디 베어 모양을 한 곰 인형에 절단한 다리를 붙여 내 모습을 닮게 만든 '사라 베어Sarah Bear' 인형을 추첨해 사람들에게 경품으로 주었다. 추첨이 끝난 후에 무대에서 내려와 탁자를 향해 걸어갔는데, 탁자 위에는 내가 서명해야 할 엽서가 한 묶음 놓여 있었다.

행사에 참여한 사람들 대부분이 탁자 앞쪽으로 줄을 섰다. 첫 번째 사람은 검은 트렌치코트를 입은 회색 머리카락의 키 큰 신사분이었는데 매우 친숙해 보였다. 많은 나라에서 인터뷰를 했고, 전 세계를 다니며 철인 3종 경기를 뛴 덕분에, 종종 모두가 친숙하게 보았기에 그분에게 특별한 감정을 느낀 건 아니었다.

그분이 크게 웃어 보이고는 말했다.

"반갑다, 사라야."

"안녕하세요. 건강하시죠? 만나서 정말 반갑습니다!"

나는 그 사람이 누군지 아는 척했지만, 음, 아마도 그랬을 것이다.

"너는 나를 기억하지 못하는구나, 그렇지?"

"낯이 익기는 해요."

그분이 고개를 끄덕이고는 내 쪽으로 다가서서 말했다.

"축구감독이야."

숨이 멎었다.

"콜드 스프링 감독님! 음, 와." (나는 입이 거칠어서, 그럭저럭 말을 아껴왔는데, 제기랄, 그런 자세는 일종의 승리감을 표출하는 자세 같은 것이었다).

여러 해 동안, 강연을 하면서 내 축구 이야기를 해 왔다. 내 철인 도전기를 담은 텔레비전 방송 내용에 그 이야기를 포함하여 촬영하는 바람에 밖으로 널리 퍼져 나가기는 했다. 그렇지만 나는 콜드 스프링 감독님이 실제로 그걸 언젠가는 듣게 될 것이라고는 전혀 생각지도 못했다.

'어떻게 그걸 들으셨을까? 철인 방송은 100만 명 정도만 보는데?'

나는 시청자들이 철인 3종 경기 선수이거나, 철인 3종 경기 선수들의 가족이거나, 철인 3종 마니아들일 것이라고만 생각했다. 내 이야기가 그렇게 널리 퍼졌을 것이라는 사실을 한 번만이라도 생각해 봤다면, 콜드 스프링 감독님에게서 금방 시선을 뗄 수도 있었을 것이다.

악수를 나눈 뒤에 감독님이 주머니에서 오래된 사진을 뽑아 탁자에 올려놓았다. 우리 축구부였다.

"네가 이걸 지니고 있거라. 그 뒤편에 내 전화번호와 이메일 주소를 적어 뒀다. 아마도 나와 이야기를 나누지 않으려고 하겠지만 그래도 혹시 모르니까."

나는 감격했다. 감독님은 롱아일랜드의 구석지에서 뉴욕까지 그 먼 길을 온 것이었다. 1시간 30분이나 기차를 타고 그저 내게 사진을 주고 연락처를 남기려고 온 것이었다. 그분은 자신의 끝나지 않은 사업을 하려고 그 먼 길을 온 것이었다.

나는 사진을 응시하면서 축구 경험이 완전히 '부정을 딛고 선 긍정 positive-coming-from-a-negative' 상황임을 깨달았다. 본질적으로 이 유소년 축구단은 내 전체 운동선수 경력의 출발점이었다. 나는, 6살 때는 될 수가 없었지만, 내가 말했던 운동선수가 되려고 늘 노력해 왔다고 생각하고, 장애를 지닌 여성도 패럴림픽 경기에 참여할 만하다는 걸 입증하려고 늘 노력해 왔다고 생각하고, 장애를 지닌 여성이 철인이 될 수 있다는 것과 축구장이나 소프트볼 경기장, 수영장에서도 환영받아야 한다는 걸 보여 주려고 늘 노력해 왔다고 생각한다. 그게 내 인생의 일이었고 이 일로 인해 콜드 스프링 감독님께 감사하는 마음을 지니고 있다.

나는 그분의 손을 다시 잡고는 말했다.

"제게 열정을 불어넣어 주셔서 고맙습니다. 그 덕분에 더 나은 선수, 더 나은 사람이 될 수 있었어요."

나는 일어서서 그분을 안아 드렸다. 그리고 돌아나가시는 동안에 그분의 등만을 바라 봤다. 몇 초 후에야 정신을 차리고 서명할 브로마이드가 있는 곳으로 되돌아왔다.

그날 밤 잠자리에 들어서도 계속해서 콜드 스프링 감독님을 생각했다. 이게 그분에게는 무척 어려운 발걸음이었을 것이기에, 감독님이 주신 사진을 받아들이기로 결심했다. 그리고 사실인즉 그분은 어떻게 해야 할지를 몰랐던 것이었다. 그때가 1981년이었고 텔레비전이나 잡지에서 장애인 선수를 보지도 못하던 시절이었기에 그분은 더 좋은 방법을 알지 못했던 것이다. 감독님은 아마도 그분이 할 수 있는 최선을 다한 것 같았다.

"그 애가 우리 팀 성적을 떨어뜨렸어."라는 관점을 지녔던 것이라기보다는, 오히려 "그 애를 실패자가 되게 하고 싶지 않아."라고 생각했을 것이다.

그분이 이렇게 적극적으로 의심할 바 없이 어려운 신호를 보냈지만, 내가 그때 이야기를 해도 될지 알 수 없었다. 일면식도 없는 사람이 그분을 나쁘게 생각해도 받아들여 주실까?

다시 2시간여를 뒤척이다가 갑자기 이 이야기가 그분에 대한 것이 아니라 바로 나에 대한 것이라고 결론내렸다. 누가 뭐라고 말하든지 간에 이 이야기는 목표를 달성할 수 있게, 꿈을 이룰 수 있게 하는 것이다. 이 이야기는 구속, 근면, 강인한 내면에 관한 것이다.

이건 한계가 없는 삶과, 필사적으로 내가 늘 시도했던 삶에 대한 이야기다.

*사라 라이너첸이 출전한 대회 목록

연도	행사	지역	*참조
1987	뉴욕 지체 장애인 경기 대회	뉴욕 주 롱아일랜드	
1987	주니어 오렌지 볼 경기 대회	플로리다 주 마이애미	
1988	전미 장애인 선수권 대회	테네시 주 내슈빌	
1988	뉴욕 지체 장애인 경기 대회	뉴욕 주 롱아일랜드	
1998	캐나다 절단장애인 선수권 대회	캐나다 캘거리	
1988	주니어 오렌지 볼 경기 대회	플로리다 주 마이애미	
1989	전미 선수권 대회	테네시 주 내슈빌	
1989	팬암 경기 대회	플로리다 주 탬파	
1989	주니어 오렌지 볼 경기 대회	플로리다 주 마이애미	
1990	주니어 세계 선수권 대회	프랑스 성 에티엔	
1990	전미 선수권 대회	오하이오 대학	
1998	전미 선수권 대회	뉴욕 주 롱아일랜드	
1992	전미 장애인 철인 3종 경기 대회	조지아 주 애틀랜타	
1992	패럴림픽	스페인 바르셀로나	
1993	패럴림픽 리바이벌	독일 두더슈타트	
1993	아일랜드 지체 장애인 경기 대회	아일랜드 더블린	
1994	전미 선수권 대회	메릴랜드 주 메릴랜드 주립대학	
1995	전미 선수권 대회	마이애미 주 보스턴	

1997	플렉스 풋 인터내셔널 챌린지 초청 경기 대회	캘리포니아 주 출라 비스타	
1997	전미 선수권 대회	마이애미 주 스프링필드	
1998	패럴림픽 리바이벌	독일 두더슈타트	
1997	조지타운 클래식 1,000미터 경기 대회	워싱턴 D.C. 워싱턴	
1997	후드-투-코스트 릴레이 대회	오리건 주 후드 산	
1997	뉴욕 마라톤 대회	뉴욕 주 뉴욕	*첫 번째 마라톤
1998	로스앤젤레스 마라톤 대회	캘리포니아 주 로스앤젤레스	
1998	라이 더비 8킬로미터 경주 대회	뉴욕 주 라이	
1998	아디다스 세븐 시스터스 20킬로미터 트레일 레이스	매사추세츠	
1998	대륙 간 철인 3종 경기 대회 (마라톤 부문만 출전)	시카고에서부터 뉴욕까지	
1998	샌디에이고 철인 3종 경기 챌린지 대회(카프 릴레이 팀)	캘리포니아 주 라 졸라	
1998	뉴욕 마라톤 대회	뉴욕 주 뉴욕	
1999	로스앤젤레스 마라톤 대회	캘리포니아 주 로스앤젤레스	
1999	레블론 여자 5,000미터 대회	캘리포니아 주 로스앤젤레스	
1999	뉴욕 마라톤 대회	뉴욕 주 뉴욕	
2000	밀레니엄 마라톤 대회	뉴질랜드 해밀턴	
2000	미국 패럴림픽 철인 3종 경기	켄터키 주 하트포드	
2000	마라바나 하프 마라톤 대회	쿠바 하바나	
2001	코나 하프 마라톤 대회	하와이 주 코나	
2001	어스파이어 10킬로미터 대회	뉴욕 주 플레인뷰	
2001	카우 만 10킬로미터 경기 대회	뉴욕 주 노스포트	

2002	브루클린 하프 마라톤 경기 대회	뉴욕 주 브루클린	
2002	뉴욕 10킬로미터 미니 마라톤	뉴욕 주 뉴욕	
2002	어스파이어 10킬로미터 대회	뉴욕 주 플레인뷰	
2002	프리덤 런 5,000미터 대회	뉴욕 주 뉴욕	
2003	칼즈배드 철인 3종 경기 대회	캘리포니아 주 칼즈배드	
2003	샌디에이고 국제 철인 3종 경기 대회	캘리포니아 주 샌디에이고	
2003	패트 그리스크스 스프린트 철인 3종 경기 대회	켄터키 주 워터부리	
2003	홀리스튼 라이온스 클럽 철인 3종 경기 대회	마이애미 주 홀리스튼, 마이애미	
2003	캠프 팬들톤 철인 3종 경기 대회	캘리포니아 주 오션사이드	
2003	솔라나 비치 철인 3종 경기 대회	캘리포니아 주 솔라나 비치	
2003	미션 배이 철인 3종 경기 대회	캘리포니아 주 미션 배이	
2003	말리부 철인 3종 경기 대회	캘리포니아 주 말리부	
2003	ITU 세계 선수권 대회	뉴질랜드 퀸스타운	*첫 세계 철인 3종 선수권 대회
2004	보스턴 마라톤 대회	마이애미 주 보스턴	
2004	와일드플라워 철인 3종 경기 대회	캘리포니아 주 레이크 산 안토니오	
2004	알카트라즈 철인 3종 경기 대회	캘리포니아 주 샌프란시스코	
2004	버팔로 춘계 호수 하프 철인 대회	텍사스 주 러벅	*첫 번째 하프 철인 대회
2004	말리부 철인 3종 경기 대회	캘리포니아 주 말리부	
2004	세계 철인 3종 선수권 대회	하와이 주 코나	*처음으로 철인에 도전한 곳
2005	와일드플라워 철인 3종 경기 대회	캘리포니아 주 레이크 산 안토니오	*텔레비전 출연

2005	러너스 월드 하프 마라톤 대회	펜실베이니아 주 알렌타운	*NBC 방영
2005	호누 하프 철인 3종 경기 대회	하와이 주 코나	
2005	라이프타임 피트니스 철인 3종 경기 대회	미니애폴리스 주 미니애폴리스	
2005	샌프란시스코 하프 마라톤 대회	캘리포니아 주 샌프란시스코	
2005	산타 바바라 철인 3종 경기 대회	캘리포니아 주 산타 바바라	
2005	뉴욕 철인 3종 경기 대회	뉴욕 주 뉴욕	
2005	세계 철인 선수권 대회	하와이 주 코나	*하와이 철인 대회의 결승선에 인조 다리를 지닌 여성으로는 처음으로 들어섰다.
2005	CAF배 샌디에이고 철인 3종 경기 챌린지 대회	캘리포니아 주 라 졸라	
2005	실버 스트랜드 5,000미터 달리기	캘리포니아 주 임페리얼 비치	
2006	ESPY 수상자 대회	캘리포니아 주 로스앤젤레스	*올해의 장애인 여성 선수 수상
2006	러너스 월드 하프 마라톤 대회	펜실베이니아 주 알렌타운	
2006	와일드플라워 철인 3종 경기 대회	캘리포니아 주 레이크 산 안토니오	
2006	어메이징 레이스 시즌 10	미국/중국/몽골/베트남/인도/쿠웨이트	*CBS 리얼리티 쇼 사상 처음으로 절단 장애인이 참여하였다.
2006	뉴욕 철인 3종 경기 대회	뉴욕 주 뉴욕	
2006	오시코시 철인 3종 경기 대회	위스콘신 주 오시코시	
2006	팀버만 철인 3종 경기 대회	뉴햄프셔 주 길포드	
2006	시카고 철인 3종 경기 대회	일리노이 주 시카고	
2006	말리부 철인 3종 경기 대회	캘리포니아 주 말리부	
2006	필라델피아 8킬로미터 경기 대회	필라델피아 주 필라델피아	
2006	다나 포인트 터키 트로트 10킬로미터 경기 대회	캘리포니아 주 다나 포인트	

2006	CAF배 샌디에이고 철인 3종 경기 챌린지 대회	캘리포니아 주 라 졸라
2007	와일드플라워 철인 3종 경기 대회	캘리포니아 주 레이크 산 안토니오
2007	전미 철인 3종 경기 선수권 대회	오리건 주 헤그 레이크
2007	뉴욕 철인 3종 경기 대회	뉴욕 주 뉴욕
2007	샤우니 미션 3종 경기 대회	캔자스 주 캔자스시티
2007	아비아 태평양 연안 철인 3종 경기 대회	캘리포니아 주 크리스털 코브
2007	레이캬비크 하프 마라톤 대회	아이슬란드 레이캬비크
2007	ITU 세계 선수권 대회	독일 함부르크
2007	CAF배 샌디에이고 철인 3종 경기 챌린지 대회	캘리포니아 주 라 졸라
2008	사우스 비치 철인 3종 경기 대회	플로리다 주 마이애미
2008	와일드플라워 철인 3종 경기 대회	캘리포니아 주 레이크 산 안토니오
2008	액센추어 알카트라즈 철인 3종 경기 대회	캘리포니아 주 샌프란시스코
2008	버팔로 스프링스 레이크 철인 3종 경기 대회 70.3	텍사스 주 러벅
2008	액센추어 시카고 철인 3종 경기 대회	일리노이 주 시카고
2008	나이키 플러스 휴먼 레이스 10Km 경주 대회	캘리포니아 주 로스앤젤레스
2008	말리부 철인 3종 경기 대회	캘리포니아 주 말리부
2008	나이키 여자 하프 마라톤 대회	캘리포니아 주 샌프란시스코
2008	CAF배 샌디에이고 철인 3종 경기 챌린지 대회	캘리포니아 주 라 졸라

*감사의 말

가족들과 친구들과 지지자들이 아니었다면 이 책이 나오지 못했을 것이다. 이 일을 하는 데 애써 준 마이클 마틴Michele Martin과 스티브 해리스Steve Harris에게 감사한다. 이 책을 엮어 준 알런 골드셔Alan Goldsher는 내 생애의 매 순간에 적합한 낱말을 쓸 수 있게 도와주었다. 여러분 모두의 인내와 지도편달 그리고 훌륭한 음식에 감사한다. 멋진 표지 사진을 찍어 준 팀 만토아니Tim Mantoani에게도 감사한다. 라라 애셔Lara Asher와 글로브 피컷 프레스Globe Pequot Press의 전 직원은 작업하는 내내 나를 믿어 주고 도움을 주었다.

내가 철인이 될 것이라는 꿈을 믿어 준 장애인 선수 재단에 고마움을 표한다. 버지니아 틴리Virginia Tinley, 밥 바빗Bob Babbitt, 제프리, 에스코 Jeffrey Essakow, 공식 스태프인 로렌Lauren, 질Jill, 바비Barbi, 제니퍼Jennifer, 마리Marie에게는 특별한 감사를 표한다.

사우스 캘리포니아 대학과 '마이크와 함께 수영하기'의 친구들, 특히 마라, 론, 마이크는 내 미래를 바꾸어 주었고, 철인 가족의 일원이 되게 해 주어 자랑스럽다. 아자!

　감독님들과 조언을 해 준 분들과 훈련 파트너들의 지원이 없었다면 나는 그 정도나 되는 거리를 결코 가지 못했을 것이다. 패디 로스바흐는 불을 일으키는 불꽃같은 존재셨다. 당신께서는 스포츠와 삶에서 내게 스승이셨다. 당신 덕분에 큰 희망을 보았다. 데이비드 볼스리는 달리는 방법과 조금은 미친 듯이 사는 방법을 알려주셨다. 폴 허들Paul Huddle과 로치 프레이Roch Frey는 내가 진짜 철인이 되게 해 주었다. 미키 샤피로Mickie Shapiro, 리 고울드Lee Gould, 래리 데이비슨Larry Davidson, 필 크루터Phil Kreuter, 마이크 콜린스와 피터 하쉬는 항상 지지해 주었다. '엣지 사이클 스포트DGE Cyclesport'에 근무하는 행크 이글레시아스Hank Iglesias, 자전거를 정비해 주고 바퀴를 굴러 가게 해 주어 고맙게 생각한다.

　철인 가족인 벤 페트릭Ben Fertic, 다이애나 버취Diana Bertsch, 블래어 라하이Blair LaHaye, 피터 헤닝Peter Henning. 당신들이 나에게 해 준 일들에 대해 무척이나 고맙게 생각한다.

　웬디 잉그램Wendy Ingraham, 당신의 '날개' 아래로 데려가 보호해 주셔서 감사하다. GU 에너지 연구소와, 거기 근무하며 늘 먹기만 해 대는 홀리 베넷Holly Benett에게도 고마움을 전한다.

　브라이언 로렌즈Brian Lorenz, 사라 베어를 생기 있게 보이게 해 주고, '올웨이즈 트라이Always TRI.'라는 상표를 고안해 주고, 친구이면서 동시에 진짜로 확실한 비전을 보여 준 사람이다. 모두에게 영원한 빚을 졌다.

　카렌 데마시Karen Demasi, 뉴욕에서 엄마 노릇을 해 준 분이시자 IMG의 대표님, 텔레비전 스타 겸 제작자가 되게 해 주셔서 감사하다. 동료이자 좋은 친구가 돼 주셔서 감사하다. 제리 리즈Jerry Leeds, 롱아일랜드에서 동기부여 강사로서의 내 재능을 발견하고는 격려해 주었다. 조언과 지지가 고맙다. 수산 고든 라이언Susan Gordon Ryan, 그 모든 육상 경기 대회와 기념회를 고맙게 생각한다.

나의 또 다른 가족인 킹 오브 킹즈King of Kings 루터란 교회와 코이노니아 캠프 소속원 여러분, 그렇게 여러 해 동안 나를 돌봐 주셨다. 감사드린다. 모두가 내 마음속에 특별히 자리 잡고 있다.

헤테르 펜데르게스트Heather Prendergast, 운전면허 학원에 다닐 때부터 친구가 돼 늘 이야기를 들어 줘서 고맙다.

부모님, 오랫동안 사랑과 관심과 믿음을 주셔서 감사드린다. 멋진 남동생 피터가 있어서 고맙게 생각한다. 꽤나 거친 누나와 함께해 줘서 고맙다. 페드로Pedro와 조안Joan, 공을 들여 주셨고 딸처럼 느끼게 해 주셨다. 할머니인 도로시Dorothy와 시몬Simone, 할아버지인 이버Iver는 강인한 바이킹 여성이 되게 가르쳐 주셨다. 감사드린다.

절친한 친구이자 애인인 브루크 라쉬Brooke Raasch, 내게 늘 기쁨의 원천이 되어 주었다. 강인하고 건전한 남자를 찾은 게 행운이라고 생각한다. 끊임없이 사랑해 주고 지지해 주어 고맙다.

그리고... 축구감독이 찾아왔다

초판 1쇄 발행 2013년 04월 10일
초판 4쇄 발행 2013년 04월 25일

지은이 사라 라이너첸
엮은이 알런 골드서
옮긴이 박진수

펴낸이 김연홍
펴낸곳 디오네

출판등록 2004년 3월 18일 제313-2004-00071호
주소 121-865 서울시 마포구 연남동 224-57
전화 02-334-7147 **팩스** 02-334-2068

ISBN 978-89-98241-16-2 03840

※ 잘못된 책은 바꾸어 드립니다.
※ 값은 뒤표지에 있습니다.
※ 주문처 아라크네 02-334-3887